Kohlhammer

Die Autorin

Dr. Christine Preißmann ist Ärztin für Allgemeinmedizin und Psychotherapie sowie selbst Asperger-Autistin. Sie hält regelmäßig Vorträge zum Thema und richtet sich in ihren Büchern an Betroffene, deren Angehörige sowie an Fachleute.

Christine Preißmann

Glück und Lebenszufriedenheit für Menschen mit Autismus

2., aktualisierte Auflage

Verlag W. Kohlhammer

Dieses Werk einschließlich aller seiner Teile ist urheberrechtlich geschützt. Jede Verwendung außerhalb der engen Grenzen des Urheberrechts ist ohne Zustimmung des Verlags unzulässig und strafbar. Das gilt insbesondere für Vervielfältigungen, Übersetzungen, Mikroverfilmungen und für die Einspeicherung und Verarbeitung in elektronischen Systemen.

Pharmakologische Daten verändern sich ständig. Verlag und Autoren tragen dafür Sorge, dass alle gemachten Angaben dem derzeitigen Wissensstand entsprechen. Eine Haftung hierfür kann jedoch nicht übernommen werden. Es empfiehlt sich, die Angaben anhand des Beipackzettels und der entsprechenden Fachinformationen zu überprüfen. Aufgrund der Auswahl häufig angewendeter Arzneimittel besteht kein Anspruch auf Vollständigkeit.

Die Wiedergabe von Warenbezeichnungen, Handelsnamen und sonstigen Kennzeichen in diesem Buch berechtigt nicht zu der Annahme, dass diese von jedermann frei benutzt werden dürfen. Vielmehr kann es sich auch dann um eingetragene Warenzeichen oder sonstige geschützte Kennzeichen handeln, wenn sie nicht eigens als solche gekennzeichnet sind.

Es konnten nicht alle Rechtsinhaber von Abbildungen ermittelt werden. Sollte dem Verlag gegenüber der Nachweis der Rechtsinhaberschaft geführt werden, wird das branchenübliche Honorar nachträglich gezahlt.

Dieses Werk enthält Hinweise/Links zu externen Websites Dritter, auf deren Inhalt der Verlag keinen Einfluss hat und die der Haftung der jeweiligen Seitenanbieter oder -betreiber unterliegen. Zum Zeitpunkt der Verlinkung wurden die externen Websites auf mögliche Rechtsverstöße überprüft und dabei keine Rechtsverletzung festgestellt. Ohne konkrete Hinweise auf eine solche Rechtsverletzung ist eine permanente inhaltliche Kontrolle der verlinkten Seiten nicht zumutbar. Sollten jedoch Rechtsverletzungen bekannt werden, werden die betroffenen externen Links soweit möglich unverzüglich entfernt.

2., aktualisierte Auflage 2021

Alle Rechte vorbehalten
© W. Kohlhammer GmbH, Stuttgart
Gesamtherstellung: W. Kohlhammer GmbH, Stuttgart

Print:
ISBN 978-3-17-039142-0

E-Book-Formate:
pdf: ISBN 978-3-17-039143-7
epub: ISBN 978-3-17-039144-4
mobi: ISBN 978-3-17-039145-1

Inhalt

Vorwort	**7**
Eine persönliche Betrachtung: Was bedeutet Glück für mich?	**9**
Einführung: Glück und Lebenszufriedenheit	**12**
Begriffsdefinitionen	13
Glücksforschung	15
Persönliche Beziehungen	18
Erwartungen	19
Glücklichsein mit Kleinigkeiten	19
(Aus-) Bildung und berufliche Situation	20
Stabilität, aber auch Offenheit für Neues	21
Eigene Entscheidungen, Erfahrungen und Erlebnisse	22
Gesundheit und Inklusion	23
Lebenssinn	24
Was kann man selbst tun, um glücklich zu werden?	25
Glücklichsein – für sich selbst und für andere	26
Berichte von Betroffenen: Was bedeutet Glück für Menschen mit Autismus?	**28**
Glück und Lebenszufriedenheit für Menschen mit Autismus	**102**
Was ist den betroffenen Menschen selbst wichtig?	103
Stress und Entspannung	104
Stress durch Unerwartetes, Veränderungen und fehlende Selbstbestimmung	105
Stress durch Sinneswahrnehmungen	107

Stress durch ungünstige gesellschaftliche Entwicklungen   109
Stress in der Schule   111
Stress durch eine ungünstige Arbeitssituation   116
Stress durch fehlende psychosoziale Unterstützung   120
Stress aufgrund der eigenen Persönlichkeitsfaktoren   125
Entspannung   128
Sozialkontakte   132
Freundschaft   132
Partnerschaft   138
Hilfe beim Umgang mit Emotionen   140
Unterschiede zu anderen Menschen   140
Sich mit anderen Menschen beschäftigen   141
Praktische Hilfe im Alltag   142
Psychoedukation und Kompetenztraining   142
Bewältigungsstrategien im Alltag   144
Wohnsituation   148
Unterstützung bei Begleiterkrankungen   149
Psychische Komorbidität   149
Zusätzliche körperliche Erkrankungen   161
Ambulante ärztliche Versorgung   163
Klinikbehandlung   165
Gesundheitspolitische Aspekte   166
Unterstützung im Hinblick auf die eigene Identität   167
Möglichkeiten schaffen, sich mitzuteilen   167
Diagnose als Voraussetzung zum Glücklichsein?   168
Individuelle Wünsche und Erwartungen   169
Lebensziele realisieren   171
Individualität versus Anpassung   172

Lässt sich das Glück messen? – und der Versuch einer Zusammenfassung   **175**

Literatur   **179**

Stichwortverzeichnis   **183**

Vorwort

»*Zufriedenheit mit seiner Lage ist der größte und sicherste Reichtum.*«
Marcus Tullius Cicero

Dieses Zitat von Marcus Tullius Cicero ist heute genauso aktuell wie damals. Und es verdeutlicht, dass Lebensqualität etwas sehr Individuelles ist. Deshalb war es mir ein wichtiges Anliegen, möglichst viele Menschen mit Autismus zu erreichen und sie um ihre ganz eigene Sichtweise zu bitten. Die Meinungen, Perspektiven und Hoffnungen sind schließlich sehr unterschiedlich, so verschieden wie auch andere Menschen sind. Es gibt heute nicht mehr die »typischen Autisten« mit dem entsprechenden Lebenslauf. Die bessere Diagnostik und die höhere Sensibilität für autistische Störungen führen dazu, dass auch das Leben autistischer Menschen immer individueller wird. Es ist daher sehr wichtig, eine auf jeden einzelnen Menschen ganz persönlich zugeschnittene Lösung zu finden.

Die vielfältigen Möglichkeiten, die das Leben bietet, sollen im Zuge der Inklusion auch Menschen mit Autismus offenstehen. Das ist eine große Herausforderung für die Betroffenen selbst, die sich in aller Regel feste Strukturen, Verbindlichkeit und Stabilität wünschen. Aber auch alle Fachleute sind gefordert, die mit autistischen Menschen arbeiten. Während früher die Möglichkeiten überschaubar waren, muss heute die ganze Fülle an Lebensentwürfen bedacht werden. Das ist anstrengend, aber gleichzeitig auch sehr schön, wenn man miterleben darf, dass die anvertrauten Menschen ihren Weg ganz selbstverständlich in der Gesellschaft gehen dürfen.

Nun, ganz so weit sind wir nicht – noch nicht. Aber das wird die Zukunft sein, und trotz aller Schwierigkeiten werden wir es schaffen. Dazu aber braucht es motivierte und engagierte Menschen, die sich nicht nur mit Autismus auskennen, sondern die (und das wird immer wichtiger werden) vor allem ein gutes Gespür dafür haben, individuelle Lebensentwürfe für Menschen mit bestimmten Auffälligkeiten auszuwählen und zu begleiten – gemeinsam mit dem jeweiligen Betroffenen. Dafür ist es wichtig und notwendig, nach den ganz eigenen Wünschen, Zielen und Bedürfnissen zu fragen: »Wenn wir etwas für Menschen mit Autismus tun wollen, müssen wir uns damit auseinandersetzen, was wir dafür tun können, dass den Betroffenen ein zufriedenes Leben möglich wird« (Rickert-Bolg 2014, 267).

Vorwort

Und so ist dieses Buch entstanden. Es bietet autistischen Menschen die Möglichkeit, darzulegen, was ihnen wichtig ist, was für sie zählt. Und es enthält darüber hinaus auch theoretische Ausführungen über die Dinge, die sich die meisten Menschen zum Glücklichsein wünschen, vor allem aber auch über die speziellen Erfordernisse von Menschen mit Autismus. Ich wünsche mir, dass pädagogische, therapeutische und lebenspraktische Maßnahmen für die Betroffenen diesen neuen Herausforderungen angepasst werden.

Ich bedanke mich bei den Mitarbeitern des Verlags W. Kohlhammer, insbesondere bei der Lektorin, Frau Annika Grupp, für die Begleitung bei der zweiten Auflage dieses Buchprojektes. Mein ganz besonderer Dank aber gilt den Menschen, die mir schon seit vielen Jahren dabei helfen, ein schönes und erfülltes Leben zu führen:

- meinen Eltern
- Frau E. Sauerwein, Dipl.-Psychologin
- Frau M. Miller, Ergotherapeutin.

Ihnen widme ich dieses Buch.

Darmstadt, im Herbst 2020

Christine Preißmann

Eine persönliche Betrachtung: Was bedeutet Glück für mich?

»Eine gute Freundin, das wäre das größte Glück in meinem Leben.« So habe ich es vor einigen Jahren beschrieben, und dieser Satz gilt nach wie vor für mich. Ich habe ein schönes und gutes Leben und finde auch in der Isolation immer wieder Ruhe, Stabilität und Zufriedenheit, vor allem dann, wenn ich miterlebe, wie unvorhersehbar, chaotisch und anstrengend andere Menschen sein können. Manchmal aber ist der Wunsch, Kontakte zu knüpfen und Freundschaften pflegen zu können, nach wie vor drängend. Vor allem stelle ich mir vor, dass es angenehm wäre, schöne Momente und Glücksgefühle mit anderen zu teilen, und gerade in guten Zeiten fühle ich mich deshalb oft besonders allein.

Auch stelle ich es mir schön vor, ein eigenes Kind zu haben. Aber ich weiß, es würde mich überfordern, deshalb ist es gut so. Nach wie vor tut es immer wieder einmal weh, aber ich habe andere Projekte für mein Leben gefunden, um die ich mich kümmern kann. Manchmal denke ich, meine Bücher und meine Veranstaltungen zum Thema Autismus sind vielleicht auch so etwas wie eigene Kinder. Ich selbst bin dafür verantwortlich und muss dafür sorgen, dass sie gelingen. Ganz generell finde ich die eigene Verantwortung für das Leben wichtig, natürlich immer im individuell sinnvollen Rahmen.

Abgesehen von dem Bereich der Freundschaft und persönlichen Beziehungen, habe ich mir im Laufe der Jahre auf vielen Gebieten so manches erarbeitet, was mir Zufriedenheit gibt und mich glücklich sein lässt. Ich habe herausgefunden, dass ich an freien Tagen vor allem dann zur Ruhe komme und Glück empfinde, wenn ich drei Aspekte kombinieren kann: Genuss bzw. Entspannung, Aktivität und die dosierte sinnvolle Tätigkeit. Im Gegensatz zu früher bin ich viel aktiver, gehe häufiger aus und habe deshalb auch öfter die Möglichkeit, schöne Erfahrungen zu machen. Ich bin offener geworden und viel interessierter an meiner Umgebung.

Und wenn ich so mit offenen Augen durch die Gegend laufe, entdecke ich viel Schönes, was mir Freude macht. Ich bin sehr glücklich über diese Entwicklung und vor allem dankbar dafür, denn ich weiß natürlich, dass ich sehr viel Glück gehabt und liebe Menschen gefunden habe, die mich unterstützen. Anfangs war es schwer für mich, diese Unterstützung anzunehmen, ich war es nicht gewohnt, Schwierigkeiten mit anderen zu besprechen und gemeinsam nach Lösungen zu suchen. Die Dinge, die mir wichtig waren, versuchte ich alleine, und was mir nicht gelang, ließ ich sein. Inzwischen weiß ich, dass das nicht immer der richtige Weg ist, weil sich vieles gemeinsam besser und leichter lösen lässt. Dennoch muss ich auch heute noch immer wieder ein gutes Mittelmaß finden zwischen Autonomie und Hilfsbedürftigkeit. Das muss ich immer wieder neu austaxieren.

Ein großes Glück war es für mich, eine schwere Erkrankung überwinden zu dürfen, die mich für einige Monate völlig außer Gefecht setzte. Ich hatte Angst, weil ich fürchtete, die Lebensfreude und die Aktivität, die ich mir über Jahre hinweg mühsam erkämpft hatte, wieder zu verlieren. Aber gleichzeitig erkannte ich auch die ungeheure Kraft, die man aus solch schwierigen Situationen ziehen kann. Das Leben wurde mir irgendwie kostbarer als vorher, ich bin nun dankbar, wenn ich morgens aufwache und mich gut fühle, denn ich weiß jetzt, dass das keineswegs selbstverständlich, sondern ein großes Geschenk ist. Viele kleinere Probleme erhielten einen anderen Stellenwert; was waren sie schon dagegen, dass ich weiterleben durfte? Dadurch haben sich meine geistige Flexibilität und meine Toleranz ein kleines bisschen vergrößert, wenn nicht alles exakt so läuft wie vorgesehen. Es gibt etwas, das wichtiger ist als Glück, und das ist der Sinn. Wenn man in einer Sache einen Sinn sieht, kann man auch unglückliche Zeiten überstehen. Sucht man dagegen nur und ausschließlich das Glück, dann ist Unglück gleichbedeutend mit Scheitern.

Eine persönliche Betrachtung: Was bedeutet Glück für mich?

Ich bin insgesamt vielleicht nicht mehr so unbekümmert wie früher, aber ich habe vieles gewonnen, vor allem die alltägliche Dankbarkeit, wenn die Menschen, die mir wichtig sind, gesund bleiben. Dagegen ist alles andere zweitrangig.

Wichtig sind mir auch Routinen und Rituale, die verlässlich wiederkehren. Auch dadurch erklärt sich wohl meine Liebe zum Weihnachtsfest. Ganz egal, ob es mir gut geht oder eher nicht, ob ich müde, traurig oder glücklich, gesund oder krank bin – es wird in jedem Jahr aufs Neue Weihnachten werden. Für jeden Menschen und auch für mich. Das hat etwas ungeheuer Tröstliches. Die Welt verändert sich rasant, Stabilität und Sicherheit sind rar geworden, aber Rituale sind verlässlich und geben Sicherheit. Das macht sie für mich so wichtig, dass ich sie vor allem in schwierigen und anstrengenden Zeiten ganz gezielt in mein Leben einbaue. Das kann dann so aussehen, dass ich in diesen Momenten meinen Tag sehr eng strukturiere und bewusst so plane, wie es gut für mich ist. Es ist wichtig, zumindest ein Stück weit die Kontrolle über das eigene Leben behalten und eigene Entscheidungen treffen zu können. Und im Rückblick merke ich, dass die wichtigsten Entscheidungen in meinem Leben in Ordnung waren. Nur wenige Wege, die ich im Laufe der Zeit eingeschlagen habe, würde ich im Nachhinein verändern. Diese Erkenntnis gibt mir eine große Zufriedenheit, aber auch die Zuversicht, dass ich mich auch zukünftig auf meine Entscheidungen größtenteils verlassen kann und sich für die weniger glücklichen Momente Lösungen finden lassen. Es ist wichtig, nicht aufzugeben, denn irgendwie geht es weiter. Immer.

Vieles ist und bleibt natürlich schwierig, jeden Tag, auch in meinem Leben. Aber ich habe beruflich mein Glück gefunden, bin Ärztin, Therapeutin und Autorin und habe Beschäftigungen, die mich erfüllen. Ich hatte das Glück, eine Erkrankung geschenkt zu bekommen, die ich überwinden konnte, durch die ich menschlich sehr gereift bin und eine ganze Menge Lebenszufriedenheit neu erfahren habe. Ich habe die Wege eingeschlagen und die Ziele verfolgt, die ich selbst für richtig hielt, und ich hatte das Glück, dass sich an den entscheidenden Stellen Lösungen finden ließen für die auftretenden Schwierigkeiten.

Mein größtes Glück aber sind meine lieben Eltern und Therapeutinnen, die mich schon seit vielen Jahren unterstützen.

Und deshalb, aus all diesen Gründen, darf ich mich in meinem Leben über mangelndes Glück eigentlich nie wieder beschweren.

Einführung: Glück und Lebenszufriedenheit

Das Wort »Glück« kommt vom Mittelniederdeutschen gelucke/lucke (ab 12. Jahrhundert) bzw. vom Mittelhochdeutschen gelücke/lücke. Es bezeichnete den günstigen Ausgang eines Ereignisses unabhängig von einem bestimmten Talent oder von eigenem Zutun. Dagegen behauptet der Volksmund eine mindestens anteilige Verantwortung des Einzelnen für die Erlangung von Lebensglück in dem Ausspruch: »Jeder ist seines Glückes Schmied.«

Vermutlich ist beides richtig. Die Fähigkeit zum Glücklichsein hängt außer von äußeren Umständen auch von individuellen Einstellungen und vom Verhalten in entscheidenden Situationen ab. Und sie erfordert Aktivität, denn man muss sich erst einmal die eigenen Bedürfnisse bewusst machen und dann aktiv dafür sorgen, dass sie befriedigt werden.

Das Streben nach Glück ist dabei so alt wie die Menschheit selbst. Es lässt manche Menschen um die Welt reisen, zur Einkehr ins Kloster ziehen oder Drogen nehmen, es treibt andere in Yoga-Studios und ist Inhalt zahlreicher Ratgeber und Seminare, die stets neue Techniken vorstellen, die geeignet sein sollen, wirklich und tatsächlich glücklich zu werden.

Auch die Politik entdeckt Glück und Zufriedenheit für sich, so hat die Bundesregierung auf einer Klausurtagung eine neue Regierungsstrategie beschlossen, die einen Bürgerdialog zum Thema »Gut leben – Lebensqualität in Deutschland« beinhaltet. Später sollte dann anhand der Ergebnisse ein neues System von Indikatoren zur Beurteilung der Lebensqualität in Deutschland präsentiert werden (z. B. Demmer 2015).

Glück ist also ein wichtiges Ziel menschlichen Daseins, aber es ist nicht immer ganz leicht zu erreichen. Es gibt nicht »das« ultimative Glücksrezept für alle Menschen, weil eben jeder so unterschiedlich ist, eigene Wünsche, Vorstellungen, Ziele und Bedürfnisse für sein Leben hat und »Glück« (auch im Sinne von Zufriedenheit) auf ganz eigene Weise definiert.

Trotzdem ist es aber möglich, durch jahrelange Forschung einige Faktoren zu nennen, die den meisten Menschen ein bisschen dabei helfen können, ihr Glück zu finden und ein gutes Leben zu führen. Dazu gibt es die Glücksforschung als eine eigene Disziplin, und die Ergebnisse ihrer Untersuchungen werden in der »World Database of Happiness«, der Weltdatenbank des Glücks, in Rotterdam gesammelt.

Begriffsdefinitionen

Die Begriffe Glück und Zufriedenheit werden häufig synonym gebraucht. Wenn man es genau nimmt, gibt es aber durchaus Unterschiede. »Glück ist immer etwas Flüchtiges. Ein Zustand, der in Erwartung von etwas entsteht, der uns zu einer Handlung bewegen soll. Im Gehirn wird dazu ein Bereich aktiviert, in dem der Botenstoff Dopamin ausgeschüttet wird. Es kommt zu einem Feuerwerk, das aber schnell abbrennt. Zufriedenheit ist etwas völlig anderes. Sie entsteht, wenn die Bedürfnisse, die wir haben, auf Dauer weitgehend befriedigt werden«, erklärt der Psychoanalytiker und Kunsthistoriker Hans-Otto Thomashoff, dessen Buchtitel »Ich suchte das Glück und fand die Zufriedenheit« genau das verdeutlicht (Thomashoff 2014). Glück bezeichnet also das augenblicklich erlebte intensive Hochgefühl und findet daher immer nur im Jetzt statt. Zufriedenheit dagegen ist eher so etwas wie eine Bilanz über das Erlebte (u. a. Walter 2014). Sie resultiert aus dem Vergleich der aktuellen Lebenssituation mit der Vergangenheit bzw. dem »subjektiven Abwägen der eigenen Ziele und Ansprüche mit dem davon Erreichten« (Mayring 2000, zit. nach Bundschuh & Dworschak 2003, 34). Wenn also Menschen gefragt werden, wie glücklich sie sind, dann ist eigentlich die Zufriedenheit gemeint, und diese ist im Gegensatz zum Glück auch eine relativ stabile Eigenschaft. Die objektiven Lebensbedingungen haben natürlich durchaus einen Einfluss auf die Lebenszufriedenheit, aber sie können auch im völligen Gegensatz dazu stehen.

In diesem Buch soll nicht so scharf unterschieden werden zwischen den einzelnen Begriffen, zumal auch in vielen Berichten der betroffenen Menschen »Glück« im Sinne von »Zufriedenheit« oder »Lebensqualität« beschrieben wird. Die exakte Definition ist hier letztlich nicht so entscheidend, viel wichtiger ist es, Menschen mit Autismus ein Leben zu ermöglichen, das sie als »glücklich« oder »zufrieden« bezeichnen können.

Es werden in der Literatur unterschiedliche psychologische Betrachtungsweisen im Hinblick auf die Lebensqualität vorgestellt (z. B. Osterrieder 2010, 87):

- Lebensqualität als Abwesenheit von Belastung, Beeinträchtigung, Krankheit
- Lebensqualität als positive Affektbilanz (Fokussierung auf die emotionale Facette)
- Lebensqualität als Grad der Zielerreichung bzw. als individuelles Befriedigungsniveau (Fokussierung auf die motivationale Facette)
- Lebensqualität als Resultat individueller Bewertungs- und Urteilsprozesse (Fokussierung auf die kognitive Facette)
- Lebensqualität als Persönlichkeitsmerkmal im Sinne einer Glücksfähigkeit, gekoppelt mit einer positiven Grundeinstellung
- Lebensqualität als »Glück von innen« im Sinne des »Mit-sich-im-Reinen-Seins«.

Die Beurteilung der Lebenszufriedenheit und Lebensqualität eines jeden Menschen kann nach diesen Betrachtungsweisen nur von ihm selbst vorgenommen werden.

Anders verhält es sich bei dem Modell des »positiven Funktionierens« von Ryff (1989, zitiert in Frank 2007, 6), das einen der inzwischen zahlreichen Versuche darstellt, objektive Faktoren zu ermitteln, die die Lebensqualität eines Menschen messen sollen. Sie wird hier anhand folgender Kriterien beurteilt:

- Selbstakzeptanz
- positive Beziehungen zu anderen
- Autonomie
- Umweltbewältigungen

- Lebenssinn
- persönliches Wachstum.

Deutlich wird dabei jedoch bereits an dieser Stelle, dass hier die ganz eigenen innerpsychischen Aspekte, die subjektive Beurteilung und vor allem auch die unterschiedlichen Voraussetzungen und Möglichkeiten bezüglich der Ausdrucksfähigkeit fehlen. Ähnlich sieht es aus bei den standardisierten Fragebögen, die zur Erfassung der Lebenszufriedenheit zur Verfügung stehen, etwa dem Fragebogen zu Lebenszielen und zur Lebenszufriedenheit (FLL) von Kraak und Nord-Rüdiger (1989) oder dem Fragebogen zur Lebenszufriedenheit (FLZ) von Fahrenberg et al. (2000), der zehn Lebensbereiche erfasst: Arbeit und Beruf, finanzielle Situation, Freizeit, Ehe und Partnerschaft, eigene Kinder, eigene Person, Sexualität, sonstige Kontakte und Wohnung.

Bislang liegen keine Erfahrungen vor, ob sich solche Verfahren auch bei autistischen Menschen anwenden lassen und welche Aussagekraft sie dabei haben können. Weiter unten (S. 175ff) soll noch eine Diskussion angeregt werden, ob und ggf. wie sich Lebenszufriedenheit und Glück bei Menschen mit Autismus anhand objektiver Kriterien ermitteln lassen.

Glücksforschung

Inzwischen hat sich eine ganze Forschungsindustrie etabliert, um der Frage nachzugehen, was Menschen glücklich macht. Ed Diener und Martin Seligman gelten als die Begründer der Glücksforschung. Sie formulierten erstmals die Notwendigkeit, nicht nur zu untersuchen, was Menschen unglücklich und krank macht, sondern auch die Faktoren herauszufinden, die ein glückliches Leben begünstigen.

Seither suchen Wissenschaftler unterschiedlicher Fachbereiche nach Sozialindikatoren, um die Voraussetzungen für Glück und Lebenszufriedenheit möglichst exakt zu bestimmen. Solche Indikatoren sind u. a.:

- Wohnsituation
- Sozialkontakte
- Ehe, Familie
- Haushalt
- Einkommen

- gesundheitlicher Zustand
- Bildungsniveau und Erwerbsstatus (vgl. Stosberg 1994, 108).

Auch die Hirnforschung ist am Thema Glück beteiligt, denn all das, was wir als Glück erleben, entsteht im Gehirn durch ein sehr komplexes Zusammenspiel der unterschiedlichen Hirnregionen und durch körpereigene Botenstoffe, insbesondere Serotonin, Dopamin und Noradrenalin, die deswegen manchmal auch als »Glückshormone« bezeichnet werden (u. a. Walter 2014). Von der pharmazeutischen Industrie zu medizinischen Zwecken hergestellt, werden solche Substanzen als Medikamente etwa bei Depressionen verwendet.

Es ist nachgewiesen, dass das Gehirn mit seinen Aufgaben »wächst«, und zwar ganz im wörtlichen Sinne. Durch gezielte Anforderungen vergrößern sich tatsächlich die entsprechenden Hirnbereiche, um darauf angemessen reagieren zu können. So kann sich das Gehirn u. a. darauf einstellen, auch auf schwierige Situationen und Herausforderungen zu reagieren, sie gut zu verarbeiten und damit klarzukommen.

Das Glücksempfinden selbst scheint altersabhängig zu sein. Zwischen 20 und etwa 35 Jahren erfahren die meisten Menschen einen ersten Höhepunkt, das ist das junge Erwachsenenalter, in dem man frei zu sein scheint von Verpflichtungen und Unsicherheiten. Dann folgt ein »Glückseinbruch« mit einem Tiefpunkt im Alter von etwa vierzig Jahren. In dieser ersten Hälfte des Berufslebens muss eine Existenz aufgebaut werden, nicht alle Hoffnungen und Erwartungen lassen sich erfüllen. Außerdem kommt oft Stress in Partnerschaft und Familie hinzu. Aber schließlich, ein paar Jahre nach der berüchtigten »Midlife-Crisis«, kehrt das Glück langsam zurück, die Menschen werden gelassener und sind nach Ansicht der Forscher kurz vor der Rente wieder so glücklich wie einst mit zwanzig (Raffelhüschen & Güllner 2014).

In anderen Fragen der Glücksforschung sind sich die Wissenschaftler aber nicht einig. So glauben manche, vor allem die Gene seien entscheidend für das Erleben von Glück, andere sind überzeugt, es hänge vor allem von den ganz eigenen Erwartungen ab, also davon, was man sich vom Leben erhofft. Und wieder andere Forscher halten die Lebensumstände oder auch den Zufall für besonders wichtig. Gerade in den letzten Jahren aber haben sie entdeckt, dass Glück und Wohlbefinden in weit geringerem Ausmaß als zunächst gedacht von äußeren Einflüssen abhängen. Viel wichtiger für das Wohlergehen sind erfüllte Erwartungen, gute zwischenmenschliche Beziehungen, ein Ziel im Leben und ein positives Selbstwertgefühl. Heidl et al. (2012) definierten als Determinanten von Lebenszufriedenheit den

Gesundheits- und Erwerbsstatus sowie die Häufigkeit von Glücksgefühlen. Sie stellen zudem die Vermutung auf, dass die psychische Gesundheit einen höheren Einfluss hat als die körperliche. Fahrenberg et al. (2000) beschreiben insbesondere den positiven Einfluss einer aktiven Gestaltung der Freizeit (Hobbys, Veranstaltungen, Vereine, körperliche Aktivitäten) auf die Lebenszufriedenheit, und nach Mayring (1991) spielt der Familienstand eine große Rolle, so sind verheiratete oder in einer Partnerschaft lebende Menschen signifikant zufriedener als Alleinstehende. Neuere Untersuchungen zeigen jedoch, dass diese Signifikanz schwindet, hier zeigten sich in einer festen Beziehung lebende Menschen nur noch leicht glücklicher, allerdings gaben die alleinstehenden Befragten hier an, dass sie ersatzweise viele Freunde hätten und deshalb partnerschaftliche Kontakte nicht vermissten (Hartmann-Wolff & Reinhard 2015).

Sehr wichtig sind auch die Erwartungen, die eine Person an ihr Leben hat. Menschen, die die Möglichkeiten, die ihnen selbst nicht offenstehen, bei anderen erfüllt sehen, hadern offenbar besonders stark mit ihrem Schicksal. Diese Überlegungen wurden schon vor Jahrzehnten als Hypothese formuliert. Erkenntnisse hinsichtlich des Einkommens stützen diese; ab einem Einkommen von etwa 30 000 Euro entsteht plötzlich Raum für unerfüllte Wünsche und Neid – man will noch mehr verdienen, ein noch besseres Auto oder ein ebenso großes Haus wie die Nachbarn haben. Und in Skandinavien sind die Menschen vermutlich auch deshalb so glücklich, weil es hier weit flachere Hierarchien gibt als in anderen Ländern. »Rangordnungen« kennt man hier kaum, die Menschen müssen sich nicht mit den anderen vergleichen, sie können sich als gleichwertig betrachten und fühlen sich deshalb glücklicher.

Insgesamt bezeichnen sich die meisten Menschen der westlichen Länder als glücklich, wenn sie (u. a. Bormans 2012, Frank 2007)

- in einer stabilen Beziehung leben
- nur einige wenige, dafür aber enge und vertraute Freunde haben
- eine angemessene (Aus-) Bildung erlangen können und schließlich eine Arbeitsstelle finden, die ihre Fähigkeiten berücksichtigt und die ihnen Wertschätzung vermittelt
- mit ihrer Arbeit etwas Nützliches tun können
- eigene Ziele haben, selbst Einfluss nehmen können auf die Gestaltung ihres Lebens und einen Sinn in ihrem Dasein sehen
- die Anforderungen des Alltags bewältigen können

- sich selbst als Person akzeptieren und auch von anderen akzeptiert werden
- genug Geld haben, um ihre Grundbedürfnisse zu stillen
- in Gesundheit und Freiheit leben können.

Persönliche Beziehungen

Die Fähigkeit, zu lieben und sich lieben zu lassen, gehört zu den wichtigsten Voraussetzungen für ein glückliches Leben (u. a. Romberg 2011). Freundschaft bietet die Möglichkeit, glückliche Momente zu teilen und von der Unterstützung anderer zu profitieren, wenn es uns nicht gut geht. Freunde geben uns die Hoffnung auf eine bessere Zukunft, und sie helfen uns, glücklicher zu leben. Menschen mit engen sozialen Kontakten haben wohl deshalb auch einen niedrigeren Cortison-Spiegel (ein Maß für Stress) als Personen, denen dies nicht gelingt.

Experten gehen dabei davon aus, dass der Mensch insbesondere für ein Leben in kleinen, überschaubaren Gruppen geschaffen ist. Nötig sind also nur einige wenige stabile Beziehungen, um glücklich zu sein, um sich sicher und geborgen fühlen zu können. Tatsächlich aber leben immer mehr Menschen in großen Städten, mit vielen eher lockeren Bekanntschaften, aber oft weit entfernt von Familie und Freunden.

Überhaupt ist die Familie von unschätzbarem Wert. Jeder Mensch braucht jemanden, der ihm ein Gefühl von Sicherheit und liebevoller Fürsorge vermittelt, ein Bewusstsein dafür, dass er so akzeptiert wird, wie er ist, mit allen guten und auch ungünstigen Eigenschaften.

Der einzelne Mensch gilt umso weniger, je größer die Gruppe ist, in der er sich bewegt. Viele Angestellte arbeiten in Unternehmen mit Hunderten oder Tausenden Kollegen, sie spüren täglich, dass sie problemlos und jederzeit zu ersetzen sind. Nach Ansicht von Forschern ist das ein sehr entscheidender Punkt. Zu erfahren, dass die eigene Arbeit wertgeschätzt wird, ist ihrer Meinung nach für die Psyche des Menschen überlebenswichtig.

Wenn man nun diese Aspekte analysiert und davon ausgeht, dass das Wohlbefinden entscheidend davon abhängt, tiefe, enge Bindungen zu haben und ein wertgeschätztes Mitglied einer Gruppe zu sein, dann muss man eben auch erkennen, dass die Bedingungen des modernen Lebens menschliches Glück offenbar geradezu verhindern. Forscher fanden jüngst heraus, dass die sozialen Medien ihre Nutzer tendenziell unglücklich machen, da sie dafür sorgen, dass wir uns permanent mit anderen Menschen messen und mit ihnen wetteifern.

Erwartungen

Wer also immer einer Vorstellung vom vollkommenen Glück hinterherjagt, der macht sich leicht unglücklich und kann den eigentlichen Moment immer weniger genießen.

Insgesamt sind gute Beziehungen zur Familie, zum Partner und zu Freunden sehr wichtig für das Empfinden von Glück. Aber die aktuellen Scheidungsraten belegen natürlich auch, dass für sehr viele Menschen dieses Glück nicht ewig anhält. Und auch Kinder sind offenbar kein Garant für ein erfülltes Leben, was oft mit falschen Erwartungen zu tun hat. So kommen etwa viele Menschen, die erst relativ spät Kinder bekommen haben, nicht mit dem Verlust ihrer persönlichen Freiheit zurecht.

Wer aber mit den ganz persönlichen Lebensumständen umgehen kann, der kann auch glücklich werden, auch dann, wenn die Bedingungen ganz objektiv betrachtet nicht die besten sind. Dabei können gerade in schwierigen Zeiten Religion und Glaube hilfreich sein. Aktiv religiöse Menschen fühlen sich signifikant glücklicher als andere und können Krisen besser bewältigen.

Glücklichsein mit Kleinigkeiten

In einer Zeit, in der alles scheinbar immer perfekter, besser und angenehmer werden muss, entdecken viele Menschen ihr Glück neu in den einfachen Dingen. Es gelingt ihnen, sich ganz gezielt Kleinigkeiten zuzuwenden, die sie zutiefst beglücken (vgl. Lechner 2012).

Wichtig dafür ist die Achtsamkeit, die deshalb auch gelehrt wird, um Menschen zu befähigen, wieder mehr im Hier und Jetzt zu leben und ihr Glück im Erleben des Augenblicks zu finden. Ein leckeres Essen, ein angenehmer Duft, schöne Musik, der Anblick von Dingen, die einem ganz persönlich Freude bereiten, eine angenehme Berührung: Mit allen Sinnen können wir Glück erleben, wenn wir aufmerksam dafür sind. Dafür ist eine ruhige Umgebung nötig, die es ermöglicht, sich dem Genuss ganz gezielt hinzugeben. Manche Forscher gehen davon aus, dass das Leben in der Natur die Menschen tatsächlich glücklicher macht als in einem städtischen Umfeld.

Es ist hilfreich, sich immer wieder bewusst an freudige und glückliche Momente zu erinnern. Man fokussiert sich dann auf diese Freude und erlebt sie aufs Neue. Je öfter wir auf diese Weise unsere Aufmerksamkeit für ein paar Minuten auf die guten Momente bündeln, desto mehr stimmen wir unser Gehirn darauf ein, in jeder Lage bevorzugt das Erfreuliche herauszufiltern und wahrzunehmen.

(Aus-) Bildung und berufliche Situation

Insgesamt hat das Ausbildungsniveau der Menschen nur eine begrenzte Wirkung auf ihr generelles Wohlergehen, das Ausmaß der Selbstachtung, die Menschen aus ihrer Arbeit beziehen, scheint aber ihr Glücksniveau doch deutlich zu beeinflussen (Bormans 2012, 183). Wichtig ist, dass das Bildungsniveau den persönlichen Möglichkeiten entspricht, also als stimmig erlebt wird. Menschen erreichen außerdem vor allem dann ein stabiles Hochgefühl, wenn die eigenen Fähigkeiten im Vordergrund stehen und sich die persönlichen Interessen mit den Arbeitsinhalten decken.

Nun gibt es aber auch innerhalb eines Landes sehr ungleiche Ausbildungsbedingungen, was man als ungerecht empfinden und deshalb vermuten könnte, dass diese unterschiedlichen Chancen in vielen Fällen auch die Möglichkeiten begrenzen. In einer Untersuchung mit einer riesigen Stichprobe zeigt sich jedoch: Auch vermeintlich schlechtere Ausbildungsbedingungen können durch das optimale Umfeld kompensiert werden. Man hat herausgefunden, dass für eine erfolgreiche Schulbildung eine motivierende, stimulierende Lernumgebung besonders wichtig ist, vor allem dem Lehrer kommt größte Bedeutung zu (Hattie & Zierer 2014).

Auch die berufliche Stellung scheint keinen besonders großen Einfluss auf das Glücksempfinden zu haben. Wichtige Glücksfaktoren im Hinblick auf Arbeit und Beruf sind jedoch die Wertschätzung am Arbeitsort und die Möglichkeit, selbstbestimmt arbeiten zu können. Das ließe sich in allen Branchen und in jeder beruflichen Position ermöglichen. Außerdem fühlen sich Menschen dann zufrieden, wenn sie bei ihrer Tätigkeit gefordert, aber nicht überfordert sind.

Insgesamt hat die Möglichkeit, einer bezahlten Arbeit nachzugehen, einen ganz entscheidenden Einfluss auf die Lebenszufriedenheit der Menschen. Als einer der größten »Glückskiller« wird dagegen die Arbeitslosigkeit beschrieben, die auch bei bestehender finanzieller Unterstützung einen Verlust von Identität, sozialen Beziehungen und Struktur bedeutet (Fedders 2014). Ein frühzeitiger Ausstieg aus dem Berufsleben führt in der Mehrzahl der Fälle zu keinem Anstieg der Lebenszufriedenheit, demgegenüber sind Personen, die über das 65. Lebensjahr hinaus berufstätig sind, überdurchschnittlich glücklich (Raffelhüschen & Güllner 2014).

Beim Faktor Geld ist man sich unsicher. Früher nahm man an, dass Geld keine Rolle für das Glücksempfinden spielt, inzwischen aber hat man herausgefunden, dass die Zufriedenheit mit dem Haushaltseinkommen doch ein wichtiger Faktor ist und vermögende Personen doch etwas glücklicher zu sein scheinen als solche mit geringeren Vermögenswerten. Allerdings scheint ab einem gewissen Einkommen das Glück nicht mehr weiter zuzunehmen. Wichtig ist also insbesondere eine gewisse finanzielle Sicherheit. Existenzängste dagegen stehen dem Glück zweifellos entgegen, so weisen Menschen mit Schulden und ohne jedes Vermögen deutlich niedrigere Zufriedenheitswerte auf (Raffelhüschen & Güllner 2014, Bormans 2012).

Stabilität, aber auch Offenheit für Neues

Um gut leben zu können, ist es wichtig, eine ausreichende Stabilität zu haben. Ein ungefährdeter Arbeitsplatz, eine stabile Partnerschaft, ein sicheres Wohnumfeld und eine gute Gesundheit sind ganz wesentliche Voraussetzungen für ein glückliches Leben. Häufig kommt es vor allem dann zu Krisen, wenn diese Bereiche instabil werden.

Auf der anderen Seite aber gehört aber auch die Offenheit für Neues, für Unterschiede und für andere Menschen und ihre Lebensweisen ganz wesentlich zu den Quellen des Glücks. Hierzu zählen das Interesse und Engagement für andere sowie die Fähigkeit, über den eigenen Tellerrand zu blicken und (kulturelle wie persönliche) Unterschiede als Bereicherung wertzuschätzen. Alles Neue bietet eben auch neue Herausforderungen und Chancen zum Denken, Fühlen und Handeln.

Insgesamt bietet das Leben so viele Möglichkeiten, und jeder einzelne Mensch muss für sich herausfinden, wie weit er gehen kann, wo der für ihn beste Kompromiss liegt zwischen Sicherheit und Stabilität auf der einen Seite sowie Lern- und Veränderungsbereitschaft andererseits.

Eigene Entscheidungen, Erfahrungen und Erlebnisse

Die Möglichkeit, zu wählen und eigene Entscheidungen zu treffen, also gewissermaßen Spezialist für das eigene Leben zu werden, macht glücklich. Dazu gehört auch, diese Entscheidungen dann auch zu akzeptieren und nicht ständig in die Vergangenheit zu blicken. Ein rückblickendes »Hätte ich damals doch nur dieses oder jenes getan« hilft uns nicht weiter. Später ist man immer schlauer, aber die Entscheidungen, die wir im Laufe unseres Lebens getroffen haben, schienen mit der damaligen Erfahrung richtig zu sein. Es ist sinnvoller, nach vorne zu blicken und zu schauen, welche weiteren wichtigen Weichen für das Leben gestellt werden müssen, um gut leben zu können. »Es trägt zum Glücklichsein bei, sich Ziele für sein Leben zu setzen, weil sie eine Richtung und Beschäftigung vorgeben«, betont Meik Wiking, Direktor des Instituts für Glücksforschung in Dänemark. Und dazu gehört es eben auch, sich für den einen oder anderen Weg zu entscheiden.

Das Bedürfnis nach einem Gefühl der Kontrolle über das eigene Verhalten, nach Autonomie und Eigenverantwortung gehört für alle Menschen zu den wichtigsten Anliegen, um glücklich leben zu können. Und auch Emmy Werner ermittelte in ihren Studien, dass Kinder immer dann besonders widerstandsfähig werden, wenn sie schon von klein auf Verantwortung übernehmen müssen (Werner 1992). Dies begünstigt offenbar die Entstehung von Selbstwirksamkeit und Ausdauervermögen, die Kinder erleben schon früh, dass sie mit ihrer Leistung etwas bewirken können, und wagen sich in der Folge auch an schwierigere Anforderungen heran. Die Erwartung, ein Problem lösen zu können, hilft ihnen dabei, die Situation tatsächlich zu meistern. Es ist also falsch, alles Unangenehme von den Kindern fernzuhalten, weil dann das Bedürfnis, selbst etwas zu bewirken, zu kurz kommt. Den Kindern fehlt das Lernen am Erfolg, das sich einstellt, wenn man selber etwas schafft.

Es ist wichtig zu unterscheiden, wann es sinnvoll ist, Hilfe anzubieten, wann andererseits aber ein eigenständiges Ausprobieren besser ist, denn eine psychische Stärke wächst erst durch die Auseinandersetzung mit anderen Menschen und mit Problemen, die es zu meistern gilt. Voraussetzung dafür ist aber, dass sich die Schwierigkeiten auch wieder legen und nicht zur Katastrophe ausarten.

Forscher raten Glücksuchenden außerdem, lieber Erlebnisse und Ereignisse als Gegenstände zu konsumieren, weil sich gezeigt hat, dass dies glücklicher macht. Die Art der Erlebnisse lässt sich dagegen nicht so exakt definieren, aber neben aller Individualität (einem Menschen gefällt das Bergsteigen ganz besonders, ein anderer liebt das Segelfliegen oder Abenteuertrips durch Wüste und Dschungel) scheint es ganz wesentlich auch auf das Alter anzukommen: Während jüngere Menschen außergewöhnliche Erlebnisse genießen (etwa Hochzeiten, Abenteuer und neue Erfahrungen), finden ältere Menschen ihr Glück eher in den schönen Momenten des Alltags (Zeit mit der Familie, soziale Bindungen, Gewohnheiten). Die Forscher folgern also: Wenn wir jung sind, sollten wir das Außergewöhnliche suchen, denn die Summe dieser Erfahrungen prägt die eigene Persönlichkeit und lässt uns unseren Platz im Leben finden. Wenn wir älter werden, uns selbst und unseren Platz im Leben bereits gefunden haben, sollten wir das Glück erkennen und suchen, das in den kleinen Dingen des Alltags versteckt ist (Bhattacharjee & Mogilner 2014).

Gesundheit und Inklusion

Der Einfluss des Gesundheitszustands auf die allgemeine Lebenszufriedenheit ist enorm, und dabei ist es nicht in erster Linie so, dass Gesundheit glücklich macht; vielmehr macht das Fehlen von Gesundheit unglücklich (Fedders 2014). Deutlich weniger zufrieden als die Gesamtbevölkerung sind in Deutschland lebende Menschen mit schwerer Erkrankung oder Behinderung. Ihre subjektive Lebenszufriedenheit stieg zwar in den letzten Jahren an, doch ist der Abstand zu Menschen ohne Behinderung heute nur unwesentlich geringer als zu Zeiten der Jahrtausendwende. Es zeigt sich also, dass sich politische und gesellschaftliche Bemühungen um eine bessere Teilhabe von Menschen mit Behinderung hinsichtlich der Lebenszufriedenheit noch nicht nachhaltig niedergeschlagen haben (Raffelhüschen & Güllner 2014). Für die geringere Zufriedenheit sind vor allem die begleitenden gesundheitlichen Probleme verantwortlich, aber auch Faktoren wie Einkommen, Arbeit und Familienleben spielen hier eine Rolle sowie das Wissen um die Möglichkeit eines vermeintlich besseren Lebens, das man vielleicht sogar selbst in der Vergangenheit leben konnte und das jetzt so nicht mehr möglich ist.

Es zeigt sich, dass eine verbesserte gesellschaftliche Teilhabe die Lebenszufriedenheit von Menschen mit Behinderung deutlich steigern kann. Grundsätzlich ist Inklusion in hohem Maße erwünscht, es klafft aber eine Lücke zwischen dem Wunsch und der wahrgenommenen Umsetzbarkeit einer inklusiven Gesellschaft. Das Desinteresse und der Egoismus der Umgebung sind hier die größten Hemmnisse. Wesentliche Voraussetzungen auf dem Weg zur inklusiven Gesellschaft sind deshalb der verstärkte Kontakt und Austausch zwischen Menschen mit und ohne Behinderung und ganz objektive Informationen.

Die Lebenswirklichkeit von Menschen mit Behinderung wird von der Gesellschaft nämlich noch immer sehr häufig falsch eingeschätzt. Menschen ohne Behinderung gehen mehrheitlich davon aus, dass sich die Situation von Menschen mit Behinderung in Deutschland in den letzten zehn Jahren stark verbessert hat; die Mehrheit der Betroffenen selbst sieht dagegen keine wesentlichen Verbesserungen oder gar Verschlechterungen.

Lebenssinn

Ganz entscheidend ist die Erfahrung, im Alltag einen tieferen Lebenssinn zu finden und die eigenen Stärken in den Dienst einer höheren Sache stellen zu können, also das »Richtige« zu tun und nicht nur ausschließlich das Angenehme. Das können ein Ehrenamt oder auch lediglich Kleinigkeiten sein, die man mit voller Konzentration deshalb tut, weil sie einem wichtig erscheinen. Glück erfährt, wer versucht, ein Leben aufzubauen, in dem er das tut, was er gut kann, um damit die Lebensqualität anderer Menschen zu verbessern. Eckart von Hirschhausen etwa erklärt, dass Glück für ihn nicht die Hauptsache, sondern das Nebenprodukt eines sinnvollen Lebens ist. Zu tun, was einem entspricht, sich auch auf andere Menschen zu beziehen, nicht nur auf sich selbst, und ständig dazuzulernen – das sind für ihn die Grundbedingungen für ein glückliches Leben.

Was kann man selbst tun, um glücklich zu werden?

Man kann selbst eine ganze Menge dazu beitragen, um sich gut zu fühlen, und oft hilft es dafür schon, nur kleine Dinge zu verändern, etwa im Alltag, in der Umgebung oder am eigenen Verhalten.

Sportliche Betätigung an der frischen Luft schüttet im Gehirn Serotonin, eines der »Glückshormone«, aus, dafür reichen schon ein paar Minuten am Tag. Körperliche Bewegung kann also Glücksgefühle auslösen, sogar leichte Depressionen bessern und Gesundheit und Energie fördern. Die positiven Aspekte von Ausdauersport sind wissenschaftlich am besten belegt, andere Sportarten sind aber ähnlich geeignet. Deshalb werden sie als Begleittherapie für Menschen mit psychischen Erkrankungen immer bedeutender: »Spiel, Sport, aber auch ganz normales Spazierengehen in der freien Natur und gleichzeitig Sehen, Hören, Riechen sind eine Quelle für Freude und Glück. Oft sind unsere Sinne verkümmert und wir müssen diese Dinge erst wieder lernen« (Gödtel 2002, 17).

Glückliche Menschen sind aktiv und voller Energie, aber sie nehmen sich auch genug Zeit für die Regeneration durch Schlaf und Alleinsein. Zeiten nur für sich sind wichtig für jeden Menschen, und kurzzeitiger Schlafmangel kann zwar die Stimmung verbessern (dies entspricht dem Effekt der Schlafentzugstherapie bei z. B. leichteren Depressionen), aber ein chronisches Schlafdefizit macht unglücklich und krank. Dabei ist die individuell richtige Schlafdauer jedoch sehr unterschiedlich und bei jedem Menschen anders. Während einige mit vier oder fünf Stunden Nachtruhe auskommen, benötigen andere acht Stunden oder mehr. Was für die eigene Person gut ist, kann man nur selbst herausfinden.

Ab und zu ein Stück Schokolade kann ebenso glücklich machen wie häufiges Lachen oder viel gemeinsame Zeit mit Familie und Freunden. Das alles sind Ratschläge, die man auch von früher schon kennt, die aber nach wie vor nicht an Bedeutung verloren haben, im Gegenteil.

Hinzu kommt die Notwendigkeit, auch schwierige, leidvolle Erlebnisse nicht zu verdrängen, denn die Erfahrung, sie überwinden zu können, ist sehr wertvoll und lässt den Menschen danach glücklicher, offener und authentischer erscheinen. Generell scheint es für das Glückserleben nicht so entscheidend zu sein, ob jemand Schicksalsschläge zu bewältigen hatte oder rein äußerlich vom Glück begünstigt zu sein schien. Amerikanische Psychologen untersuchten etwa die Lebenszufriedenheit von Menschen, die wenige Monate zuvor im Lotto gewonnen oder aber nach einem Unfall ein Bein verloren hatten. Und die Ergebnisse waren ganz ähnlich denen anderer Menschen. Die Forscher folgerten daraus, dass sowohl ein Hochgefühl (etwa nach dem Lottogewinn) als auch Gefühle von Schock, Schmerz, Trauer und Wut höchstens einige Monate anhalten, aber nicht dauerhaft glücklich oder betrübt machen. Wichtig ist in jedem Fall, das Unvermeidliche zu akzeptieren. Leid, Traurigkeit und Erkrankungen gehören zum Leben dazu. Aber manchmal sagt sich das so leicht. Jedenfalls jedoch können auch Menschen, die schwer erkrankt sind, eines Tages wieder glücklich werden.

Sinnvoll kann es sein, ein »Dank- und Glückstagebuch« zu führen, in dem man jeden Abend drei Dinge aufschreibt, die an diesem Tag gut gelaufen sind oder für die man dankbar ist. Untersuchungen zeigen, dass Menschen, die täglich innehalten, um über positive Aspekte des eigenen Lebens nachzudenken (beispielsweise im Hinblick auf die Gesundheit, Familie, Freunde, Bildung, persönliche Interessen, Natur oder Sinneserfahrungen), ein stärkeres Wohlbefinden und mehr Lebenszufriedenheit verspüren.

Viele Menschen empfinden großes Glück, wenn sie etwa einem Hobby nachgehen und dabei Raum und Zeit vollkommen vergessen und ganz in der Beschäftigung aufgehen. Dieser Zustand wird als »Flow« bezeichnet und gilt als sehr erstrebenswert. Man empfindet währenddessen Glück. Welche Arten von Aktivität individuelles Glück am meisten fördern, richtet sich nach den jeweiligen persönlichen Neigungen und Stärken: »Es passt nicht allen der gleiche Schuh, und ähnliche Glücksniveaus hängen mit sehr unterschiedlichen Betätigungen zusammen« (Bormans 2012, 152). Für jeden Menschen wichtig und unerlässlich ist es also, auf die eigenen Bedürfnisse und Gefühle zu achten, immer wieder gezielt Dinge zu tun, an denen er ganz persönlich Freude hat und die er entspannend findet. Vor allem körperliche Aktivitäten sind dabei wichtig, idealerweise als eine sinnvolle Kombination aus Bewegung und Entspannung.

Und der wichtigste Rat lautet wohl: Pflegen Sie soziale Kontakte. Studien zeigen, dass Menschen soziale Wesen sind und es ihnen guttut, von Freunden umgeben zu sein.

Glücklichsein – für sich selbst und für andere

Der amerikanische Psychologe Ed Diener glaubt, dass Glück und Zufriedenheit nicht nur dem Einzelnen nutzen, weil sie sich gut anfühlen, sondern auch der Gesellschaft. Mehrere Studien geben ihm recht. Sie belegen, dass glückliche Menschen mehr zu geben haben als unglückliche, etwa eine höhere Arbeitsleistung und mehr soziales Engagement, und sie haben eine bessere Gesundheit und mit größerer Wahrscheinlichkeit eine stabile, befriedigende Beziehung. Glück vermehrt außerdem die Hilfsbereitschaft: Wer sich gut fühlt, tut auch anderen Gutes. Und dieses Geben steigert sogar noch das Glück, denn umgekehrt gilt dasselbe: Auch der Einsatz für andere macht glücklich; wir freuen uns, wenn wir anderen etwas Gutes tun können und auch sie glücklich sind. Seine Freude in der Freude des anderen finden zu können, das ist eines der Geheimnisse des Glücks. Es geht also »darum, eine Gesellschaft aufzubauen, in der sich die Menschen mehr umeinander kümmern« (Bormans 2012, 333) – und dabei glücklich werden.

Berichte von Betroffenen: Was bedeutet Glück für Menschen mit Autismus?

Nach den allgemeinen Überlegungen und meinen eigenen Gedanken zum Thema Glück sollen nun viele weitere Menschen mit Autismus zu Wort kommen. Dem Aufruf, einen kurzen schriftlichen Beitrag zu leisten, sind zahlreiche Betroffene gefolgt. Entstanden sind Texte völlig unterschiedlicher Menschen in ganz verschiedenen Lebenssituationen. Viele der Autoren gaben an, die Auseinandersetzung mit diesem Thema habe ihnen sehr gutgetan, sie beschrieben es als wichtig, über die eigenen Wünsche und Lebensziele nachzudenken.

Die Beiträge sollen nicht bewertet oder kommentiert werden, sie stehen für sich und zeigen, dass autistische Menschen reflektiert, klug, engagiert und interessiert ihre eigenen Möglichkeiten beleuchten können. Es ist wichtig, jeden einzelnen Betroffenen immer wieder bei diesem Prozess zu unterstützen. Immer häufiger wird die Diagnose einer Autismus-Spektrum-Störung gestellt, gleichzeitig werden die finanziellen Spielräume für therapeutische und andere Maßnahmen eher enger. Es wird daher zukünftig von großer Bedeutung sein, die Behandlung von Menschen mit Autismus ganz gezielt auf die jeweilige Lebenssituation abzustimmen und die eigenen Bedürfnisse zu berücksichtigen. Dafür ist es notwendig, jeden einzelnen Betroffenen gezielt danach zu befragen, was er sich für sein Leben vorstellt und was ihn ganz persönlich glücklich macht.

Ich bedanke mich sehr herzlich bei allen Autoren, die mir ihre Texte zur Verfügung gestellt haben und die damit verdeutlichen, wie wichtig es ist, eine sehr individuelle Behandlung anzustreben, die die Kenntnisse des Autismus berücksichtigt, daneben aber auch noch genug Freiraum lässt zur optimalen Gestaltung der ganz unterschiedlichen Persönlichkeiten.

Beitrag von Leonie Klom

Heute kann ich sagen: Ich bin ein zufriedener und oft auch glücklicher Mensch. Das war nicht immer so. Erst mit Anfang Zwanzig wurde bei mir Autismus diagnostiziert. Bis dahin hatte ich einen sehr mühsamen Weg hinter mir. Viele Psychiater hatten viele unterschiedliche Diagnosen gestellt.

In dieser Zeit wurde ich von massiven Schlafstörungen und einem dauernden Gefühl der Andersartigkeit geplagt. Dieses Gefühl tief in mir, gepaart mit der Rückmeldung der Psychiater, dass ich doch so viel Potenzial hätte und mich nur bemühen müsste, Freunde zu finden und mein Studium »einfach durchzuziehen«, führte zu einem tiefen Gefühl von Unglück, das bis hin zur Lebensunlust reichte.

Mein damaliger Psychiater teilte mir nach einiger Zeit mit, dass er bei mir den starken Verdacht hätte, dass ich Autistin sei. Wenig später bekam ich dann in einer Spezialambulanz die Diagnose Asperger-Syndrom. Das war mein erstes Glück. Endlich wusste ich, dass meine Wahrnehmung, anders zu sein, richtig war.

Ich lebe in einem Umfeld, das zwar klein, aber sehr stabil ist und das es mir erlaubt, autistisch zu sein. Nach einiger Zeit erlaubte ich mir das auch selbst, statt mich immer »zusammenzureißen«. Der Druck, mich altersgemäß zu verhalten, wurde kleiner. Mein Verhalten wurde authentischer und ist es bis heute geblieben. Ich nehme mir heute schneller die Ruhezeiten, die ich brauche, um zufrieden zu bleiben. Das ist mein zweites Glück.

Ich bekam Famke, eine Hündin, die mir genau in den Bereichen hilft, in denen ich sehr große Probleme habe: Sie strukturiert meinen Tag, sorgt dafür, dass ich regelmäßig raus gehe und viel leichter in Kontakt komme mit anderen Menschen. Das macht sie einerseits durch ihre sehr gute Menschenkenntnis und durch ihre Kontaktfreude. Das ist mein drittes Glück.

Diese drei Punkte sind meine Bedingungen für ein glückliches Leben. Daneben gibt es noch einige Grundsätze, die meine Zufriedenheit ungemein steigern:

- Ich habe gelernt, meine Schlafstörungen als meinen eigenen Schlafrhythmus zu akzeptieren. Sämtliche medikamentösen und schlafhygienischen Maßnahmen sind gescheitert, und so nutze ich meine nächtlichen Wachzeiten jetzt als Zeit für mich.
- Ich bemühe mich, mir nur Gedanken zu den Problemen zu machen, die ich ändern kann. Das erspart mir viel Stress.
- Ich nehme mir einen Ruhetag pro Woche. An diesem Tag nehme ich mir nichts vor. Ich schlafe. Ich esse. Ich sehe fern. Dies ist mein »Auszeiten-Tag«, der mir die Energie gibt, die Woche in einer Welt voller nicht-autistischem Chaos zu überstehen.
- Ich baue viele kleine Routinen in meinen Alltag ein. Das ist bei der Arbeit manchmal ganz schön schwer, weil es dort immer wieder Veränderungen gibt. Doch im Kleinen gelingt es mir.
- Ich mache mir nur wenige Gedanken um das, was in meinem Leben anders hätte laufen können, denn diese Gedanken haben mich früher oft unglücklich gemacht.
- Ich mache ganz gezielt die Dinge, die mich glücklich machen, z. B. Achterbahnfahren oder ein Lied 100 Mal hintereinander hören. Schade finde ich es manchmal, dass es mir auch nach schönen Erlebnissen nicht immer gut geht. Oftmals bin ich auch nach tollen Tagen fix und fertig, weil sie meine Routinen durchbrechen. Das belastet mich sehr, weil ich so gerne Sachen erleben möchte (z. B. reisen), dafür aber noch mal dieselbe oder sogar mehr Zeit im Nachklang zur Erholung mit starren Routinen benötige. Dass ich so sehr auf Routinen und Gleichmäßigkeit angewiesen bin und auf so vieles verzichten muss, weil ich sonst im Overload lande, ist oft noch schwer auszuhalten.
- Ich nehme mir in der Regel nur Sachen vor, die ich auch genießen kann. Früher habe ich alles gemacht, weil ich dachte, es würde mich zufriedener machen. Heute plane ich genau und versuche abzuwägen, ob ein Ausflug noch schön für mich ist. Manchmal muss ich trotzdem erkennen, dass ich mich überschätzt habe und die Abweichung von meinem Alltagsrhythmus, gepaart mit vielen neuen Eindrücken, zu viel für mich ist.

- Wenn ich mich ungerecht behandelt fühle oder über etwas ärgere, setze ich mich für mich selbst ein und spreche Dinge offen an, auch wenn mir das manchmal nicht leichtfällt.
- Bei Erlebnissen, die mich emotional sehr betreffen, überlege ich mir, ob es eine Lösung gibt. Wenn es keine gibt, schiebe ich die Gedanken dazu weg. Das klingt nach Verdrängen, ist es aber nicht. Wenn sich emotionale Ereignisse erst einmal in meine Seele eingebrannt haben, sind sie dort unlöschbar verankert. Es ist fast unmöglich, das betreffende Gefühl zu löschen oder auch nur zu verändern. Deswegen ist das für mich die beste Strategie.
- Wenn ich ein Problem habe, das sich in meinem Autismus begründet, überlege ich mir, ob es etwas gibt, das meine Schwierigkeiten verbessern könnte. Oft belasse ich dann aber bewusst alles so, wie es ist. Durch diese Strategie verringert sich für mich das Gefühl der Hilflosigkeit gegenüber meinen autistischen Anteilen, die oft wie unüberwindliche Hürden erscheinen.
- Ich nehme mich selbst und meine Wahrnehmung der Welt ernst und werte sie nicht ab.

Noch heute ist es so, dass mein Leben ein Drahtseilakt ist. Kleinigkeiten wie z. B. die falsche Anordnung der Gegenstände auf meinem Schreibtisch, weil die Reinigungskraft bei der Arbeit nicht wieder exakt alles an seinen Platz gelegt hat, sorgen manchmal dafür, dass ich den ganzen Tag tief verunsichert und unglücklich bin. Aber ich habe jetzt eine Erklärung dafür. Sie heißt Autismus. Das macht vieles etwas leichter.

Beitrag von Svenja S.

Glück ist für mich ein neues Konstrukt. Ich hatte mir Gefühle grundsätzlich abtrainiert. Sonst hätte ich nicht funktionieren können.

Meine Asperger-Diagnose erhielt ich mit Ende Zwanzig. Die Zeit von der Grundschule bis dahin verbrachte ich im Überlebensmodus. Es galt, irgendwie die Anforderungen zu bestehen und durch den Tag zu kommen, ohne mehr als nötig verletzt zu werden.

Irgendwie konnte niemand mit mir etwas anfangen, egal ob Mitschüler, Lehrer, Mitglieder in Vereinen, Kinder aus der Nachbarschaft oder andere Leute. Zu Hause musste ich mich regelmäßig dafür rechtfertigen, warum ich beispielsweise nicht auf Partys ging wie »normale« Jugendliche. Dabei wäre ich eigentlich gerne hingegangen. Ich wusste nur nicht, was ich da genau machen sollte, stand nur schweigend herum, und außerdem hatte ich sowieso auch keine Einladungen. Überall war ich der »Alien«. Und das allergrößte Problem war, dass ich einfach nicht wusste, warum das so war.

Ich wusste nicht, was an mir es war, das so abstoßend war, das mich immer zum Außenseiter machte. War ich zu dick, war ich zu hässlich, war ich einfach nicht liebenswert, war ich zu dumm? Ich fühlte mich komplett allein auf der Welt.

Mir hat nie jemand gezeigt, wie man sich in verschiedenen Situationen verhält, man hat mich nur kritisiert, wenn ich etwas falsch gemacht hatte. Darum versuchte ich, möglichst wenig zu agieren und so wenige Informationen wie möglich über mich herauszugeben. Möglichst wenig Angriffsfläche zu bieten also. Ich baute um mich herum eine riesige Mauer auf und wirkte so auf andere noch seltsamer. Auch meine Emotionen mauerte ich ein.

Ich testete immer neue Strategien, wie Menschen vielleicht nicht ablehnend auf mich reagieren könnten. Zum Beispiel dachte ich mit 14, dass es an meinem Äußeren lag, aß nur noch so wenig wie möglich und begann, jede freie Zeit mit Sport zu füllen. Ich kasteite mich rund um die Uhr. Doch auch schlank zu sein änderte nichts am Verhalten anderer mir gegenüber.

Ab 16 versuchte ich, in der Schule gut zu sein. Ich arbeitete wie verrückt, war komplett auf meine Noten fokussiert – mit der ständigen Angst, gar nichts mehr zu haben, wenn ich diese nicht halten könnte. Und nach dem Abitur wusste ich trotzdem nur, was ich alles nicht gut konnte. Schwer depressiv, war ich komplett entscheidungsunfähig und versuchte, aus den rund 8000 Studienmöglichkeiten anhand objektiver Kriterien das Beste für mich zu finden. Doch ich konnte mich ja nicht einmal im Supermarkt für eine Brotsorte entscheiden. Also nahm ich irgendwann das, was als erste Zusage kam. Ich war weiterhin unglücklich und innerlich tot. Mein Körper reagierte immer mehr. Irgendwann war mir rund um die Uhr schlecht und schwindlig und ich hatte täglich schwere Migräneattacken, die trotz aller Maßnahmen über die Grenze des Aushaltbaren hinausgingen. Da ich Zufriedenheit seit der Grundschule nicht mehr kannte, konnte ich auch nicht wissen, dass ich depressiv war.

Das ging so über Monate und Jahre. Brachte ich die Energie auf, zu einem Arzt zu gehen, konnte ich die Dramatik der Situation nicht kommunizieren. So konnte mir niemand helfen und ich verzweifelte einfach komplett an der Welt. Im »Zombie-Modus« funktionierte ich, weil ich keine

Alternative dazu kannte. Mit 25 war dann jedoch auch die letzte Reserve meiner Kraft verbraucht. Ich hatte Gedächtnisaussetzer und schaffte es nicht mehr, einkaufen zu gehen. Ich kam irgendwie noch zu einem Arzt und entschied (gegen dessen Meinung), dass ich einen Klinikplatz brauchte. Ich kündigte meine Wohnung und zog wieder zu meinen Eltern.

In sechs Monaten Klinikaufenthalt wurde mir erstmals klar, dass das, was ich tat, nichts mit »leben« zu tun hatte. Es dauerte, aber ganz langsam gelang es mir, meine Schutzmauer ein bisschen abzusenken. Mit unzähligen Schaubildern, die ich anfertigte, versuchte ich für mich herauszufinden, wer ich ursprünglich vor der Zeit der Depressionen einmal war. Ich probierte aus, wer ich unter meinem Schutzpanzer sein könnte. Ich übte, um verschiedene Emotionen unterscheiden zu können.

Dies war ein großer Schritt, aber nur der erste. Jetzt, sechs Jahre später, bin ich immer noch inmitten dieses Prozesses mit Höhen und Tiefen. Mein Körper lässt mich immer noch häufig im Stich. Es fällt mir schwer, unter Menschen zu gehen. Ich habe viele schlechte Erinnerungen, die mich belasten.

Es fällt mir seither schwer, mich anzustrengen. Mein Kopf sagt »Nein« zu vielen Aufgaben. Ich habe keine Lust mehr, mich zu knechten. Ich mache keinen Sport mehr. Ich achte nicht mehr auf meine Ernährung. Ich versuche, sinnliche Genüsse genießen zu können. Es ist viel einfacher, Glück durch einen duftenden Kaffee oder ein heißes Bad zu empfinden als dadurch, irgendwo die Beste oder Dünnste zu sein.

Ich habe auch das erste Mal Menschen in meiner Umgebung, an die ich mich wenden kann. Glück ist für mich, nicht komplett allein auf der Welt zu sein. Einen besten Freund zu haben, dem ich vertraue, auch wenn mir das noch schwerfällt. Ich versuche immer öfter, angstfrei zu agieren. Etwas zu sagen oder zu tun, ohne Angst zu haben, ein negativer Kommentar könnte mich in den Boden stampfen. Ich fühle mich zufrieden.

Manchmal denke ich, mir fehlt die Fähigkeit, mich einfach in einer Situation zu verlieren. Einfach auf einer Party zu tanzen und zu singen und dabei alles um mich herum zu vergessen. Da würde ich gerne hinkommen. Ich merke das, wenn am Wochenende grölende Gruppen von Menschen in meinem Alter an mir vorbeiziehen. Einfach diesen Rausch erleben, ich glaube, das kann ich nicht.

Aber vielleicht brauche ich das auch nicht. Ich habe mehrere Monate in einem Kloster im Himalaya am Ganges verbracht. Dort habe ich gelernt: Man hat alles in sich drinnen, um glücklich zu sein. Theoretisch kann man alles rings herum verlieren. Das hat mir auch mein Absturz gezeigt. Wenn man mal ganz unten war, verliert man viele Ängste. Das befreit. Ich nehme seither vieles nicht mehr so ernst wie andere. Ich versuche, darauf zu achten, was wirklich wichtig ist.

Beitrag von Dennis Kranz

Im Gegensatz zu manch anderen Autisten war es nie ein Problem für mich, so zu sein, wie ich bin; darüber habe ich mir nie Gedanken gemacht. Die punkige Einstellung, einfach so zu leben, wie es mir gefiel, egal, was die anderen darüber dachten, trug ich also schon immer in mir, nur fehlte mir irgendwie der Anschluss an die Szene.

2008 habe ich dann über ein soziales Netzwerk (im Folgenden »Punkerfacebook« genannt) ein Mädchen kennengelernt, das versuchte, mich für Musik zu begeistern, und ich fing an, alleine auf Konzerte zu gehen. Leichter und schöner hätte ich es gefunden, wenn Diejenige, die mir im Chat die Punkwelt nahebringen wollte, dies auch zusammen mit mir in der Realität getan hätte. Leider fand sie mich letztendlich wohl doch zu komisch und wollte keinen realen Kontakt, und als ich sie bei einem Festival damit überraschte, dass ich auch dort war, brach sie den Kontakt ganz ab.

Der Grundstein war nun aber gelegt, und ich fuhr nun mit Hilfe des Terminkalenders vom Punkerfacebook immer irgendwohin, wo etwas Cooles los war, und meistens lernte ich dabei Leute kennen, ohne sie selber zuerst ansprechen zu müssen.

Inzwischen kenne ich so viele Leute wie wahrscheinlich kein anderer Mensch in der Punkszene, werde von fast allen Leuten akzeptiert, als Ratgeber in Sachen Fahrpläne und Bahnfahrkarten geschätzt und als zuverlässiger Organisator von Sammelbestellungen und gemeinsamen Bahnfahrten zu Festivals angesehen.

Wenn es mal Situationen gibt, mit denen ich nicht oder nur schlecht klarkomme, kann ich mich meistens darauf verlassen, dass Freunde mir im Gedränge genug Platz verschaffen, damit ich durchkomme, oder dass sie mir beim Treppensteigen den Rücken frei- oder den Gegenverkehr kurz aufhalten, bis ich die Stufen geschafft habe (aufgrund meines Asperger-Syndroms brauche ich beim Treppensteigen genug Platz um mich herum, um mich konzentrieren zu können). Auch als ich bei »Punk im Pott 2014« am zweiten Tag sehr heiser war, haben einige Freunde sich um mich gekümmert und ein offenes Ohr für meine Wünsche und Bedürfnisse gehabt, selbst wenn sie aufstehen mussten, um mich zu verstehen.

Glücklich macht es mich natürlich auch, den anderen zu helfen, wenn außer mir niemand mehr Orientierung hat und nicht weiß, wo in der Stadt wir uns gerade befinden, wie wir am Bahnhof zum richtigen Zug kommen, oder außer mir keiner mehr den Durchblick hat, in welche versteckte Ecke sich unsere Freunde zum Schlafen hingelegt haben.

In einem sozialen Netzwerk las ich folgenden Eintrag, der an meine Adresse gerichtet war: »Du bist der coolste, freundlichste, organisierteste, hilfsbereiteste, herzlichste und aufgeschlossenste Autist, den ich kenne. Danke, dass du so viel für uns tust und trotz deiner Bekanntheit für jeden ein offenes Ohr hast. Bleib so lieb, offen und szenenah, wie du bist!« Trotz all des Lobes aber bleibe ich bescheiden und möchte manchmal sprichwörtlich rot werden, wenn ich zu viel gelobt werde.

Beitrag von Marc Schnitzler

Alter: 16 Jahre, Schulform: Gymnasium, Diagnose: Asperger-Autismus und hochgradige Sehschädigung

Ich kenne mich aus offensichtlichen Gründen nicht so gut damit aus, vermute aber, dass mich geistige Anregung und Musik, wenn sie mir gefällt, glücklich machen. Geistige Anregung nimmt sich etwa so aus, dass mir ständig etwas einfällt, das es wert ist, aufgeschrieben zu werden, so gut ich mich noch daran erinnere, es ist schon länger nicht mehr vorgekommen. Außerdem geht sie wohl gewöhnlich von Dingen aus, derer ich mich zu meiner Unterhaltung bediene. Mich unterhalten bestimmte Hörbücher und Videos im Internet. Es ist übrigens so, als wäre in meinem Kopf ein Karussell voller guter Ideen, wenn sich der Zustand der geistigen Anregung einfindet. Ich bin gar nicht wirklich wild darauf, Glück abzubekommen, gewöhnlich reicht es mir, Spaß zu haben. Unter Spaß verstehe ich die Beschäftigung mit sowohl den Dingen, die ich bereits erwähnt habe, als auch mit Computerspielen, bei denen ich weder unter Zeitdruck noch vor sonstigen übergroßen Problemen stehe.

Ich habe also schon eine Vorstellung von Glück, kann aber auch darauf verzichten.

Beitrag von Lisa Huber

Um in Worte fassen zu können, was Glück für mich bedeutet, muss ich zunächst beschreiben, wie ich dieses Gefühl, diesen Zustand wahrnehme, denn ich denke, dass kein Lebewesen dies gleich einem anderen erlebt.

Das Gefühl des Glücklichseins umschreibt für mich einen Moment, in dem fast alle zu diesem Zeitpunkt relevanten Umstände in gesteigertem Maße zufriedenstellend sind. Es gibt nur verschwindend wenige Faktoren, die ich als besorgniserregend empfinde und die auch nur von geringer Bedeutung sind im Gegensatz zur Vielzahl derer, die erheblich zu meinem Wohlbefinden beitragen. Dieser Moment kann von unterschiedlicher Dauer sein. Theoretisch kann ich sowohl zwei Sekunden lang glücklich sein als auch sechs Jahre, wenngleich ich letzteres noch nicht erlebt habe. Irgendwann ist immer irgendetwas.

Ich empfinde Glück, wie ich es interpretiere, recht selten, dafür aber umso bewusster und intensiver. Erst kürzlich empfand ich Glücksgefühle, als sich meine finanzielle und berufliche Situation für die nächsten Jahre als sichergestellt erwiesen hatte und ich mich in meiner wohl temperierten Wohnung wiederfand mit der Aussicht, diese für die nächsten Tage nicht mehr zwangsläufig verlassen zu müssen. Das Außenthermometer zeigte erstmalig Minusgrade, meine familiäre und anderweitig soziale Situation hatte den bislang wohl harmonischsten Zustand erreicht und mein neues Migräne-Medikament schwang seinen nebenwirkungsfreien Zauberstab. Das Wohnzimmer um mich herum war angenehm dunkel und roch nach Räucherstäbchen, meine Katzen taten ihr Wohlbefinden rücklings auf und neben mir schnurrend kund, während ich mich auf dem Sofa dem Finale eines guten Buches näherte. Mein Partner käme bald von seiner Arbeit nach Hause und zuvor würde ich noch in angenehm erhöhter Lautstärke eines der für meinen Geschmack großartigsten Lieder, die jemals geschrieben wurden, hören. Natürlich gab es noch unzählige weitere stimmige Faktoren, die nicht unwesentlich zu meinem Glücksgefühl beitrugen, doch die Beschreibung eines jeden einzelnen würde nun doch den Rahmen sprengen.

Es sind viele kleine Fragmente, die sich entweder über eine geraume Zeit Stück für Stück auftürmen oder die durch eine zufällige Fügung plötzlich ein großes Ganzes ergeben, an welchem ich mich nicht nur erfreuen kann, welches mich nicht nur Zufriedenheit spüren lässt, sondern mit Glück erfüllt.

Mich stellen parallele und geordnete Dinge, wie Tischreihen mit ordentlich herangeschobenen Stühlen oder Büchern und Stiften, die parallel zur

Tischkante liegen, zufrieden. Als ich letztens ein neues Puzzle kaufte und damit beginnen konnte, empfand ich Freude, welche am Abend durch ein leckeres Essen sogar noch gesteigert werden konnte. Konnte ich an einem Tag eine Handvoll soziale Interaktionen ohne große Anstrengungen und ohne viel Schauspielerei durchführen, bin ich zufrieden. Wenn ich nach Hause komme und von einer meiner Katzen freudig maunzend empfangen werde, geht es mir genauso.

Doch von der Zufriedenheit und Freude zum Glück ist es für mich ein großer Sprung. Hatte ich vor wenigen Stunden eine Panikattacke oder einen sehr anstrengenden Tag mit vielen Reizüberflutungen oder zu viel unangenehmem Kontakt zu fremden Menschen, kann ich nicht glücklich sein. Stehen auf meinem Tagesplan stressreiche Erledigungen, die ich bislang vor mir hergeschoben habe, wie beispielsweise ein Telefonat, ein Arztbesuch oder ein Einkauf, dann werde ich so lange kein Glück empfinden können, bis diese Dinge auf meiner Liste abgehakt sind.

»Irgendwann ist immer irgendetwas«, schrieb ich zu Beginn. Hiermit meine ich die kleinen Unannehmlichkeiten, die sich immer wieder ergeben, wie finanzielle Probleme, defekte Waschmaschinen oder Routine-Tierarztbesuche. Dieser Satz beschreibt aber auch immer wiederkehrende tieferliegende Komplikationen wie Erinnerungen an vergangene Geschehnisse, seien sie positiver oder negativer Natur. Eine unschöne Erinnerung bringt mir wieder ins Gedächtnis, welche Folgen dieses Ereignis für mein weiteres Leben hatte, während eine schöne Erinnerung mir womöglich vorführt, welche Momente vorbei sind und nie wiederkommen werden. Zu den tieferliegenden Komplikationen gehören auch die zwischenmenschlichen Situationen, in denen mir deutlich vor Augen geführt wird, wie weit entfernt ich mich geistig von den meisten Menschen fühle. Die Momente, in denen mein Unverständnis für mich betreffende nonverbale und auch manch verbale Kommunikation schamlos ausgenutzt wird, oder die, in denen ein Gespräch wieder einmal nach viel zu langer Dauer im redensartlichen Sande verläuft, weil meine natürliche, unveränderte Art zu denken scheinbar in gänzlich anderen Dimensionen verläuft als die vieler Menschen, die meinen Lebensweg kreuzen. In solchen Momenten fühle ich mich nicht ansatzweise glücklich, vielmehr einsam und ein wenig verloren. Auch in reizüberfluteten Situationen bin ich weit vom Gefühl des Glücks entfernt. Wie soll ich glücklich sein, wenn sich die Welt um mich herum immer wieder aufs Neue zu einem gigantischen, ja geradezu monströsen Geflecht unentwirrbarer, unerträglich überdimensionierter Sinneseindrücke formt und unaufhörlich auf mein Gehirn einschlägt? Menschen sind laut und für meine Verhältnisse unkoordiniert, sprunghaft und viel zu spontan. All das bin ich ganz und gar nicht, und bei unzähligen Versuchen, den klaffenden Abgrund zwischen mir und dem Großteil dieser unberechenbaren Spezies zu überwinden, scheitere ich kläglich an dem Abstand zwischen unseren beiden kleinen Fleckchen auf dieser Erde. Manchmal scheint mir die andere Seite greifbar nah, an einem anderen Tag erkenne ich sie kaum, doch gleichbleibend ist, dass nur ganz selten einer dieser Menschen sein geistiges Fernglas auspackt, erkennt, dass ich Hilfe benötige, und mir die Hand reicht. Das hindert mich mindestens wöchentlich, oft sogar täglich ganz enorm am Glücklichsein.

Langfristig gesehen, bin ich weitestgehend zufrieden mit mir und meinem Leben, glücklich nach meiner Auffassung bin ich eher selten. Doch ich denke, ich muss nicht sonderlich häufig Glück empfinden, denn die Tatsache, dass ich dazu überhaupt in der Lage bin und mir diese Momente ab und an zuteilwerden, ist ausgesprochen viel Wert.

Glück ist für mich eine wunderbare Rarität von unschätzbarem Wert, welche ich niemals versuche zu erzwingen, niemals erwarte oder auch nur erhoffe. Es sucht mich überraschend auf und lässt mich mein Dasein für den Moment unbeschwert und grenzenlos genießen.

Beitrag von Sonja Merz

Manchmal habe ich mich als Kind gefragt, ob ich glücklich bin, weil ich etwas von der »glücklichen Kindheit« gehört hatte. Ich kam zu dem Schluss, dass ich eher keine glückliche Kindheit hatte, kein glückliches Kind war. Ursachen dafür waren hauptsächlich zwei Dinge: zum einen die Fremdbestimmung, über viele Stunden des Tages Dinge tun müssen, die ich nicht tun wollte, Dinge nicht tun können, die ich tun wollte. Zum andern das Gefühl, den Anforderungen nicht zu genügen und abgelehnt zu werden, und dass alles immer schwierig ist. Ich habe sehr viel nachgedacht, vieles hinterfragt, mir immer Sorgen gemacht, weil ich möglichst alles richtig machen wollte. Doch oft genügte es nicht. Es war alles sehr mühsam, eine einzige Abstrampelei.

Ich fühlte mich innerlich erschöpft. Inzwischen bin ich 42 (bald 43), und dieses Gefühl ist mir eigentlich bis heute erhalten geblieben.

Glück bedeutet demnach, Dinge tun zu können, die ich tun will, Zeit für mich zu haben. Freiheit, Selbstbestimmung. Das Gefühl zu haben, dass ich mein Leben selbst steuern und beeinflussen kann. Es bedeutet auch, nicht so viel nachdenken zu müssen, mit mir selbst zufrieden zu sein und von anderen so akzeptiert zu werden, wie ich bin. Das macht mich glücklich.

Welche Dinge tue ich gerne?

Eigentlich ganz viele. Generell mag ich die Natur, am meisten dann, wenn dort keine anderen Menschen sind, ich alleine bin und den Wind spüre, den Geruch z. B. von Waldboden und die Farben in mich aufnehme. Dann spüre ich so einen inneren Frieden.

Ich kann in Verzückung geraten, wenn ich an einem sonnigen Tag über eine grüne Wiese gehe und Gras für meine Meerschweinchen pflücke. Dann muss ich lachen, das Glücksgefühl geht durch meinen ganzen Körper und verursacht leichte Aufregung, und vielleicht hüpfe ich ein bisschen durch die Gegend, wenn's keiner sieht. Auch afrikanische Musik macht mir eigentlich fast immer gute Laune.

Außerdem sehe ich gern lustige Filme, doch es macht mich auch glücklich, wenn ich nur eine meiner gewohnten Serien sehen kann. Wenn ich abends von der Arbeit heimkomme, dann ist es ein festes Ritual, eine Serie anzuschauen, in der Regel eine, die ich schon hundert Mal gesehen habe. Das beruhigt mich, und dann habe ich das Gefühl, alles läuft so, wie ich es möchte. Auch Essen beruhigt mich, und eine leckere Mahlzeit kann mich durchaus auch glücklich machen.

Wichtig für mein Wohlbefinden ist eine ruhige, nicht hellhörige Wohnung, die als Rückzugsort dienen kann, wo ich mich sicher und zu Hause fühle.

Bei vielen Dingen, die ich mache, bin ich alleine, und das ist auch in Ordnung für mich. Ich bin meistens zufrieden, wenn ich alleine bin. Es gibt aber auch Situationen, wo mich Gesellschaft glücklich macht. Nur braucht es dafür spezielle Bedingungen. Es würde mir zum Beispiel überhaupt keinen Spaß machen, einfach auf irgendeine Party, in irgendeine Lokalität oder eine Disco zu gehen, um dort Gesellschaft zu haben. Das sind erstens nicht die richtigen Rahmenbedingungen, und zweitens müssen mir die Leute, mit denen ich zusammen bin, auch vertraut sein, und es dürfen nicht zu viele sein.

Glücksgefühle habe ich in Gesellschaft mitunter erlebt, wenn ich mit anderen gemeinsame Spieleabende veranstaltet hatte. Das waren dann Leute, die ich regelmäßig traf und die ich deshalb gut kannte. In so einer Runde kann ich mich entspannen, und dann kann ein Gefühl der Zugehörigkeit und Akzeptanz entstehen.

Zugehörigkeit und das Gefühl, akzeptiert oder sogar gemocht zu werden (das zweite wage ich kaum zu erwarten), sind sehr wichtig. Manchmal habe ich diese Gefühle auch, wenn ich mit Arbeitskollegen zusammen bin. Ich glaube, ich könnte meine Arbeit gar nicht dauerhaft machen, wenn das nicht der Fall wäre, denn der Arbeitsinhalt alleine würde mir nicht so viel geben, und der Fremdbestimmungsaspekt würde bei der Arbeit überwiegen. Aber am Arbeitsplatz habe ich die meisten meiner Sozialkontakte und erlebe am ehesten das Gefühl, gleichwertiger Teil einer Gruppe zu sein.

Das führt zur letzten Frage: Was fehlt mir zum Glück?

Neben der Million Euro und dem schönen, ruhig gelegenen Haus im Grünen fehlt mir vor allem manchmal das Gefühl, dazuzugehören und gemocht zu werden. Das Problem ist halt, dass dieses Gefühl nur entstehen kann, wenn ich mit jemandem gut vertraut bin, und dafür müsste ich ihn regelmäßig zu meinen Bedingungen treffen (meine Bedingungen wären z. B. feste Termine, nicht zu oft, dazwischen keine Telefonate – ich hasse telefonieren – und möglichst oft die gleiche Beschäftigung), d. h. die Treffen müssten für mich verlässlich, regelmäßig und planbar sein. Aber die wenigsten Leute lassen sich darauf ein, sondern sie verlieren bei diesen Bedingungen sehr schnell das Interesse, und mir fällt es sehr schwer, mich auf neue Leute einzulassen oder überhaupt Kontakt zu ihnen zu bekommen.

Als ich jünger war, verstand ich nicht, was Freundschaft bedeutet, dass man z. B. mit einem Freund sein Innerstes teilen kann. Ich hatte Schulfreundinnen, mit denen ich Zeit verbrachte und zusammen spielte, aber auch da ging es immer darum, mich richtig zu verhalten, und nicht darum, Freundschaft zu erfahren, etwas wirklich mit jemandem zu teilen. Heute könnte ich das vielleicht eher (ich bin nicht sicher), aber jetzt habe ich niemanden mehr dafür. In dieser Hinsicht fühle ich mich, obwohl ich gerne allein bin, auf eine abstrakte Weise manchmal einsam, weil ich mich frage, was mir da vielleicht fehlt oder entgeht.

Da es nun also Dinge gibt, die ich voraussichtlich niemals haben werde (die Million Euro, das Haus im Grünen und die richtige Freundschaft), liegt das Glück auch darin, die Ansprüche nicht zu hoch anzusetzen und mit dem zufrieden zu sein, was ich habe. Dazu gehört, jeden schönen Moment und jedes Glücksgefühl zu genießen, auch wenn es ein unwichtiger Anlass oder nur ein kurzer Moment ist. Es bedeutet, nicht so viel nachzudenken, sich nicht ständig zu hinterfragen, sich selbst anzunehmen, zu sich zu stehen. Oder auch die eigenen Gefühle so zu spüren und auszudrücken, wie sie kommen, und nicht zu fragen, ob sie denn angemessen sind oder ob man sich damit gerade blöd verhält. Deshalb hüpfe ich mitunter lachend über eine grüne Wiese, wenn die Sonne scheint. Früher hätte ich das unterdrückt, so wie ich fast alles an Gefühlen unterdrückt habe.

Dass ich die Diagnose Asperger-Syndrom im Jahr 2010 bekommen habe, war insofern Glück für mich, obwohl es mich anfangs ziemlich mitgenommen hat und ich oft dachte, es wäre besser gewesen, keine Diagnose einzuholen, weil es nur deprimierend schien. Aber der Nutzen war eben das bessere Verständnis für mich selbst und endlich die Möglichkeit, mich so anzunehmen, wie ich bin, und mich nicht mehr ständig zu fragen, was ich falsch mache und warum ich so bin, wie ich bin. Durch diese Selbstakzeptanz bin ich momentan glücklicher, als ich es jemals zuvor in meinem Leben war. Ich lebe bewusster, achte mehr auf mich selbst, und es geht nicht mehr (immer) darum, nur zu funktionieren.

Eine Utopie für die Zukunft wäre, dass Autisten in der Öffentlichkeit so akzeptiert würden, wie sie sind. Wenn z. B. stereotype Bewegungen genauso wenig auffielen wie Nase schnäuzen. Wenn man einen Autisten nicht komisch fände, nur weil ihm mal nichts einfiele, was er in der Situation sagen könnte, oder weil er etwas sagte, was nicht ganz passend wäre, oder weil er es nicht auf die richtige Weise sagte (Tonfall, Blickkontakt). Wenn Menschen nicht immer das als Norm voraussetzten, was sie kannten, als wäre es das einzig Wahre und Richtige.

Dann wäre der Zeitpunkt erreicht, wo ich mich nicht mehr verstecken und verstellen müsste und einfach ich selbst sein könnte, nicht nur, wenn ich allein wäre, sondern auch in Gesellschaft. Und vielleicht hätte ich es dann auch leichter, Kontakte zu knüpfen, weil ich nicht ständig versuchen müsste, Ansprüchen zu genügen. Die Leute könnten sehen, wie ich wirklich wäre.

Es ist Utopie, aber erwähnen kann man es ja mal.

Beitrag von Susa Forster

Ich bin glücklich verheiratet mit meinem Mann und lebe mit unseren zwei Kindern im schönen Schleswig-Holstein.

Was ist Glück? Was bedeutet Glück für mich (aus der Sicht einer Mutter, bei der das Asperger-Syndrom erst im Alter von 46 Jahren festgestellt wurde)?

In unserer Familie sind neben mir auch andere Personen betroffen. Das Wort »betroffen« sollte man hier jetzt nicht zu wörtlich nehmen. Wir fühlen uns alle wohl damit – genau so, wie wir sind. Es (das AS) schränkt hier und da zwar ein, macht uns aber auch zu eigenen Persönlichkeiten, die ihr »Anderssein« offen leben können. Verstellen ist unter uns nicht drin. Das ist schon einmal sehr positiv. Kurzum: Wir sind sehr glücklich, gerade weil wir so anders sind. Inzwischen haben wir es akzeptiert und angenommen sowie unser Leben darauf eingestellt. Und das ist die gute Nachricht für alle anderen: Es funktioniert fast immer!

Glück bedeutet in erster Linie für mich, dass wir als Familie zusammen sind. Natürlich war es auch Glück, überhaupt eine Familie gründen zu können. Für mein Glück habe ich bisher immer auch etwas getan. Wenn ich so recht überlege, kam es niemals nur so zugeflogen. Von »Zeit investieren für eine Sache« bis »hier und da etwas gearbeitet oder gelernt« über »ganz viel gekämpft« war alles dabei. Wenn ich mich zurückerinnere, muss ich wirklich scharf nachdenken, ob ich nur »einfach mal so« im Leben Glück hatte. Ich denke nicht. Genau so, wie es ist, ist es auch in Ordnung.

Glück ist auch, wenn man vorher »Pech« hatte, danach wieder aufsteht und alles wird gut. Diesess Gefühl nenne ich Glück. Ein schönes Gefühl übrigens. Aus diesem sogenannten »Pech« kann man sich viel Gutes herausziehen. Genau so viel, wie man braucht, um das Gute im Unguten zu sehen. Das beste Beispiel war meine Zeit im Krankenhaus, im Rollstuhl, bei mehreren Operationen. Natürlich war das nicht die beste Zeit, ich hätte gut darauf verzichten können. Jedoch weiß ich heute, wie sich jemand fühlt, der im Rollstuhl sitzt, der ins Krankenhaus zur Operation geladen wird usw. Ich kann mich erst durch das eigene Erleben in die Rolle des anderen versetzen. Das macht mich um eine große Erfahrung reicher.

Neurotypische Menschen (Menschen ohne Autismus; d. Hrsg.) bekommen so etwas im Leben mit, indem sie sich das vorstellen können, ohne es erlebt zu haben. Ohne Frage ist das der einfachere Weg. Jedoch habe ich quasi auf Umwegen dasselbe Ziel erreicht. Diese Fähigkeit konnte ich schon oft im Leben gebrauchen.

Glücklich machen mich meine Familie, mein Mann mit seinem weltbesten Humor, meine und andere Kinder, schöne Momente und Augenblicke, Lachen, Gesundheit, Bewegung, Ruhe, tolles Wetter, Zufriedenheit, eine Arbeit, die Freude bereitet, Entspannung, leckeres Essen, ein gutes Buch, Freunde, nette Menschen und Tiere – und, nicht zu vergessen: ein erreichtes Ziel, Lebenserfahrungen sowie ein gemütliches familiäres Zuhause.

Was fehlt mir zum Glück?

Mitunter fehlt mir Zeit. Da das Leben durch die vielen Dinge, die man anpackt und anpacken möchte, sehr schnelllebig geworden ist, könnte der Tag für mich gut und gern 48 Stunden haben. Das wäre eine Bereicherung. Mehr schaffen am Tag und sich trotzdem noch ausruhen können.

Da ich jedoch für mein Glücklichsein selbst verantwortlich bin, kann und will ich nicht meckern. Ich habe mein Glück in der Hand und bin in der Lage, es mir zu bereiten. Mal mehr, mal weniger. So ist das Leben. Das Wichtigste ist immer, dass man (s)einen Weg findet, es zu finden. Und wenn man es dann gefunden hat, darf man sich nicht darauf ausruhen. Sein Glück muss man festhalten, und ich bin gut darin, etwas zu be- und zu erhalten, solange es mir guttut.

Für mein »Zeitproblem« - so will ich es mal nennen - habe ich mir Hilfe geholt. Hier und da habe ich helfende Hände, damit ich mehr Zeit für die wirklich wichtigen Dinge im Leben habe. Für das Glücklichsein!

Beitrag von Hilde Junker

Was macht mich glücklich? Allein diese Frage hat mir die Nachtruhe geraubt. Die Frage hat etwas Revolutionäres, denn viel zu oft erzählt man sich, was einen unglücklich macht, das Glück jedoch wird übersehen. Dinge, die mich unglücklich machen, könnte ich hier in einer endlos langen Liste notieren, aber die Überlegung »was macht mich glücklich« triggert mich ... sehr traurig.

Dabei gibt es so vieles, worüber ich mich freue:

- die kleinen Blumen am Feld
- wenn unser Hund lacht
- das Licht des Vollmonds
- stressfreie Tage
- wenn mir etwas sehr gut gelingt
- wenn ich einen Tag lang relativ normal »funktioniere«
- wenn ich einen Tag ohne nennenswerten Overload überstehe, obwohl ich vieles zu bewältigen hatte
- wenn ich ein gutes Buch lese
- wenn meine Kinder glücklich und zufrieden sind

- wenn es meinem Partner gut geht (was eigentlich immer der Fall ist, außer es geht mir nicht gut, dann leidet er mit, weswegen es mir noch schlechter geht...)
- dass ich Kartoffeln aus dem Blumentopf ernten kann
- dass ich wieder einmal wunderschöne Blumen auf dem Balkon habe...

Ich freue mich über die kleinen Dinge des Alltags, weil ich große nicht erlebe und/oder zulasse. Ich strebe nicht nach Großem, denn ich habe erkannt, dass ich dafür nicht gemacht bin. Ich habe lange Jahre konform gelebt und versucht, mich meiner Umwelt anzupassen. Habe versucht zu funktionieren. Habe versucht, tunlichst nicht aufzufallen. Habe mich verdreht. Hatte Angst, meinen Arbeitsplatz zu verlieren. Die Konsequenz war, dass ich immer schlapper, depressiver und kränker wurde. Aber ich wusste nicht, warum. Selbst die Ärzte konnten sich oftmals nicht erklären, warum dies alles so geschah.

Nach der Diagnose Asperger-Autismus bei unserem Sohn wurde schnell auch bei mir gesehen, dass ich Autistin bin, auch wenn es fünf Jahre gedauert hat, bis ich eine offizielle Diagnose bekam. Sonderbarerweise hat genau diese Diagnose sehr viel in Bewegung gebracht. Zum einen wurde mir gekündigt (nicht nachweisbar wegen der Diagnose, aber es stand deutlich in einem Zusammenhang), zum anderen waren mir in der Zeit danach viele Dinge nicht mehr möglich, die ich vorher vertreten und gelebt habe. So sonderbar es klingt, aber diese Kündigung (auch wenn sie mich zunächst heftig depressiv werden ließ) hat mich glücklich gemacht. Ich war gezwungen, mich auf mich selbst zu konzentrieren, mich zu akzeptieren, meine Grenzen zu erkennen. Ich bin dankbar und glücklich für jeden Tag ohne diesen immensen Druck von außen.

Der Umstand, dass ich seit meiner Kündigung krankgeschrieben bin, trägt nicht unbedingt zu meiner psychischen Zufriedenheit bei, ist aber ein Mittel, mich langfristig gesunden zu lassen. Ich habe erkannt, dass es für mich, zumindest hier vor Ort, keinen Job gibt, in dem ich so arbeiten kann, wie es meine Möglichkeiten zulassen. Es gibt hier keinen Chef, der sich von mir sagen lässt »dies ist unlogisch, das kann man besser machen«, es gibt keinen Chef, der sich von mir vorhalten lässt, dass er Fehler macht, die man ganz schnell und einfach abändern könnte. Ich will damit nicht sagen, dass meine Auffassung der Dinge immer richtig ist, aber ich denke schon, dass ich in vielen Bereichen aufgrund meiner autistischen Sichtweise manche Dinge klarer sehen kann, vor allem im kaufmännischen Zahlenbereich.

Es macht mich glücklich, dass ich jetzt in der Lage bin, meine Kreativität auszuleben. Ich kann jeden Tag so planen, wie es mir liegt. Ich kann machen, was ich tun möchte. Ich unterliege keinem Zwang (außer dem vollkommen normalen, den es innerhalb einer Familie gibt).

Ich bin glücklich, dass ich an manchen Tagen einfach nur lesen und an anderen Tagen nur nähen oder schreiben kann. Und dann freue ich mich wieder über den Geruch von frisch gemähtem Gras, die Duftwolke über dem Rapsfeld, den Geruch von Regen oder die wunderschöne Form einer Schneeflocke. Alles Dinge, die ich früher auch gesehen und wahrgenommen habe, als der Stress die Freude aber nicht zuließ.

Und wenn es gerade nicht die Zeit für frisch gemähtes Gras oder Schneeflocken ist, dann zehre ich von den Erinnerungen.

Beitrag von Sabine Fischer

Ich bin 45 Jahre, Ingenieurin. Die offizielle Diagnose erhielt ich vor 3 Monaten.

Kein Außenstehender und auch keine meiner Bezugspersonen haben mir in meinen ersten 40 Lebensjahren vermittelt, dass etwas anders bei mir ist. Wenn überhaupt jemand etwas bemerkte, dachte diese Person eventuell »Die ist komisch«, aber mehr nicht. Zum ersten Mal auf die Idee, dass bei mir etwas anders ist, kam ich vor ca. fünf Jahren. Ich las einen Text über eine Person, die das Asperger-Syndrom hat. Das Lesen dieses Artikels war wie ein Déjà-vu. Bei vielen Situationen sah ich in meinem Kopf nicht die Figur der Geschichte vor mir, sondern mich selbst. Ich merkte, dass ich für die verschiedenen Merkwürdigkeiten in meinem Verhalten – für die ich bis zu diesem Zeitpunkt stets meine Unfähigkeit verantwortlich gemacht hatte, immense Schuldgefühle inklusive – nichts kann und stattdessen eine genetische Veranlagung die Ursache ist. Ich begann, mich für das Thema zu interessieren und entdeckte immer mehr Symptome des Asperger-Autismus bei mir, bis ich vor ca. 1,5 Jahren entschied, mich diagnostizieren zu lassen.

Bereits bei meinem ersten Kontakt mit dem Asperger-Syndrom fühlte ich eine starke Erleichterung und meine Selbstvorwürfe wurden weniger. Bis dahin war es z. B. ein Problem für mich oder besser gesagt für meine Außendarstellung, dass ich als Jugendliche nicht in die Disko ging, dass ich Feierlichkeiten mit vielen Personen und Small Talk wie z. B. Familien- oder auch Firmenfeste nicht mochte und mich verdrückte, wenn irgend möglich, dass ich nur sehr wenige Freunde hatte. Alle anderen fanden diese

Dinge toll, ich aber nicht. Ich hatte keine Erklärung dafür. Auch wenn ich mich bemühte, selbstbewusst rüberzukommen und nur meinen eigenen Weg zu gehen, hatte die Gesellschaft einen Einfluss auf mich, und ich versuchte, mich an die »Normalität« anzupassen, um dem Klischee zu entsprechen. Häufig merkte ich dabei, dass mich dies nicht glücklich machte.

So war es beispielsweise zu Studienbeginn. Bis dahin hatte ich nichts mit den Klassenkameraden in der Freizeit unternommen und ging nicht mit ihnen donnerstags in die Kneipe, weil ich keinen Alkohol trank. Ich dachte, ohne Bier oder Wein zu konsumieren würde ich dort nicht akzeptiert. Ich schloss mich also von Anfang an aus. Später traute ich mich nicht mehr, das zu ändern. Dies hielt ich fast 3 Jahre durch, obwohl ich von den Mitschülern immer wieder ermuntert wurde, mitzukommen.

An einem Tag mit besonders viel Frust entschied ich mich am späteren Abend doch noch dafür, einmal die Kneipe aufzusuchen. Ich wurde von allen freundlich empfangen und bestellte einen O-Saft. Es wurde ein unterhaltsamer Abend. Als ich an der Universität anfing, wollte ich diesen Fehler nicht noch einmal begehen und ging von Anfang an mit meinen Kommilitonen abends weg; plante auch aktiv mit. Aber bereits in den ersten beiden Wochen merkte ich, es machte mich nicht glücklich. Der Unsinn, der geredet wurde, die Angeberei, der Stolz darauf, betrunken zu sein, all das brachte mich nicht weiter und ich hätte die Zeit sinnvoller verbringen können. Nach zwei Wochen gab ich diesen Integrationsversuch auf und habe es bis heute nicht bereut. Ich fand – eine geringe Anzahl – für mich passende Freunde. Es wurde eine gute Zeit.

Seit ich von meinen neurologischen Besonderheiten weiß, lebe ich auf der einen Seite diese bewusst aus (manche Menschen würden sagen, ich kokettiere damit, aber nur so ist es mir im Moment möglich, mir treu zu bleiben). Ich will mich nicht mehr gegen meinen Willen anpassen. Auf der anderen Seite bin ich in sozialen Situationen jetzt vorsichtiger. Ich weiß (leider), dass ich in diesem Bereich Handicaps habe und schnell in Fettnäpfchen trete. Für mein eigenes Selbstbewusstsein ist das nicht immer gut. Positiv wirkt sich aus, dass ich diese Situationen jetzt bewusst wahrnehme und im Nachhinein analysiere, um es beim nächsten Mal besser zu machen.

Ich glaube, Glück für Asperger-Autisten ist dasselbe wie für »normale« Menschen, denn auch Autisten fühlen. Nur zeigen sie es nicht so wie die »Normalen«. Auch Autisten wollen Freunde, haben Freunde – nur wollen sie in der Regel eine kleinere Anzahl Freunde und mögen es mehr, mit diesen ernsthafte Themen zu besprechen, statt nur Höflichkeitsfloskeln auszutauschen. Dann verzichten sie lieber auf den Kontakt, denn das wäre ja nur Zeitverschwendung. Natürlich ist mir klar, dass sich damit die potenzielle

Anzahl von Freunden und Bekannten stark verringert, weshalb es nicht immer leicht ist, einen passenden Kontakt zu finden. Das belastet mich manchmal. Häufiges Alleinsein finde ich aber gut. Ich mag es, wandern zu gehen, aber hin und wieder ist es doch schön, jemanden zum Teilen der Sorgen, Abgeben von Verantwortung oder auch nur zum Schwatzen – über Themen, die mich aktuell beschäftigen – zu haben. Allerdings ist es auch so, dass, wenn ich nur die Wahl habe zwischen einem Schwatz, der nicht über Small Talk hinausgeht, und einem Abend allein zu Hause, ich mich in den allermeisten Fällen für die Zeit allein entscheide. Dann kann ich mich so beschäftigen, wie ich es möchte. Ich genüge mir selbst. Es macht mich glücklich, ein Buch zu lesen, den Moment der Ruhe in der Nachmittagssonne auf dem Balkon zu genießen, die ersten Schneeglöckchen und Krokusse im Frühjahr zu bewundern, den Eichhörnchen beim Klettern im Baum zuzusehen. Ich muss mich nicht mit vielen Menschen umgeben, nur damit ich dem Durchschnitt der Gesellschaft entspreche.

Ich bin Mutter zweier Töchter. Die Große ist 19, sie verlässt in wenigen Wochen für einen Auslandsaufenthalt das Haus. Sie ist nicht Autistin und hat in den letzten fünf Jahren meinen Wissensdurst und meinen Erkenntnisgewinn zum Thema Asperger-Autismus und mein Bewusstsein bezüglich meiner Unzulänglichkeiten miterlebt. Sie weist mich immer häufiger auf Defizite hin. Wenn sie mir von ihren jugendlichen Problemen mit Wirkung auf Freunde, Schminke oder Klamotten erzählt, merke ich meine Andersartigkeit. Darüber habe ich mir in ihrem Alter keine Gedanken gemacht, und auch heute sind mir diese Themen noch immer nicht wichtig. Aber ich bin froh, dass sie sie anspricht, denn so kann ich mich verbessern. Sie eröffnet mir damit eine für mich neue Welt. Immer wieder gibt es Situationen, in denen sie auf andere – benachteiligte – Menschen auf ganz selbstverständliche Weise eingeht. Durch das Zusammenleben mit ihrer unwissend autistischen Mutter hat sie das gelernt. Sie ist das beste Beispiel dafür, dass auch autistische Personen erfolgreich Kinder erziehen können. Es macht mich glücklich zu sehen, wie sie ihren Weg geht.

Die Kleine ist 13 Jahre alt und befindet sich zurzeit in der Pubertät, einer für alle Beteiligten schwierigen Zeit. Sie ist sehr sensibel. Dadurch fällt es mir manchmal schwer, ihre Bedürfnisse zu erkennen. In verschiedenen Situationen frage ich mich, ob sie auch Asperger-Autistin ist. Ich habe gelernt, mich an den Kleinigkeiten des Lebens, die für die meisten Menschen Selbstverständlichkeiten sind, zu erfreuen. Ich bin z. B. glücklich darüber, wenn sie es morgens schafft, ohne Probleme aufzustehen und zur Schule zu gehen. Ich bin glücklich darüber, wenn sie genügend Kraft hat, freundlich zu mir zu sein.

Seit ich weiß, dass soziale Situationen für mich schwirig zu entschlüsseln sind, reagiere ich vorsichtiger, frage schneller nach und arbeite an mir. Die Arbeit trägt Früchte. Ich hätte mir gewünscht, dass man mich auf die Thematik viele Jahrzehnte früher hingewiesen hätte, denn dann hätte ich bereits diese Zeit zur Arbeit an mir nutzen können.

Beitrag von Esther Jovin

> »Die höchste Form des Glücks ist ein Leben mit einem gewissen Grad an Verrücktheit.«
> Erasmus von Rotterdam

Die Frage nach dem Glück schien mir immer unvermeidlich verquickt mit der Frage nach dem Sinn des Lebens und der Problematik des eigenständigen Lebens. Wie kann ich Glück empfinden, wenn sich mir das summum bonum meines Lebens entzieht? Wie kann ich genießen, derweil sich doch die Zukunft so ungewiss und voller Abhängigkeiten vor mir erstreckt? Und lässt sich Glück überhaupt messen? Wie würde die Bilanz von Glück und Un-Glück heute aussehen?

Wenn ich auf mein Leben zurückblicke, halte ich es selten für ein glückliches Leben. Meine Kindheit war zwar insgesamt noch sehr unbeschwert, aber dennoch von vielen Ängsten und dem Gefühl geprägt, nicht hineinzupassen in diese Welt. Das verstärkte sich in der Pubertät. Ich entwickelte suizidale Gedanken, und als Erwachsene mischte sich das Gefühl der Verzweiflung dazu. Werde ich je unabhängig leben können? Wie komme ich zurecht, sollten meine Eltern sterben? Werde ich einen Beruf finden? Wieso bin ich weiterhin trotz guter kognitiver Fähigkeiten so unfähig, Freundschaften zu schließen und zu behalten und meinen Alltag zu organisieren? Wieso ist es für mich unüberwindbar, wenn etwas nicht so läuft wie geplant?

Häufig habe ich mich in meiner Lebensführung beschnitten und eingeschränkt gefühlt. Und selbst meine intellektuellen Fähigkeiten und akademischen Erfolge hielt ich viel eher für einen Fluch als einen Segen – schienen mir doch die weniger »verkopften« Menschen viel leichter durchs Leben zu gehen als die Unglücksaspiranten, die »am Denken leiden«, wie Hesse es so schön formulierte.

Beitrag von Esther Jovin

Aber je älter ich wurde, umso mehr erschloss sich mir eine Welt, in der Glück und Unglück nicht einfach gegeneinander aufzuwiegen sind. Eine Welt, in der es nicht nur Schwarz und Weiß, sondern vor allem viele Grautöne gibt. Schon Paul Watzlawick räumte mit dem Vorurteil auf, dass man das Glück finden kann, wenn man nur genug danach sucht. Ist es nicht seltsam, dass Unglück beinahe automatisch als schicksalhafte negative und unabwendbare Wendung wahrgenommen wird, während »Glück haben« und »glücklich sein« doch zwei gänzlich verschiedene Zustände/Umstände sind? Man kann nicht glücklich sein, wenn es einem befohlen wird. Glück, das sind seltene und kostbare Momente, die einem geschehen und die man genießen muss. Und man kann lernen, die Dinge zu genießen, die einem guttun, die das Innerste berühren und einen zur Ruhe kommen lassen.

Für mich sind das im Laufe meines Lebens hauptsächlich zwei Dinge gewesen: die Musik und das Bergwandern. Musik ist für mich sicherlich als Spezialinteresse einzuordnen. Schon als Säugling reagierte ich darauf, meine ersten Worte waren der Musik gewidmet, und mit drei Jahren erklärte ich meinen erstaunten Eltern vehement, dass ich Violine lernen wollte. Musik hat mich mein ganzes Leben begleitet, und erst im Rückblick erkenne ich allmählich, wie viel ich ihr zu verdanken habe. Sie hat mir nicht nur in schwierigen Zeiten den Lebensmut zurückgegeben und immer wieder Oasen der Entspannung ermöglicht, sondern sie hat mich auch dazu bewegt, mit anderen (musikalisch) zu interagieren, Körpersprache deutlicher wahrzunehmen, zu reisen und mich der Konfrontation mit neuen und unbekannten Dingen zu stellen. Proben und Konzerte mit Ensembles können anstrengend sein, häufig gibt es keine Rückzugsmöglichkeiten, man muss sich täglich an eine neue Umgebung gewöhnen. Aber Musik ist trotzdem häufig ein Zustand äußersten Glücks für mich, in dem ich mich verlieren kann. Beim Musizieren kann ich mich fallen lassen in eine Welt voller intensiver Sinnesfreuden. Mein Körper empfindet die Musik, den Puls, die sich verschlingenden Melodien und Harmoniefolgen mit jeder Faser, und gleichzeitig fühle ich mich körperlos, frei. Mein Kopf wird leer und unbeschwert, ohne das normale Gewirr von Sorgen, Ängsten und Verwirrtheit. Ich bin nur noch Ton, Finger auf dem Holz: Vibration der Saiten, Klangmeere, Klangwüsten, Klangstürme, Klangwetter, Stimmigkeit. Diese seltenen Momente sind etwas, das sich meinem begrifflichen Verstehen entzieht. Und das ist es, denke ich auch, was es auszeichnet. Ich fühle mich in der Welt der Sprache nicht ganz zu Hause, es ist immer eine Anstrengung und »Übersetzungsarbeit«, mich mit meiner Umwelt zu verständigen. In der Musik kann ich ganz so sein, wie ich bin. Es bedarf keiner Anstrengung, keiner Verstellung mehr. Sie ist das Kernstück meiner Menschlichkeit. Musik ist organisch.

Jemand schrieb einmal, dass man nie das Glück als solches trifft, sondern immer nur einzelne Momente und Stunden, die durchwirkt sind von Glück und Unglück zugleich. Ich jedoch kann das Glück treffen. Sehr selten und sehr kurz sind unsere Audienzen, aber gelegentlich ereilt mich die Beseligung auf leisen Sohlen. Auch beim Bergwandern erlebe ich gelegentlich Aufblitzer des Glücks, intensive Momente der Daseinsfreude nach langen schwierigen Aufstiegen, wenn die majestätische, einsame, unendliche Gipfelwelt auf einmal unverhofft vor mir liegt. Man fühlt sich so klein und unbedeutend und gerade dadurch so frei. Die Erhabenheit der Berge relativiert den Alltag. Alle Konzentration und Energie fließen in die vielen tausend Tritte, die einen dem Gipfel näherbringen. Die ständige Gefahr fordert volle Konzentration und gleichzeitige physische Anstrengung, und so klärt sich der Geist, das Bewusstsein verändert sich, Sinneswahrnehmungen werden intensiver. Die Psychologie würde dieses Erleben wohl Flow nennen – eine einzigartige, intensive Verschmelzung von Physis und Psyche, die unter der Hochbeanspruchung zu völliger Weltvergessenheit und Vertiefung führt. Wie bereits Dietrich vermutete, können komplexe Anforderungen an die Motorik zur Herunterregulierung anderer Hirnregionen führen (vgl. Dietrich 2003). Mein Innenleben ist häufig dominiert von einer Flut von metakognitiven Gedankenprozessen, Planungen, Ängsten und permanenter Überforderung, und so sind die kurzen Momente der Selbstvergessenheit kostbare Augenblicke des Durchatmens und inneren Friedens. Pure Momente, in denen man von der gewaltigen Existenz des Lebens erfüllt wird. Vielleicht erlebe ich diese Momente intensiver als andere, da der Kontrast zu meinem alltäglichen Erleben so groß ist. Ich weiß nun, dass Glitzerglücksfunken nicht zu erzwingen und nicht zu berechnen sind. Sie sind kein zählbares Gut. Aber sie geben dem Leben Bedeutung.

Ich bin auch dankbar für andere, weniger intensive Formen des Glücks, die ich immer wieder erleben darf. Diese kleinen Glücksquellen können sowohl die Wogen der unruhigen, aufgewühlten Emotionsgewässer wieder glätten als auch Frohsinn an windstillen Tagen übersprudeln lassen. Meine sensorischen Besonderheiten erlauben es mir, mich an kleinen Dingen zu erfreuen und mich immer wieder vollständig zu versenken und abzutauchen. Ein Gefühl der tiefen Zufriedenheit durchströmt mich, wenn ich meine Sammlungen sortiere oder Listen ergänze. Ich bin fasziniert von den Mustern des Frosts und der Baumrinden, den Bewegungen von frühlingsneuen Blättern im Wind. Ich kenne keine Einsamkeit oder Langeweile, sondern finde Glückseligkeit zumeist in Selbstgenügsamkeit. Ich schaukele gern oder wippe brummend hin und her, wenn ich angespannt bin, und es macht mir nichts aus, wenn die Spaziergänger etwas seltsam zu mir hinübersehen. Es sind nutzlose, kindische Tätigkeiten, aber sie entfachen in mir eine ganz private Vergnügtheit, für die ich dankbar bin. Ich genieße diese gelegentlichen Momente der Verrücktheit, in denen ich die Welt mit forschenden Kinderaugen sehen darf, ungetrübt von der des Lebens müden Gewöhnung der Erwachsenen. Wie kann man sich an das Leben gewöhnen, wenn es immer so viel Neues bietet? Vielleicht ist dies das Gegenstück zu meiner Überforderung mit der Welt, die Kehrseite der Medaille.

So wie mich die kleinen Dinge beglücken, so sehr gräme ich mich auch, wenn sie verloren gehen oder sich verändern. Ich wünsche mir, dass mein Kopf nicht immer wie eine Schallplatte mit Sprung hängt, wenn meine festgedachten Permanenzen gesprengt und Gleicherhaltung unterwandert wird. Ich möchte mich lösen von unzeitgemäßer Nostalgie, um Wunder, Glück und Schönheit im Hier und Jetzt genießen zu können. Und ja, ich wünsche mir weiterhin, dass sich meine Unabhängigkeit vergrößert, dass meine Zukunftsängste zurückgehen, ich meinen Hobbies nachgehen kann und eine Lebenssituation finde, in der ich nicht unentwegt angespannt bin und den nächsten Zusammenbruch fürchten muss.

Die Suche nach dem Glück beschäftigt alle Menschen allerorts. Ich komme nur mit einer anderen Ausgangsperspektive. Es ist ein Prozess, sich anzunehmen und zu erkennen, wie man weiter an seiner Lebensentfaltung arbeiten kann. Ich habe die Hoffnung, dass ich meine Schwächen integrieren und meine Stärken ausleben kann, so dass ich Erfüllung und Bestimmung in meinem Leben finden werde.

Beitrag von Filip

Es ist für mich überhaupt nicht schlecht, mit dem Asperger-Syndrom zu leben. Selbstverständlich habe ich gewisse Schwierigkeiten bei der sozialen Integration. Ich weiß, dass ich mich von anderen unterscheide und dass die Ansichten vieler Menschen mich oft überraschen. Natürlich respektiere ich sie. Aber diese und andere Nachteile, die ich manchmal selbst nicht verstehe, machen mir keine besonderen Sorgen. Es gefällt mir sogar die Originalität meiner Interessen, Ansichten und Problemlösemethoden.

Ich besitze auch (ich will nicht prahlen) eine überdurchschnittliche Intelligenz und kann gut beobachten (meine Familie ist hinsichtlich meiner Aufmerksamkeit jedoch manchmal anderer Meinung). Ich bin auch mathematisch und musikalisch begabt. Ich nutze diese Vorteile im Alltag aus, das macht mein Leben leichter. Ich kann auch (das hat meine Mutter entdeckt) Zahlen mit einer bestimmten Farbe oder mit einem bestimmten Geschmack assoziieren. Einige Beispiele: Die Zahl zwei sehe ich blau und die Zahl sechs rot. Ich sehe auch die Wochentage und Monate in verschiedenen Farben, assoziiere zum Beispiel den Montag mit der Farbe Orange und den Dezember mit der Farbe Blau. Ich finde, dass diese Fähigkeit eine Art der Fiktion ist. Ich mag das Fantasieren, ich entspanne auf diese Weise.

Wenn ich ohne Asperger-Syndrom geboren worden wäre, hätte ich nichts dagegen. Aber in einer Situation, in der man mir den Autismus wegnehmen wollte, hätte ich Angst, dass in mir einige Änderungen auftreten. Und deswegen will ich ihn behalten.

Ich bin 10 Jahre alt. Seit fast drei Jahren weiß ich, dass ich das Asperger-Syndrom habe. Ich besuche eine Integrationsschule und ein Kindertheater.

Beitrag von Madeleine Labusch

Was bedeutet Glück für mich?

Ich finde, dass mein ganzes Leben Glück war, deshalb habe ich eine Lebensgeschichte über mich geschrieben.

Ich bin 1993 geboren und habe eine Schwester und drei Brüder, die alle jünger sind als ich. Am 5.9.1993 wurde ich in der Christengemeinschaft getauft. Schon als ich noch ein Baby war, fiel meinen Eltern auf, dass ich anders war. Ich war ein sehr ruhiges Baby. Meine Mutter musste mich zum Stillen aufwecken. Ich lernte erst mit zwei Jahren laufen. Bei mir wurde eine Entwicklungsverzögerung festgestellt. Ich kam dann in die Waldorfspielgruppe. Dort fiel auf, dass ich nicht mit den anderen Kindern redete und spielte. Später aber fing ich plötzlich an zu reden und redete wie ein Wasserfall.

Mit sieben Jahren wurde ich in eine Schule für Erziehungshilfe eingeschult. Da ich auch dort nicht sprach, kam ich für ein halbes Jahr in die Kinder- und Jugendpsychiatrie. Dort bekam ich dann auch meine Diagnosen: elektiver Mutismus, das ist das Nicht-Sprechen in der Schule, und atypischer Autismus. Mit elf Jahren kam ich in das Autismustherapiezentrum in Freiburg.

Meine Eltern haben sich im russischen Chor der Universität kennengelernt. Deshalb habe ich auch eine Verbindung zu den russischen, georgischen und ukrainischen Liedern, denn schon als kleines Kind habe ich immer sehr gerne bei den Konzerten und Proben zugehört.

Einen Schwimmkurs hatte ich auch mal besucht, aber das Seepferdchen habe ich nicht geschafft, weil ich zu starke Angst hatte, vor allem im tiefen Wasser, wo ich nicht stehen konnte, und tauchen habe ich mich auch nicht getraut. Inzwischen kann ich aber schwimmen. Außerdem war ich vorübergehend im Reitunterricht. Doch plötzlich bäumte sich das Pferd auf, auf dem ich saß, sodass ich vor Schreck geweint und mich danach ganz lange nicht mehr getraut habe, alleine zu reiten.

Inzwischen habe ich ein Buch geschrieben, es heißt: »Zwei Schwestern etwas anders«. Es geht darin um meine Diagnose: Autismus. Ich beschäftige mich sehr viel damit und interessiere mich auch dafür. Das Schreiben macht mir sehr viel Freude. Ich schreibe immer sehr ausführlich, und es fällt mir sehr schwer, ein Ende zu finden.

Rückblickend bin ich sehr glücklich darüber, dass ich eine sehr liebe Familie habe, die mich so akzeptiert und versteht, wie ich bin, dass ich so nette Menschen um mich habe, dass ich mit der Waldorfpädagogik aufgewachsen bin, die ich so liebe, und dass ich so tolle Hobbys ausüben kann.

Beim Arbeitsamt empfahl man mir das Berufsbildungswerk in Ravensburg. Es begann mit einer berufsvorbereitenden Bildungsmaßnahme (BVB), die elf Monate dauerte. Ich kam von Anfang an in eine Außenwohngruppe, wo auch viele Autisten waren. In der Eignungsanalyse war ich zuerst in Hauswirtschaft und dann in Holz. Danach durften wir frei wählen. Ich entschied mich nochmals für die Hauswirtschaft, dann für die Farbe, das Lager, die Gärtnerei und den Verkauf. Es war ein ganz langsames Heranführen an die Ausbildung. Wir hatten eine Gesundheitswoche mit gesundem Frühstück und Mittagessen. Und wir bekamen Zettel, auf denen unsere Aufgaben standen, z. B. klettern, »denk dich gut drauf«, freies Atmen, Meditation, Traumfänger basteln, Schutzengel machen, boulen, kegeln, Erste Hilfe, Gehörschutz, ein Kloster besuchen und so weiter. Ich war die Klassenbeste, im Einser- und Zweier-Bereich.

In unserer Außenwohngruppe unternehmen wir viel Schönes, gehen z. B. auf den Weihnachtsmarkt, machen Sport, gehen Schlittschuhlaufen, die Umgebung ansehen, einkaufen etc. Dienstags ist immer Lernabend, und natürlich müssen wir auch Dienste machen. Ich habe immer noch ein Doppelzimmer zusammen mit einem anderen Mädchen.

Ende August begann ich dann die Ausbildung zur Fachpraktikerin Hauswirtschaft. Am Anfang gab es wieder so viel Neues, so dass ich auch erst einmal geweint habe und eine Weile brauchte, bis ich mich daran gewöhnt hatte. Aber alles fing auch zum »Aufwärmen« langsam an. Für jeweils drei bis vier Wochen wurden wir in die verschiedenen Bereiche eingeteilt, also Reinigung, Speisenzubereitung, Wäschepflege und den Dienstleistungsbereich. Das heißt, wir müssen auch den Kundenkontakt lernen, telefonieren lernen und so weiter. Wir können nämlich später auch mal z. B. in Alten- oder Kinderheimen eingesetzt werden.

Eine meiner Schwierigkeiten ist, dass ich sehr langsam bin und alles viel zu genau nehme. Das merkt man vor allem beim Reinigen. Beim Kehren ist es zum Beispiel so, dass ich über eine Stelle sehr oft drüberkehre, und dann dauert es sehr lange, bis ich fertig bin. Ich möchte immer alles 150 % machen, obwohl 99 % auch reichen würden. Ich bin sehr fleißig und mache viel zu viel, deshalb muss man darauf achten, dass ich nicht ausgenutzt werde. Ich muss auch mal lernen, »nein« zu sagen. Auch dafür habe ich eine Bildungsbegleiterin und Psychologin. Jede Person hat ihr ganz individuelles Training. Bei mir sind das derzeit Einzeltherapie und Soziales Kompetenztraining. Bewerbungstraining haben wir alle.

Ich liebe das Großküchenpraktikum, liebe es, dort den Spülfrauen zu helfen, die Brötchen zu beschmieren und zu belegen, in der Gemüseküche zu helfen, Geschirr abzutrocknen und aufzuräumen, Speisereste zu entfernen und so weiter. Ich habe inzwischen einen besonderen Draht zu den Spülfrauen.

Nach dem Pfingsturlaub im Juni habe ich schon die schriftliche Abschlussprüfung, wo ich in den Fächern Deutsch, Gemeinschaftskunde, Wirtschaftskunde, Fachkunde und Fachrechnen geprüft werde. Danach geht es für fünf Tage nach Berlin auf Abschlussfahrt. Die praktische Abschlussprüfung wird im Juli stattfinden. Dann habe ich die Ausbildung und gleichzeitig auch den Hauptschulabschluss geschafft, und es heißt ausziehen aus der Außenwohngruppe.

Rückblickend bin ich sehr glücklich darüber, dass ich Freunde habe, dass ich nur mit netten Menschen zu tun habe, dass mich mein Weg in das Berufsbildungswerk führte und ich dort viele schöne Dinge erleben durfte, dass ich so lange im Großküchenpraktikum sein darf, dass alle individuell auf mich eingehen und ich Maßnahmen erhalte wie Nachteilsausgleich, wichtige Trainings, Einzeltherapie und so weiter. All das bedeutet so richtig starkes Glück für mich.

Und diesen Sommer habe ich das erste Mal mit der Lebenshilfe Urlaub gemacht, wir waren in Italien am Comer See. Das war für mich ein super toller Urlaub, wo ich auch so richtig glücklich war.

Beitrag von Madeleine Labusch

Was mir zum Glück fehlt?

Es macht mich manchmal sehr traurig, dass ich hier in meiner Familie genau das Gegenteil bin, wie ein Kleinkind also, ich helfe nicht im Haushalt mit, sondern lasse mich bedienen. Ich hatte in der Familie schon immer solche Probleme. Manche gingen weg, manche wurden schlimmer.

Unter Zwängen leide ich auch, ich mache dann irgendwelche komischen Bewegungen, spreche etwas, das keinen Sinn ergibt, oder verfalle in meine Starre. Das ist manchmal dann der Fall, wenn mein Zeitplan durcheinander ist oder ich nicht weiß, was ich machen soll. Manchmal dauert dieser Zustand fünf bis zehn Minuten, er kann aber auch über Stunden anhalten. Ich habe auch bestimmte Rituale, z. B. dass ich etwas Bestimmtes vor dem Essen fragen muss, oder ich mag es nicht, wenn am Tag das Licht an ist oder meine Geschwister mit Schuhen in das Haus gehen. Es nervt mich, dass ich solche Probleme nur in meiner Familie habe.

Es gibt auch noch eine weitere Situation, die mich sehr traurig macht. Im Großküchenpraktikum, in der Kantine, gibt es eine Mitarbeiterin, die ich sehr in mein Herz geschlossen habe. So sehr mag ich sie. Es kam dann so weit, dass ich ganz viele Freunde ihrer Tochter und auch ihre Tochter selbst auf Facebook angeschrieben habe, ihr eine Urlaubskarte und einen Brief geschrieben und ihr darin mitgeteilt habe, dass ich sie sehr gern mag und sie in mein Herz geschlossen habe. Ich habe ihr geschrieben, dass ich Autistin bin und ein Buch geschrieben habe, und sie gefragt, ob sie mein Buch haben möchte. Ich habe dann gemerkt, dass es ihr zu nah war und dass sie das Ganze nicht wollte. Also habe ich ihr einen Entschuldigungsbrief geschrieben und auch noch mal mit ihr geredet und ihr gesagt, dass es mir leidtut. Sie hat mir gesagt, dass sie nicht möchte, dass ich ihre Tochter anschreibe, dass sie mein Buch auch nicht lesen möchte und mit mir auch sonst keinen Kontakt haben möchte. Das, was sie über mich weiß, reicht ihr aus. Ich kann das gut verstehen und versuche es auch so zu akzeptieren. Immerhin ist sie Mitarbeiterin und ich bin Teilnehmerin. Aber ich merke, dass ich immer noch darunter leide und es immer noch nicht abgehakt habe. Ich weiß aber auch, dass ich es irgendwann schaffen werde und darüber hinwegkomme.

Es macht mich auch sehr traurig, dass ich im Sommer fertig bin, weil ich dann das Berufsbildungswerk in Ravensburg wieder verlassen muss und auch all die netten Menschen dort. Der Ausbildungsalltag gibt mir Struktur, Sicherheit und Halt, also liebe ich die Arbeit. Ich bin sehr arbeitssüchtig. Urlaub mag ich nicht, weil ich da keine Struktur und nicht den gewohnten Ablauf habe. Mein Tagesplan kommt durcheinander, und deshalb geht es mir im Urlaub oft sehr schlecht.

Und nun befürchte ich, dass mir auch das Glück fehlt, dass mein Text in das Buch reinkommt. Bei dem Text, den ich geschrieben habe, ist es wohl auch nur wenig wahrscheinlich, dass ich in dem Buch vorkomme. Aber ich nehme es halt so, wie es ist, wenn ich darin vorkomme, freue ich mich sehr, und wenn nicht, dann ist das auch in Ordnung.

Ich möchte immer, dass es auf der ganzen Welt Frieden gibt und alles auf der ganzen Welt sehr gerecht ist. Das habe ich schon immer sehr stark signalisiert. Ich wünsche mir auch, dass wir Autisten unseren Platz in der Welt haben und so verstanden und akzeptiert werden, wie wir sind. Alle Menschen auf der ganzen Welt sollen glücklich und zufrieden sein, das wünsche ich mir von ganzem Herzen.

Beitrag von Joshua

Ich heiße Joshua und wurde im Dezember 2002 in Schleswig-Holstein geboren. Meine Eltern leben getrennt. Ich gehe jeden Tag nach der Schule zu Mama und werde dort um ca. 16.00 Uhr von Papa abgeholt. In der Woche ist meine Schwester immer bei Mama, und an den Wochenenden sind wir alle 14 Tage im Wechsel bei Mama oder Papa.

Kurz vor der Schule wurde bei mir Asperger festgestellt. In der Grundschule bin ich zu Beginn nicht richtig mitgekommen, und so fingen meine Probleme an:

Ich mochte nicht gern Letzter sein und konnte nicht gut verlieren. Ich wurde wütend auf die anderen Kinder, die besser und schneller waren. Die Schulbegleitung musste dann mit mir den Klassenraum verlassen, wir gingen in die Aula und unterhielten uns dort. Danach konnte ich wieder in den Unterricht. Leider musste meine Schulbegleitung nach Bremen ziehen, als ich in der zweiten Klasse war.

Nach den Osterferien bekam ich eine neue Schulbegleitung, die hat mir gesagt, dass ich nicht mehr schreiben muss. Sie dachte, es wäre zu schwer für mich. Aber ich wurde noch wütender und musste oft nach Hause, bevor der Unterricht zu Ende war, oder ich musste allein mit ihr ins »bunte Haus«. Das war ein ehemaliges Hausmeisterhaus. Ich musste dort rechnen oder der Schulbegleitung eine Geschichte diktieren. Oft musste ich eine ganze Woche lang im bunten Haus allein arbeiten, das fand ich nicht schön.

Nach den Herbstferien in der vierten Klasse habe ich eine neue Schulbegleitung bekommen. Das war zuerst ungewohnt. Meine neue Schulbegleitung hat mich gefragt, ob ich schreiben kann. Ich sagte: »Ja, aber nicht so gut.« Meine neue Schulbegleitung hatte einen Zauberstift, der viel weicher war. Damit habe ich dann abwechselnd mit ihr Wort für Wort geschrieben. Bald konnte ich sogar eine halbe Seite allein schreiben, und nach einem Monat habe ich einen Aufsatz über dreieinhalb Seiten geschrieben. Darüber habe ich mich sehr gefreut.

Nun bin ich in der sechsten Klasse und schreibe alles allein, außer dann, wenn die Spalten sehr klein sind. Ich bin immer in meiner Klasse und kann dort alles mitmachen.

Meine Schulbegleitung hat mir von diesem Buchprojekt erzählt.

- Glück bedeutet, dass ich jetzt immer in meiner Klasse sein und alles gut mitmachen kann.
- Glück bedeutet für mich, dass ich gute Lehrer habe und meine Klassenlehrerin sich gut mit Autismus auskennt.
- Ich bin glücklich, dass meine Klassenkameraden nett zu mir sind und mich mögen, so wie ich bin.
- Großes Glück bedeutet, allein schreiben und arbeiten zu können.
- Glück bedeutet für mich, wenn meine Eltern mir sagen, dass sie mich lieb haben.
- Ich bin glücklich, wenn ich ein Spiel gewinne.

Zu meinem Glück fehlt mir noch

- dass ich aufs Gymnasium komme,
- dass ich auch mal verlieren kann,
- eine eigene Familie,
- ein guter Job, z. B. Schauspieler oder Biologe.

Beitrag von Nanke Krieghoff

Ich bin glücklich. Für mich.
In diesem Moment, der verrinnt.
Dasein. Im Hiersein.
Nicht im Dortsein, im Gestern oder Morgen hinfort sein.

In Gedanken mit mir sein. Mit dem Hiersein in Einssein.
Vergnügt von der inneren Fülle.
Die Hülle meines Seins anwesend in der Welt.
Was mich zusammenhält, sind die verborgenen Orte.
Die zauberhaften Worte des Gewöhnlichen.

Kurzschluss Glück

Als ich 16 Jahre alt war, wollte ich herausfinden, was Glück bedeutet. Ich stellte es mir vor wie eine zu lösende Formel. Ich kaufte mir damals ein kleines Büchlein, titulierte es »Glücksmomente« und legte es meinen Tischnachbarinnen in der Schule hin mit der Erklärung, dass ich Glücksmomente sammeln würde. Das Büchlein füllte sich recht schnell. Die anderen hatten anscheinend konkrete Vorstellungen vom Glück. Da standen einzelne Momente beschrieben wie »als erste Person durch frischen Schnee laufen« oder abstraktere Dinge wie »wenn mich eine Person mag, die ich gerne mag«. Mit ersterem konnte ich mehr anfangen. So definierte ich fortan mein Glück über verschiedene schöne Erlebnisse in der Natur.

Zu ungefähr der gleichen Zeit hatte ich das erste Mal in meinem Leben Freundinnen in meiner Klasse. Je mehr ich aber mit ihnen zusammen war, desto fremder fühlte ich mich. Ich glaube, ich habe Einsamkeit gespürt. Ich fragte mich, wie ich mich so allein fühlen konnte, dabei war ich doch unter Menschen. Das erschien mir nicht logisch, war ich doch bisher mein Leben lang eine Außenseiterin gewesen. Im Nachhinein würde ich vermuten, dass ich dadurch in meiner Schulzeit vielleicht auch mehr Freiheiten hatte als andere Kinder. Denn ich musste mich nicht so häufig damit auseinandersetzen, gemocht zu werden und/oder gefallen zu wollen. Ich sah es bis dahin einfach grundsätzlich nicht im Bereich des Möglichen, etwas an meiner Außenseiterposition zu ändern. Aber ich war auch sehr traurig darüber.

Wenn ich den Einträgen in meinem Büchlein Glauben schenken mochte, und das tat ich, müsste ich mit 16 Jahren ein ziemlich glücklicher Mensch gewesen sein, denn ich hatte endlich Freundinnen, die mich anscheinend mochten, und ich lief meist als erste Person durch den frischen Schnee. Ich bemerkte jedoch, dass irgendetwas mit mir nicht stimmen konnte. Obwohl ich schon seit dem Kindergarten den Eindruck hatte, »anders« als die anderen Kinder zu sein, störte es mich nun plötzlich. Aber wie »waren« eigentlich die anderen Menschen? Und mit welchen Merkmalen ließ sich meine eigene Person beschreiben? Ich hatte den Eindruck, keine Worte zu finden, die zu mir passten, und mein Sosein ließ sich nicht ansatzweise in die Welt der netten, hilfsbereiten, spontanen, witzigen, schüchternen oder aufgeschlossenen menschlichen Eigenschaften einordnen.

Ich fing an, mich für das Innenleben von anderen Menschen zu interessieren, und ein paar Jahre später studierte ich Psychologie. Dort begegneten mir Menschen, die sich auch mit sich selbst und ihrer Wirkung auf die Umwelt auseinandersetzten. Ich erfuhr in Gesprächen und Selbsterfahrungskursen, wenn die Höflichkeitshüllen fielen, dass sich viele von ihnen im Grunde danach sehnten, »anders« zu sein als andere, z. B. besonders klug, schön oder beliebt, und bereit waren, eine Menge dafür zu geben, z. B. Dinge zu lernen, die sie nicht interessierten, oder eigene Bedürfnisse gekonnt zu verbergen, um von anderen gemocht zu werden. Ich hingegen hatte immer nur das inhärente Bedürfnis, »normal« zu sein, was so viel bedeutete wie »so zu sein wie die anderen«, mit denselben Sorgen und Nöten. Ich war traurig darüber, nicht über den gleichen Kummer mit ihnen verbunden zu sein. Sie weinten, und sie trösteten sich.

Bis heute mag ich es, wenn Menschen weinen. Ich mag es aber auch, wenn Menschen lachen oder wütend sind. Solange es »echt« ist. Trauer-, Wut- oder Freuden-Tränen bedeuten für mich eine erleichternde Reduktion auf das Wesentliche. Und einen Moment der Ruhe. Die Welt besteht aus unendlich vielen Reizen. Die meisten davon sind für mich recht unangenehm. Und ich erlebe sie als überflüssig. Mein Leben ist deshalb auf Reizreduktion ausgerichtet. Wenn ich draußen in der Natur bin, fühle ich mich wohl. Ich gehe jeden Tag spazieren. Das sind im Alltag sehr schöne Momente für mich. Ich fahre auch gerne Rad auf ruhigen Wegen. Meine Erfahrung ist, dass es für andere Menschen schwierig ist, nachzuvollziehen, was ich daran finde. Ich aber bin gerne im Dialog mit mir selbst: gehend, innerlich sprechend. In diesen friedlichen Momenten kenne ich keine Einsamkeit.

Um glücklich zu sein, brauche ich viel Ruhe. Das geht am einfachsten alleine. Manchmal finde ich es allerdings auch ganz schön, Momente und Gedanken mit anderen Menschen zu teilen. Dann finde ich es prima, wenn diese Personen mein Anderssein und meine Bedürfnisse »mitdenken«, sofern sie sie kennen, und ich so nicht immerzu erklären und mich damit, z. B. in einer Gruppe, exponieren muss. Dies betrifft vor allem Umgebungsfaktoren, die es mir oft verunmöglichen, an Veranstaltungen oder Treffen teilzunehmen, wie helles künstliches Licht, Nebengeräusche, enges Beieinandersitzen oder schnelles, hektisches Sprechen. Mir wurde schon häufiger von Menschen ohne Autismus zurückgemeldet, dass sie diese Dinge auch nicht mögen, aber ertragen würden. Dem einen Menschen kann ein Reiz jedes Mal Schmerz zufügen, während der gleiche Reiz für einen anderen

Menschen lediglich eine leichte Unbehaglichkeit darstellen kann, erkläre ich dann. Das sind Situationen, die mich manchmal innerlich traurig und zugleich wütend machen können, und in denen ich mir mehr Empathie von anderen Menschen wünschen würde. Ich fühle mich deshalb in Nischen der Gesellschaft wohl, in welchen Menschen versuchen, Unterschiedlichkeiten mitzudenken, und in welchen Zustimmung über individuelle Absprachen erfolgt und nicht durch unbewusste Normen, die meist unausgesprochen und damit auch unhinterfragt bleiben.

Für mich sind die Menschen, die ich näher kennenlerne, alle besonders. Vielleicht liegt es daran, dass ich zu wenig verallgemeinere und meine Erfahrungen mit Menschen zu wenig auf andere Menschen übertrage, also zu wenig Zusammenhang herstelle. In der (psychologischen) Fachliteratur würde man dies mit dem Konzept der »mangelnden« zentralen Kohärenz oder der »verringerten« Theory of Mind bei autistischen Menschen erklären. Ich finde, diese Eigenschaften haben auch ihre guten Seiten. Durch die ungewöhnliche Ver- oder Entkabelung meines Gehirns bin ich darauf zurückgeworfen, den Worten der Menschen geduldig zu lauschen, wenn ich sie verstehen möchte, statt mich auf eine Art intuitives Gefühl oder meine Erfahrungen »verlassen« zu können. Eine aufmerksame Zuhörerin und Beobachterin zu sein, ist zwar manchmal sehr anstrengend und ermüdend, hat aber den Vorteil, andere Menschen immerzu in ihren Eigenheiten und Besonderheiten wahrzunehmen.

Zwischenmenschliches Glück bedeutet für mich also so etwas wie die Möglichkeiten darin anzuerkennen, dass Menschen unterschiedlich sind. Wo es mir vielleicht manchmal sehr gut tun kann, mich mit anderen Menschen in einer Gruppe »normal« zu fühlen, wenn andere meine Bedürfnisse mitdenken, so mag es eine andere Person vielleicht auch schön finden, sich von einem anderen (autistischen) Standpunkt aus wahrgenommen und/oder verstanden zu fühlen. Und manchmal passiert es dann, dass es ganz unterschiedlichen Menschen gerade aufgrund ihrer Verschiedenheit gut miteinander geht. Und das ist Glück. Für den Moment miteinander sich selbst sein dürfen.

Nanke Krieghoff, 30 Jahre, Doktorandin

Beitrag von Carsten Wolf

Glücklich machen würde mich, wenn Autismus nicht immer so negativ von anderen Personen wahrgenommen würde!

Zum Beispiel in der Schule in den 1990er Jahren gab es immer wieder Konflikte mit Lehrern oder den Direktoren. Es hieß mal, mir würde die Disziplin fehlen, also die Erziehung, mal würde ich den Unterricht stören oder mich sehr sonderbar verhalten und nicht so sein wie die anderen in meiner Klasse. Das jedenfalls wurde meinen Eltern so gesagt. Und dass ich in einer Sonderschule besser aufgehoben wäre als in einer normalen Schule. Ich habe aber ohne sitzenzubleiben den qualifizierten Hauptschulabschluss geschafft, dank meinen Eltern, die mich so lange unterstützt haben. Die Lehre als Bäcker konnte ich auch erfolgreich abschließen. Ich hatte zwar eine Diagnose, dass ich Autismus habe, aber das spielte damals keine Rolle für die Lehrer oder auch für einige Ärzte.

Heutzutage hat sich viel getan für betroffene Menschen mit Autismus, und das ist auch gut so. Aufklärung darüber ist wichtig. Denn wie soll eine Person mit einem umgehen, die nicht weiß, dass man Autist ist, und sich dementsprechend verhalten kann. Klar man wird immer auf Menschen treffen, die damit nicht zurechtkommen und vielleicht auch ein Problem damit haben, aber man muss selbst entscheiden, ob man sich jemandem »outet«. Wenn man also merkt, dass man dem anderen irgendwie komisch vorkommt, ist es vielleicht besser, es zu sagen und ein wenig aufzuklären.

Ich bin 25 Jahre alt und habe einen zweieiigen Zwillingsbruder und eine Schwester (29). Nach meiner Bäckerlehre habe ich fünf Jahre als Teigmacher und stellvertretender Backstubenleiter gearbeitet. Wegen eines Bäckerasthmas musste ich meinen Beruf aber 2012 aufgeben. Von März 2013 bis September 2014 machte ich eine Ausbildung zum Bauzeichner in einem Berufsförderungswerk. Leider musste ich sie abbrechen, es war zu viel Stress. Jetzt mache ich diverse Praktika, um einen zu mir passenden Beruf zu finden. Seit zwei Jahren habe ich eine eigene Wohnung, die mir meine Mutter gesucht hat. Sie hat mir gezeigt, wie man eine Wohnung sauberhält, das Bett überzieht, die Fenster putzt und Lebensmittel einkauft, nur die Wäsche und das Kochen überlasse ich meiner Mutter. Am Anfang fiel es mir sehr schwer, alleine zu wohnen, aber jetzt habe ich mich daran gewöhnt. So oft es geht, besuche ich meine Eltern und meine Geschwister. Meine Eltern stehen immer hinter mir.

Meine Hobbys sind Joggen, ich fahre gerne Mountainbike und habe ein eigenes Auto. Als Neunjähriger begann ich, Schach in einem Verein zu spielen. Ich gewann etliche Meisterschaften. Ich rauche nicht und trinke keinen Alkohol, damit bin ich schon so oft von Schulkameraden aufgezogen worden, dass ich dann gar nicht mehr mit ihnen wegging.

Meine ganzen Therapien, Arztbesuche, Klinikaufenthalte und medikamentösen Behandlungen seit meiner frühesten Kindheit darf ich nicht vergessen! Zurzeit nehme ich jeden zweiten Freitag im Monat an einem Kompetenztraining für Asperger-Autisten in Würzburg teil.

Beitrag von Andrea Henning und Roman

Unser Sohn Roman ist ein absolutes Wunschkind. Er ist unser erstes Kind und kam im März 2005 in der Nähe von Hamburg zur Welt. Schwangerschaft und Geburt verliefen weitgehend normal. Lediglich die Saugglocke, die wir aufgrund schlechter werdender Herztöne zu Hilfe nehmen mussten, hätten wir uns gern erspart. Romans Kopf war durch sie langgezogen, und ich machte mir Sorgen, dass das Hirn dadurch womöglich einen Schaden erleiden musste.

Als wir nach vier Tagen aus dem Krankenhaus entlassen wurden, fuhren wir nach Hause und stellten den Maxi-Cosi vor die Couch. Roman schlief. Wir waren in Sachen Kinder (und erst recht in Sachen Babys) vollkommen unerfahren und auf uns allein gestellt. Hinzu kam, dass wir erst kurz vorher nach G. gezogen waren. Familie und Freunde waren weit weg. So saßen wir also auf unserer Couch, blickten zu unserem Sohn hinunter und fragten uns, was wir machen sollten, wenn er die Augen aufschlug. Das tat er dann auch recht schnell, und es folgten die anstrengendsten Monate in unserem Leben.

Roman schrie ständig. Er schlief kaum mal zwei Stunden am Stück. Selbst im Kinderwagen oder im Auto – also an den typischen Orten für einen sicheren Babyschlaf – wurde er nicht ruhig. Wir probierten es mit Pucken. Er quengelte. Wir nahmen ihn in den Arm. Er drückte sich weg und nörgelte. Wir spielten leise, beruhigende Musik. Er weinte. Egal, was wir taten, es gefiel ihm einfach nicht und er ließ sich durch nichts beruhigen.

Als Mama hatte ich tagsüber nicht einmal die Möglichkeit, mich in Ruhe zu duschen oder mir etwas zum Essen zu machen. Erst wenn mein Mann abends zu Hause war, bekam ich etwas in den Bauch.

Rückwirkend betrachtet, habe ich das Gefühl, Roman hat seinen ersten Lebensmonat komplett durchgeschrien und erst in den beiden folgenden

Monaten langsam zu schlafen begonnen. Mit dem heutigen Wissen würde ich vielleicht sagen, dass Roman enorme Schwierigkeiten hatte, sich an die neue Umgebung zu gewöhnen. Er brauchte seine drei Monate, um zu wissen, wo er hingehörte.

Romans körperliche Entwicklung verlief dann überwiegend normal. Abgesehen davon, dass er immer noch wenig schlief, viel weinte (allerdings erheblich weniger als in der Anfangszeit) und wir ihn nicht in den Arm nehmen konnten, gab es kaum Auffälligkeiten. Im Alter von etwa sieben bis acht Monaten, kurz bevor er krabbeln konnte, fing er nachts an, mit dem Kopf gegen sein Bettchen zu schlagen. Tagsüber schlug er gegen Schränke, Türen oder auch mal gegen Wände. Er schaukelte hin und her und achtete sehr genau darauf, dass der Kopf Kontakt mit einer Fläche bekam. Eine Nachfrage beim Kinderarzt zu diesem »Tick« brachte den nutzlosen Rat, wir sollten sein Bettchen abpolstern. Konsequenterweise hätten wir natürlich die ganze Wohnung abpolstern müssen, was die Ursache des Problems allerdings nicht beseitigt hätte.

Mit dem Sprechen ließ Roman sich lange Zeit. Er begnügte sich mit kurzen Worten oder Wortsilben. Erst im Alter von etwa zwei bis drei Jahren kreierte er die ersten kurzen Sätze. Zu dieser Zeit war er bei einer Tagesmutter in Betreuung. Ihr fielen recht schnell noch mehr Besonderheiten bei Roman auf, die wir bis dahin als gegeben bzw. normal angesehen haben. Zum Beispiel sein Spielen im Bällebad. Alle anderen Kinder sprangen in die Bälle oder sind in ihnen »geschwommen«. Roman saß gern allein darin und sortierte die Bälle nach Farben – und das eine gefühlte Ewigkeit lang. Oder seine Leidenschaft für das Puzzeln. Er puzzelte früh, sehr gut und schnell. Mit ca. 2 ½ Jahren war ihm ein 6-teiliges Puzzle schon zu langweilig, so dass er die Teile umdrehte und mit der grauen Seite nach oben fehlerfrei und schnell zusammenfügte.

Wenn wir zum Spielplatz gingen, schielte ich immer neidisch zu anderen Müttern hinüber, die mit ihren Kleinsten im Sand saßen und Burgen bauten. Roman hatte im Kleinkindalter kein Interesse am Burgenbauen. Für ihn war es eine wahre Freude, davonzurennen. Wir kamen kaum zum Verschnaufen. Stillsitzen kam für ihn an der frischen Luft nicht in Frage – dafür war die Welt zu aufregend.

Wir erkannten nun – auch mit der Unterstützung unserer Tagesmutter – immer mehr die Besonderheiten unseres Sohnes. Uns wurde bewusst, dass wir Unterstützung brauchten, denn unsere Energiereserven waren seit Romans Geburt drastisch aufgebraucht. Der Schlafmangel war eines der größten Probleme.

Kurz vor Romans 4. Geburtstag stellten wir uns zum ersten Mal im Werner-Otto-Institut in Hamburg vor. Hier fand eine umfangreiche Analyse statt. Roman wurde körperlich untersucht, musste einige Aufgaben (z. B. ein Bild zeichnen) erledigen und wir Eltern wurden ausführlich interviewt. Eine Diagnose gab es nicht, nur die Vermutung, dass Roman ADHS haben könnte. Dies müsste allerdings ein Psychiater prüfen, wenn Roman dafür alt genug sei – in etwa zwei Jahren. Weiterhin empfahl man uns eine Ergotherapie und regelmäßige Vorstellungstermine im Institut.

Wir suchten uns also eine Ergotherapeutin und fanden auf Anhieb ein echtes »Goldstück« im Nachbarort. Frau L. erkannte Romans Wesen recht schnell und gab uns unglaublich viele Hilfestellungen und Anregungen für den Alltag. Sie gab uns vor allem Tipps, wie wir Grenzen setzen konnten, um Roman Halt und Sicherheit zu geben. Und erzogen wir vorher mit Strafen, so wandelten wir diese nun um in ein Belohnungssystem. Roman seinerseits schloss Frau L. schnell ins Herz. Sie wurde zu einer der wichtigsten Vertrauens- und Kontaktpersonen unserer Familie und ist es noch immer. Vor allem gab uns Frau L. genug Raum, unsere Fragen, Wünsche und Probleme vorzutragen, die sie immer ernst nahm.

Romans Verhalten änderte sich über die Monate tatsächlich ganz allmählich. Wir waren durch die fachliche Unterstützung viel sicherer und konsequenter geworden. Die Therapie gab uns eine gewisse Rückendeckung. Nach außen hin wirkte und wirkt unsere Erziehung oft sehr streng und wir mussten uns leider schon des Öfteren dafür rechtfertigen. Ich kann nicht mehr zählen, wie viele Male ich und wir den Satz hörten: »Nun lass ihn doch!« Aber wir haben über die Jahre gelernt, dass Roman einfach viel engere Grenzen braucht als andere Kinder, dass er sie sucht und testet und sofort protestiert, wenn diese verschoben sind. Wir haben dann leider viel Arbeit damit, ihn wieder auf den (richtigen) Weg zu bringen – und das kann Wochen dauern. Wir würden also bei einer gut gemeinten Grenzverschiebung die Arbeit von Monaten oder gar Jahren kaputt machen.

Ungefähr ein halbes Jahr, bevor Roman in die Schule kam, starteten eine Logopädie wegen der Sprachverzögerungen und bei einer Kinderpsychiaterin die Tests für ADHS. Nach etwa einem halben Jahr hielten wir dann die Diagnose in der Hand. Doch immer, wenn wir uns mit diesem Thema beschäftigten, erkannten wir zwar viel von Roman darin, aber es schien nicht alles zu sein.

Dann kam Roman in die Schule. Er war begeistert und wollte unbedingt *alles* lernen. Diesen Lerndrang oder beinahe Lernzwang hat er noch heute. Aber auch wenn Roman die Schule Spaß machte und er gern hinging (und hingeht), schien er sich doch erst langsam an die neue Situation gewöhnen zu müssen.

Nach Weihnachten startete die ADHS-Gruppentherapie in der Praxis unserer Therapeutin. Roman gelang es in der Therapie nicht, sich an die vereinbarten Regeln zu halten. Immer wieder störte er durch »unangemessenes« Verhalten und Zwischenrufe. Mir schoss plötzlich ein Gedanke durch den Kopf und ich fragte Frau L, ob es sein könnte, dass bei Roman eine Art Autismus vorliegt. Frau L. war ganz erstaunt und meinte, dass sie ebenfalls diesen Gedanken hatte und mich eigentlich bei diesem Termin vorsichtig darauf ansprechen wollte. Wir hatten uns eigentlich nie mit dem Thema Autismus beschäftigt und es spielte bisher keine Rolle. Deshalb kann ich nicht erklären, wie ich auf einmal diesen Gedanken hatte – aber er war da.

Wir recherchierten dann ein wenig über die Ausprägungen und Anzeichen von Autismus und erkannten Roman viel eher darin wieder, als es beim ADHS der Fall war. Deshalb stellten wir Roman in der Kinder- und Jugendpsychiatrie in Hamburg vor. Wieder folgten viele Termine und wir mussten einige hundert Fragen beantworten. Wir saßen abends vor Bergen von Fragebögen und rauften uns die Haare, ob diese oder jene Ausprägung nun stark, mittel oder schwach war. Etwa um Romans 8. Geburtstag herum erhielten wir dann die Asperger-Diagnose. Dies hat uns überraschenderweise kein Stück erschüttert. Was auch immer unser Sohn haben mochte, wir wollten es nur schwarz auf weiß haben, damit wir die Möglichkeiten hatten, ihn bestmöglich auf sein Leben vorzubereiten. Roman hat nun einen Behindertenausweis mit einem Grad von 50. Er erhielt die Pflegestufe I. Außerdem startete eine vom Jugendamt finanzierte autismusspezifische Einzelförderung, die nach einem Jahr um ein weiteres Jahr verlängert wurde.

Roman weiß, dass er Autist ist, und stellt viele Fragen dazu. Er will kein Autist sein, sondern ein »normales« Kind und versteht nicht, was anders an ihm ist. Doch wir erklären ihm immer wieder, dass er etwas ganz Besonderes ist und dass er auch Dinge kann, die andere nicht können. Zum Beispiel kann er ganz toll die Baupläne von Lego lesen. So gut, dass andere Kinder im Hort zu ihm kommen und ihn um Hilfe bitten, wenn sie nicht weiterkommen. Roman baut mit seinen 9 Jahren Technikmodelle für 14- bis 16-Jährige zusammen.

Über unsere Autismustherapeutin, die schnell einen guten Draht zu Roman herstellen konnte, erfuhren wir u. a., wie Roman sich Wege merkt. Sie lief mit ihm den Schulweg ab und er erzählte dabei, was er dachte. Zum Beispiel ab einem Schild sind es noch 10 Schritte bis zur Ecke. Dann 15 Schritte bis zum Zebrastreifen. Dort 3 Sekunden stehen bleiben, wenn kein

Auto kommt, mit 7 Schritten über die Straße gehen. Roman hatte schon immer eine Affinität zu Zahlen, aber das war uns neu.

Roman hat im Verein Fußball gespielt, seit er fünf Jahre alt war. Doch je älter er wurde, umso mehr wurde deutlich, dass Mannschaftssport nicht ganz das Richtige für ihn war. Er liebte Fußballspielen und wollte am liebsten den Ball holen, nach vorne rennen, das Tor schießen und gleichzeitig Torwart sein. Einen einmal erworbenen Ball gab Roman nicht mehr her. Nach zwei Jahren war dann Schluss. Viel besser dagegen läuft es beim Judo. Roman ist kräftig und hat keine Angst – ideale Voraussetzungen für diesen Sport, bei dem es auch um Wertevermittlung (vor allem um Respekt) geht.

Wenn wir Roman fragen, was ihn glücklich macht, dann gibt es zweierlei Arten von Antworten. Eine schnelle und eine, über die er etwas länger nachgedacht hat. Die schnellen Antworten lauten etwa: Süßigkeiten essen, Nintendo spielen, Fanta trinken ... Als ich ihn bat, mal etwas länger nachzudenken und mir nur eine Sache zu nennen, sagte er etwas in meinen Augen typisch Autistisches: »Ich bin glücklich, wenn ich bestimmen darf!«

Wir als Eltern haben unser Glück umdefiniert – unbewusst und allmählich. Es ist wichtig, zu begreifen, dass Roman vielleicht nie so ein Glück suchen wird, wie wir es uns für ihn gewünscht haben. Möglicherweise braucht er keine Partnerin, keine Freunde, keine Kinder, die ihn später zu einem zufriedenen Mann werden lassen. Vielleicht ist er dann am glücklichsten, wenn er allein wohnen kann. Uns ist es egal. Wir würden uns nur freuen, wenn er für sich einen Schlüssel zum Glück und zum selbstbestimmten Leben finden kann. Und so lange er es will und braucht, wird er bei uns Hilfe und Unterstützung finden.

Wir sind glücklich, dass wir zwei tolle Jungs haben. Nachdem ich zum zweiten Mal wunschgemäß schwanger wurde, erfuhr ich, wie hoch die Wahrscheinlichkeit war, dass auch das Geschwisterchen autistisch veranlagt sein würde. Doch mein Mann und ich sagten uns, dass wir ja nun keine »Neulinge« mehr seien und vielleicht von Anfang an die Dinge anders angehen könnten. Wir würden es schon schaffen. Unser zweiter Sohn war jedoch vom ersten Tag an ein vollkommen anderes Kind. Er war viel ruhiger, schlief viel und kuschelte sehr gern. Somit bekamen meine etwas verwaisten mütterlichen Bedürfnisse doch noch einen Ausgleich.

Beitrag von Iris Köppel

Glück gehabt!

Glücklich sein ist für mich ein Gefühl, das lebenswichtig ist und länger anhalten kann. Es unterscheidet sich vom »Glück haben«, was sich nach meinen Begriffen auf eine Momentaufnahme, eine bestimmte, zeitlich beschränkte Situation bezieht.

Zunächst gehe ich der Frage nach: »Was macht mich glücklich?« Ich komme auf vier Bereiche, welche mein Leben prägen: Arbeit, Wohnen, Freizeit und Soziales. Das Soziale ist eigentlich in den anderen Begriffen mit einbezogen, es erscheint mir aber derart wichtig, dass ich es noch separat erwähne. Geht es mir in diesen Bereichen gut, kann ich glücklich sein. Was bedeutet nun »gutgehen« für mich? Es macht mich glücklich, wenn ich bei der Arbeit gefordert werde, aber nicht überfordert bin. Zurzeit ist meine Arbeitssituation sehr stimmig für mich. Ich arbeite für den Autismusverlag, einen Verlag, in dem Menschen mit und ohne Autismus gemeinsame Ziele verwirklichen. Konkret erledige ich administrative Arbeiten, bin kreativ beim Schreiben tätig, stelle Bücher her und helfe überall dort mit, wo ich kann. Zudem wirke ich ab und zu als Referentin in Kursen mit, die mit dem Thema Autismus zu tun haben. Nicht alles mache ich gleich gern. Trotzdem bin ich über meine Arbeitssituation glücklich. Wir arbeiten im Team gut zusammen, jede Person hat ihre eigenen Aufgaben, aber auch anderes, welches gemeinsam angegangen wird. Mein Arbeitgeber ist sehr darauf bedacht, dass die Arbeitssituation zusammen mit der Lebenssituation stimmig ist. So passen wir beispielsweise meine Arbeitszeit den Jahreszeiten an. Wird es am Abend wieder früher dunkel, beende ich meine Arbeit auch früher, damit ich nach Hause komme, solange es noch hell ist. Zudem unterbreche ich meine Tätigkeit in der Regel im Laufe des Nachmittags und gehe eine Runde in gutem Tempo spazieren. Diese Maßnahmen helfen mir, entspannt zu bleiben und somit auch glücklich zu sein. Es hat einige Zeit gedauert, bis ich mir zugestand, weniger zu arbeiten als viele andere Menschen. Ich erkrankte schwer, bis ich allmählich zu verstehen begann. Zu verstehen, dass es Sinn macht, dafür zu sorgen, dass ich bei der Arbeit glücklich bin und nicht ständig unter Spannung stehe.

Meine Wohnsituation hat sich seit einiger Zeit sehr positiv entwickelt. Lange Jahre bedauerte ich es sehr, nicht mehr mit meinen Eltern – die früh verstorben sind – leben zu können. Ich erlebte in der Folge verschiedenste Wohnformen, unter anderem in Institutionen. Heute habe ich zusammen mit meinem Hund eine eigene Wohnung. Ich bin froh um diesen Rückzugsbereich. Außerdem werde ich durch meine Assistentinnen und Assistenten im Alltagsleben unterstützt. Ich erhalte immer dann Hilfe, wenn ich sie brauche. So zum Beispiel bei Putzarbeiten, beim Kochen, zum Teil bei der Gestaltung des Abends, bei Arztbesuchen oder ähnlichem. Ab und zu machen wir einen gemeinsamen Ausflug. Meine Helfer reagieren sehr flexibel auf meine Bedürfnisse. Gibt es eine Veränderung, erfolgt auch unverzüglich eine Anpassung der Begleitung. Oft bin ich über meine Wohnsituation glücklich.

Ich möchte nun aber ein Ferienerlebnis einschieben: Zusammen mit einer gemeinsamen Assistentin, einer weiteren von Autismus betroffenen Person und meinem Hund war ich in den Ferien (im Urlaub; d. Hrsg. – an dieser Stelle muss ich noch einfügen, dass Ferienzeiten nicht das Einfachste für mich sind). Ich habe diese Zeit derart genossen, ich war so glücklich, dass ich am liebsten bleiben wollte und nur sehr ungern heimgekehrt bin. Manche mögen nun denken: »Logisch, Ferien machen glücklich, jeder möchte dort gerne länger verweilen.« Aber für mich sieht die Situation oft anders aus. Ich bin meist froh, wenn ich endlich nach Hause kann – und das manchmal schon nach nur wenigen Tagen. Was hat mich nun diesmal derart glücklich gemacht? Wir waren in einer großen Ferienwohnung, jeder konnte sich zurückziehen, wenn er das wollte. Ich hatte aber gar nicht das Bedürfnis dazu. Ich genoss es, von Menschen umgeben zu sein, jederzeit eine Ansprechperson zu haben, miteinander zu kochen, gemeinsam zu essen, im gleichen Raum zu lesen oder zusammen unterwegs zu sein. Die Situation war mit insgesamt drei Personen für mich überschaubar. Ich hatte jeden Tag Zeiten, in denen ich alleine mit meinem Hund unterwegs war, offenbar war dies ausreichend Zeit zum Rückzug. Im Anschluss an die Ferien habe ich wieder einmal über das Wohnen nachgedacht und bin von neuem zu einem Ergebnis gekommen, welches ich bereits mehrfach angedacht habe: Ich stelle mir vor, dass es mich glücklich machen würde, wenn ich in einem größeren Haus mit mehreren Wohnungen – oder auch nur Wohnungen in nebeneinanderliegenden Gebäuden – leben könnte. Die anderen Wohnungen wären ebenfalls von Menschen mit Autismus bewohnt. Optimal wäre es, wenn ein Gemeinschaftsraum vorhanden wäre. Assistenzpersonen könnten dann auch für mehrere Personen gleichzeitig da sein. Etwas in diese Richtung machen wir bereits jetzt: Zusammen mit einer anderen betroffenen Person und der gemeinsamen Assistentin kochen wir hin und wieder.

Ich gehe nun näher auf das Thema »Freizeit« ein. Während viele andere Menschen glücklich sind, wenn sie ausreichend freie Zeiten haben, führten diese unstrukturierten Stunden bei mir früher immer wieder zu Spannung und Stress. Es war mir zwar nicht langweilig, aber mir fehlte der Kontakt zu anderen Menschen. Inzwischen sind die Stunden, die ich alleine als Freizeit verbringe, auf ein vernünftiges Maß reduziert. Es macht mich beispielsweise glücklich, wenn ich am Wochenende eine schöne Wanderung machen kann. Besonders genieße ich es, wenn ich eine Strecke mit nicht zu vielen anderen Wanderern teilen muss und einem sonnigen, schmalen Weg folgen kann. Auch das Klavierspielen verhilft mir zu Glücksgefühlen. Immer aber ist mein Glück noch größer, wenn ich all diese Tätigkeiten zusammen mit einer anderen Person ausüben kann. Ich werde dann innerlich ruhig und bin auf das Leben im Moment ausgerichtet. Eine zeitlich beschränkte allein zu gestaltende Freizeit erlaubt mir, im seelischen Gleichgewicht zu bleiben und glücklich zu sein. Gerade aber in der Freizeit, die ich allein verbringe, kann ich auch heute noch sehr unglücklich werden. Es ist dann niemand da, der mich von meinen Gedanken ablenken könnte; es ist niemand da, mit dem zusammen ich etwas erledigen könnte, was mich aus meinem Unglück herausholen würde. Ich darf aber sagen, für solche Zeiten haben wir inzwischen ein »Notfallsystem« eingerichtet. Mindestens telefonisch kann ich jederzeit jemanden erreichen. So gelingt es mir in der Regel, nicht längerfristig sehr unglücklich zu sein. Zum Glück!

Soziale Kontakte bedeuten mir also sehr viel. Ich habe erwähnt, wie wichtig meine Assistentinnen und Assistenten für mich sind. So begegne ich täglich Menschen, bei der Arbeit und oft auch zu Hause. Darüber bin ich sehr froh, meist auch glücklich. Was wäre aber wohl vollkommenes Glück im Sozialen für mich? Vielleicht erahnen Sie es schon: Am liebsten hätte ich täglich Kontakt zu derselben Person. Mich würde es glücklich machen, mit einer Person zusammen zu arbeiten und anschließend auch zu Hause Zeit zu verbringen. Stören würden mich einzelne weitere Begegnungen mit anderen Personen nicht, solange sie nicht allzu häufig wären. – Wenn ich nun aber meine Worte nochmals lese, kommt sogar bei mir der Verdacht auf, dass es mir dabei langweilig werden könnte, dass ich vielleicht doch nicht so ganz glücklich wäre. Abhilfe könnte man da bestimmt schaffen. Beziehungen zu zwei oder höchstens drei Personen (ein bis zwei enge Kontakte bei der Arbeit, einen zu Hause) würden möglicherweise wirklich vollkommenes Glück bedeuten!

In diesen Zusammenhang passt auch meine Sehnsucht nach einer Partnerschaft, auch wenn es vermutlich nicht einfach werden würde. Natürlich möchte ich nicht, dass nur ich selber damit glücklich wäre, mein Partner sollte auch zu seinem Glück finden. Zusammen glücklich sein? Ich weiß, es muss nicht unbedingt sein. Selbst wenn ich alleinstehend bin, kann ich glücklich sein!

Glück ist ein Zustand, in welchem mir alles hell und leicht erscheint; so wie eine Feder, die im leichten Wind im Sonnenschein in der Luft schwebt. Glück ist für mich blau, es klingt wie eine helle Glocke. Glück ist ein Gefühl, welches sich mit guten Bedingungen fördern lässt. Glück kann plötzlich und überraschend auftreten und dann im ersten Moment bei mir Spannung auslösen. Spannung, weil ich das Gefühl gerade nicht einordnen kann.

Glücklich sein ist für mich kein Dauerzustand, dieses Gefühl kann ebenso verschiedene Intensitäten haben. Manchmal hängt es mit meinem Autismus zusammen, dass ich unglücklich bin. Es macht mir dann Mühe, mein autistisches Sein zu akzeptieren. Ich möchte gerne unabhängiger sein, mehr Situationen in meinem Leben alleine bewältigen, unbelastet am gesellschaftlichen Leben teilnehmen können, mir nicht vorher überlegen müssen, wie ich eine bestimmte Situation werde bewältigen können, spontaner sein. Trotzdem weiß ich, dass ich auch mit Autismus glücklich sein kann. Viele kleine Glücksmomente können zum großen Glück, zum Glücklich-Sein führen. Deshalb möchte ich nun noch einige kleine Glücksgeschichten anfügen:

- »Mein Hund liegt bei mir. Ich nehme seine Körperwärme wahr. Unser Atemrhythmus gleicht sich an. Mit meinen Händen fahre ich über das weiche, warme Fell. Ich werde ruhig, ein angenehmes Gefühl breitet sich aus. Ich fühle mich glücklich in der Verbundenheit mit meinem vierbeinigen Freund.«
- »Perle um Perle reihe ich auf dem Tisch aneinander. Rosetten, Kreise und Strahlen entstehen. Das farbige Muster wächst und wächst. Ich bin vertieft in mein Tun, vergesse die Zeit, werde ganz ruhig. Am Schluss staune ich über das große Werk, das entstanden ist. Ich bin zufrieden und glücklich!«
- »Ich beginne zu schreiben. Immer mehr Worte fließen durch meine Finger. Allmählich wächst ein Text heran. Neue Gedanken breiten sich aus, werden zu Sätzen. Ich möchte nicht mehr aufhören zu schreiben, ich bin gebannt von all den Buchstaben. Eine Welt öffnet sich für mich. Hier kann ich mich ausdrücken, ich bin glücklich!«
- »Das Flugzeug beschleunigt, beschleunigt noch stärker. Draußen rasen Wiesenstücke vorbei. Ich werde in den Sitz gedrückt. Ich liebe dieses Gefühl, freue mich, wenn es möglichst lange anhält. Am liebsten würde ich in einem Flugzeug sitzen, das gleich wieder landet, um dann von neuem starten zu können. Ich empfinde Glücksgefühle!«

So viel Glück! Erinnerungen an kleine glückliche Erlebnisse und die Vorfreude darauf können zu einem glücklichen Leben beitragen. Dass ich heute diese Zeilen schreiben kann, ist für mich keine Selbstverständlichkeit. Es gab Zeiten, in denen ich tief unglücklich war. Ich stand nur noch auf einem sehr wackligen Bein im Leben. Glücklicherweise fand ich immer wieder Unterstützung bei außerordentlich aufmerksamen Menschen. Menschen, die mich sehr gut kennen, die in meiner Not die richtigen Worte an mich richteten und mir durch ihr Handeln den Weg zurück ins Leben erleichterten. Ich hoffe, dieses Glück bleibt mir treu, wenn es wieder einmal ganz dunkel werden sollte!

Iris Köppel ist 1969 geboren, lebt in der Schweiz, ist ausgebildete Grundschul- und Rhythmiklehrerin und arbeitet für den Autismusverlag.

Beitrag von Kevin Schreiber

Glück heißt für mich, dass ich viele nette, vertrauenswürdige Personen in meinem Umfeld habe. Mit denen kann ich, wenn es mir auch mal schlecht geht, über meine Sorgen reden und mich austauschen.

Glück bedeutet, dass ich mit meinen jungen 18 Jahren schon eine Ausbildung als Fachlagerist erreicht habe, was mich sehr gefreut hat.

Ich bin auch glücklich darüber, dass ich, obwohl ich Autist bin, auch in der Politik tätig sein darf, dass ich dort aufgenommen werde und meine Meinung akzeptiert wird.

Ich bin darüber erfreut, dass ich bei der Kommunal-, Landtags-, Bundestags- und Europawahl wählen darf.

Ich habe in den letzten zwei Jahren viele neue Personen und Institutionen kennengelernt und bin von all den Menschen so angenommen und akzeptiert worden, wie ich bin. Dafür bin ich dankbar.

Diese Erfahrungen zeigen mir, dass ich gut bin, so wie ich bin. Das macht mich glücklich.

Zu meinem vollkommenen Glück fehlt mir derzeit noch eine Beziehung. Des Weiteren fehlt mir noch eine eigene Wohnung, um meine Freiheiten auskosten zu können.

Ich bin sehr stolz auf das, was ich in meinem jungen Alter schon erreicht habe. Und das höchste Glück wäre für mich, irgendwann eigenständig mein Leben gestalten zu können.

Beitrag von Sabrina Schäfer

Ich bin 26 Jahre alt, glücklich verheiratet und Mutter eines kleinen Mädchens. Vom Beruf bin ich gelernte Baustoffprüferin.

Glück bedeutete für mich lange Zeit, bedingungslos erfolgreich im Beruf zu sein und teure Statussymbole (z. B. noble Autos) zu besitzen, vor allem aber sozial gutgestellt zu sein (beliebt bei jedermann). Also das, was die Allgemeinheit als Ideal bezeichnen würde. An diese Gesellschaft hatte ich mich krampfhaft versucht anzupassen, bis ich mit 18 Jahren schwer depressiv wurde. Dank zeitweiliger starker Medikation und langer, bis heute andauernder Psychotherapie konnte ich diese Zeit ohne weitere negative Folgen gut überstehen. Dies hat mir jedoch wie so oft gezeigt, dass ich »anders« bin als mein Umfeld. Mit meiner Psychotherapeutin, die ich sehr schätze, versuchte und versuche ich, Lösungen für meine Schwierigkeiten im Umgang mit anderen Menschen und mit mir unangenehmen (sozialen) Situationen, wie z. B. Laternenfesten im Kindergarten, zu finden, und ich war sehr oft frustriert, wenn es immer wieder Rückschläge gab. Im letzten Jahr las ich dann einen Bericht über einen Mann, der fast dieselben Probleme zu haben schien wie ich. Seine Diagnose lautete Asperger-Syndrom. Vor vier Monaten bekam auch ich diese Diagnose.

Es hat mich einerseits glücklich gemacht zu wissen, woher ich diese teils enormen Schwierigkeiten seit Kindertagen habe, andererseits hat es mich frustriert, dass ich niemals aus meiner »Käseglocke« herausfinden werde und alltägliche Situationen, die die meisten noch nicht einmal wahrnehmen, für mich immer problematisch sein und Planung benötigen werden. Aber dank meiner Psychotherapeutin und einer sehr lieben Sozialpädagogin, die mich seit zwei Monaten betreut, bin ich endlich auf dem richtigen Lebensweg. Mir ist mittlerweile klar geworden, was Glück wirklich für mich bedeutet:

- Zeit mit meiner eigenen kleinen Familie zu verbringen, von der ich viel Kraft, Unterstützung und Verständnis bekomme.
- Wenn ich meiner Tochter zuliebe soziale Situationen erfolgreich meistere (was nicht leicht ist und mir nicht immer gelingt).
- Wenn ich Momente der Ruhe und Stille genießen kann und mein Tag nach Plan verläuft.
- Wenn ich Akzeptanz, Toleranz und Unterstützung von außen erfahren darf.

Ich wünsche mir, dass jeder Mensch trotz seiner individuellen Schwierigkeiten von der Gesellschaft akzeptiert und toleriert wird und statt Ausgrenzung Unterstützung erfährt.

Beitrag von Janina H.

>»Möge die Freude eines fröhlichen Herzens und alles Glück
>der Kleeblätter das ganze Jahr über mit dir sein.«

Dieses Sprichwort aus Irland mag ich sehr.
Anschließend ein paar Ereignisse und Erlebnisse, bei denen ich glücklich war oder die Glücksmomente für mich waren:
Als Kind war es für mich Glück, wenn ich mit Opa mit der Taschenlampe Schattenspiele gemacht habe. Wenn ich mich mit Freunden zum Spielen traf. Oder wenn ich Wurst aus dem Laden von meinen Großeltern holen durfte. Es hat mich gefreut, wenn ich etwas vorgelesen bekam. Auch auf Kindergeburtstage ging ich eigentlich gern, nur einmal nicht, weil das Motto »Schmieripiri«-Party war und man sich am ganzen Körper bemalen sollte. Schön fand ich es, im Herbst mit den Laternen zu laufen.
Früher sind wir oft nach Bayern gefahren in eine Ferienwohnung. Die Vermieter hatten vier Kinder, Schafe, einen Gartenteich und Bienen. Dort hat es mir immer sehr gut gefallen. Vor einer Heimreise packten meine Eltern schon am Vorabend die Koffer und Taschen. Da habe ich mich dazugesetzt, damit sie mich nicht vergessen würden.
Als ich noch keinen Hund hatte, hat es mich gefreut, wenn wir zur Tante gefahren sind und ich mit ihrem Hund spielen durfte oder wenn unsere Nachbarkatze zum Spielen kam. Als ich 14 Jahre alt war, hatte ich einen Hamster. Auch mit ihm spielte ich sehr gern. Und dann bekam ich meinen Hund Julius als Welpen. Bei schönem Wetter gehe ich gern mit ihm in den Wald. Es ist auch immer schön, wenn er andere Hunde zum Spielen trifft.
Einmal habe ich bei der Losbude einen ganz großen Stofftiger gewonnen. Wenn man etwas gewinnt, dann hat man Glück! Oder man hat Glück, wenn man das geschenkt bekommt, was man sich wünscht. Die Adventszeit ist schön, wenn man zum Beispiel Weihnachtspost erwartet. Schön ist es, wenn an Weihnachten die ganze Familie zusammensitzt. Glück hatte ich auch, als ich einen Bruder bekommen habe.

Glück war für mich, dass ich in die Berufsschule nach Friedberg gehen konnte, wo ich auch vorher schon meinen Hauptschulabschluss gemacht habe. Froh ist man, wenn man in der Schule eine gute Note schreibt. Für mich war es Glück, als ich meinen Berufsabschluss geschafft habe.

Ich denke auch noch gerne an die Zeit zurück, als ich mit meiner Mutter im Sommer immer auf die Burg Bilstein gefahren bin. Dort hatte ich bei einem Kostümwettbewerb den 1. Platz belegt. Gern gehe ich gewandet auf Mittelaltermärkte. Ich fotografiere auch gerne und freue mich, wenn ein Bild gut gelungen ist.

Ich bin 25 Jahre alt, im Januar 2012 wurde bei mir die Diagnose einer Autismus-Spektrum-Störung gestellt.

Beitrag von Natalie N.

Über das Wort »Glück« habe ich vor ein paar Monaten sehr lange nachgedacht. Anlass dazu war ein Termin bei meinem Arzt, der die unerwartete Frage stellte: »Wie fühlt es sich an, glücklich zu sein? Wann waren Sie das letzte Mal glücklich?« Man könnte erwarten, dass mir sofort die Antwort eingefallen wäre. Dies war aber nicht der Fall, ich habe eine ganze Weile geschwiegen und nachgedacht.

Mein erster Gedanke war: Ist Glück eigentlich ein temporärer oder eher ein längerfristiger Zustand? Ist denn ein längerfristiger Zustand von Glück nicht eher das, was man Zufriedenheit nennt? In meinem Kopf fand ich keine Situation, die ich als eindeutig »glücklich« bezeichnen könnte, weil es ein sehr kurzes Gefühl sein müsste, das sich deutlich von Zufriedenheit abhebt.

Ich merkte später: Zufriedenheit und Glück sind eng miteinander verwandt und ich bin einfach nicht in der Lage, die beiden Sachen auseinander zu halten. Im Folgenden gehe ich deshalb einfach davon aus, dass Glück und Zufriedenheit sehr nah beieinander liegen, daher werde ich beschreiben, wie es sich für mich anfühlt, »glücklich« oder »zufrieden« zu sein.

Ich denke, zusammengefasst könnte man sagen, dass ich aktuell im Alter von 25 Jahren ein glückliches Leben führe.

Glücklich macht mich, dass ich einen sehr fürsorglichen Freund habe, der sich gut um mich kümmert. Ich schätze es sehr, dass er mir meine

Beitrag von Natalie N.

Freiräume lässt und ich so viel allein sein kann, wie ich es brauche. Denn die Gedanken alleine schweifen zu lassen, macht mich sehr glücklich.

Mein Freund ist auch um mein Glück bemüht. So gab und gibt es bei mir im Leben ab und an Phasen, in denen ich über Wochen oder Monate auf nichts Lust habe und am liebsten gar nichts machen würde. Mein Freund überredet mich dann immer mit viel Überzeugungskraft, doch eine Stunde pro Tag mit an einem Fluss wandern zu gehen, er meint: »Du musst mit mir rauskommen, sonst wirst Du ganz traurig.« Im Nachhinein denke ich, da werde ich zu meinem Glück gezwungen.

Manchmal habe ich das Gefühl, dass ich für Glücksgefühle auch soziale Kontakte brauche. Dabei ist der Grat zwischen zu vielen und zu wenigen Kontakten jedoch schmal. Ich erinnere mich an eine Beziehung im Studium, in der ich sehr unglücklich wurde und Depressionen entwickelte, weil ich zu wenig Zeit allein hatte. Obwohl ich sehr liebevoll und fürsorglich behandelt wurde, war es ein Zuviel an Anwesenheit einer anderen Person und ein Zuwenig an Alleinsein und Ausruhen. Mit meinem aktuellen Partner habe ich eine sehr gute Lösung gefunden, ich bin den größten Teil der Zeit allein in meinem Zimmer, das mein Rückzugsraum ist. Hier kann ich mich auch ausruhen, wenn ich mal reizüberflutet bin von vielen Geräuschen, die die meisten anderen Leute völlig automatisch ausblenden können.

Glücklich bin ich auch darüber, eine Arbeitsstelle an der Universität zu haben, wo ich sehr gut zurechtkomme mit allen anderen. Denn in der Schule und im Studium war ich lange Jahre in der Außenseiterposition, ich war immer akzeptiert, jedoch nie integriert. Heute gefällt es mir besser, nicht immer abseits sitzen zu müssen, sondern in Diskussionen mitreden zu können.

Glück bedeutet für mich auch, in allem, was im Leben passiert, einen Sinn sehen zu dürfen. Als Christin bin ich zuversichtlich, dass alles, was passiert, mir dauerhaft zum Guten dient, auch wenn das manchmal auf den ersten Blick nicht ersichtlich ist.

Wenn ich über das Leben nachdenke, denke ich, dass ich Glück oder Zufriedenheit besser schätzen kann als viele andere Menschen. In den Krankenakten finden sich tiefe schwarze Löcher, die sich plötzlich vor mir auftaten, in die ich mehrfach fiel, die mir manchmal den ganzen Lebensmut nahmen und hin und wieder sogar den Wunsch weckten, gar nicht mehr zu leben. Der Tiefpunkt war eine psychische Erkrankung, die ich nur knapp überlebte, worauf ich hier nicht näher eingehen will. Rezidivierende Depressionen haben mir das Gegenteil von Glück gezeigt. Es ist aber meine feste Überzeugung, dass ich erst durch solche negativen Erfahrungen das

Glück besonders zu schätzen gelernt habe. Denn Derjenige, dem es immer gut ging, mag manchmal dazu neigen, dass er das Glück nicht mehr sieht. Es ist sehr menschlich, das, was man hat, als »normal« und selbstverständlich zu betrachten.

Aktuell bin ich ein glücklicher Mensch, ich bin froh, dass es Medikamente gibt, die mir helfen, seltener in schwarze Löcher zu fallen. Langfristig ist es mein Ziel, den Zustand des Glücks auch ohne Medikamente zu erreichen, aber das geht derzeit noch nicht. Daher betrachte ich die Medikamente einfach als Hilfe, auch wenn Nebenwirkungen da sein mögen.

Meine Kindheit erinnere ich als eine sehr glückliche Zeit. Meine Eltern schenkten mir Bücher über Pflanzen und Schmetterlinge, und fortan saß ich sehr oft alleine im Garten und beobachtete Schmetterlinge oder suchte Heilpflanzen. Vor dem Schmetterlingsbaum zu sitzen, war immer eine sehr glückliche Zeit, ich schaute die vielen Zitronenfalter an und wartete jeden Tag darauf, endlich einen Admiral-Schmetterling zu sehen. Diese Art hatte ich im Schmetterlingsbuch entdeckt und es war meine Lieblingsschmetterlingsart. Sehr glücklich war ich, als ich dann tatsächlich ein paar Jahre später einen Admiral vorbeifliegen sah.

Beitrag von Sara Jedamzik

Glücklich sein, ein oft nur kurzweiliger neuronaler Zustand als Folge verschiedenster Transmitterkonstellationen, kann sowohl psychischer als auch physischer Herkunft sein. Es können sowohl die kleinen Dinge des Lebens als auch Dinge großer Komplexität diese Momente auslösen. Und sind sie auch nicht immer auf dieselben Elemente beschränkt, verändern sich im Laufe des Lebens sogar ihre Schwerpunkte, so bleiben sie doch im Grunde ihres Wesens meinem Leben treu.

Glücksmomente – ein kleiner Auszug aus dem großen Repertoire meiner ganz persönlichen Augenblicke:

- Schlaf – die erfüllende Freiheit der Gedanken des Einschlafens, oft verbunden mit neuen Denkansätzen und kreativen Ideen. Das Abtauchen in die Welt des Unterbewussten hilft, Kräfte in der Ruhe neu zu bündeln, um anschließend wieder in den Wogen des Alltags zu bestehen.
- Stille und Einsamkeit – erzeugen großes Wohlbefinden, da, von jeglichen Umgebungsreizen abgeschottet, eine gebündelte Konzentration am bes-

ten möglich ist. Einsamkeit als negative Assoziation neurotypischer Mitmenschen hingegen ist mir völlig fremd.
- Natur in Maßen – heißt: keine direkte Sonneneinstrahlung, Wohlfühltemperaturen im Bereich der 20°-Marke, mäßiger Wind, geringe Luftfeuchtigkeit und kein Regen. Schnelle Wetteränderungen verlangen schnelle Anpassung, die mir leider nicht möglich ist.
- Hobbys – alles, was mir aus Kindertagen bereits bekannt ist, findet auch heute noch Einzug in meinen Alltag, wenn auch teilweise in abgewandelter, altersgemäßerer Form: malen, basteln, Handarbeiten, Ordnung halten und Tierbeobachtung, verbunden mit der nonverbalen Kommunikation mit den Tieren.
- Tiere – können mit das größte Glück eines Aspies sein und sind neben Mann und Familie ein großer Bestandteil auch meines Lebens. Glücklicherweise haben meine Eltern das früh erkannt und auch gefördert. Seit meinem vierten Lebensjahr habe ich eigene Tiere.
- Der geschützte Raum zu Hause – ein sicherer Rückzugsort aus der Schnelllebigkeit der heutigen Welt, der es sowohl möglich macht, den Wechsel der Jahreszeiten mitzuerleben, als auch einen Blick aus der eigenen Welt auf die so andere zu werfen, ohne auf diese heraustreten zu müssen.
- Shopping – Genuss für die meisten Frauen, so auch für mich.
- Essen – ein Glücksrausch, wenn Essen schmeckt wie immer! Das frische Brötchen mit einer halben Scheibe frischer Schinkenwurst pro Hälfte, ein Rezept aus Kindheitstagen und bis heute ein Hochgenuss. Ähnlich ist es auch bei Erdbeeren, Kirschen und Eis.
- Komplexere Glücksmomente konnte ich erst mit der Ansammlung höheren Wissens finden. Besonders oft entstehen diese im Zusammenhang mit Zahlen. Erschließt sich eine Beweisführung, so kann das zutiefst beglücken und verzaubern. Genauso ist es auch mit dem Neuerwerb von Wissen, da er hilft, die Welt besser zu verstehen.
- Akzeptanz für Andersartigkeit in der »normalen« Gesellschaft. Einen Menschen, auf den dies zutrifft, habe ich vor fünf Jahren in meinem heutigen Ehemann gefunden.

Eine Woche voller Glück oder ein ganz normales Leben (ein kleiner Auszug aus einer langen glücklichen Woche)

Montags morgens halb acht auf deutschen Feldern, der Zeitwechsel lässt den Morgen in diesigem Sonnenlicht erstrahlen und die ersten Strahlen kämpfen sich durch die noch vorhandene Wolkendecke. Die geliehenen

Nachbars-Labradore hetzen durch den Rübenacker und eine Wolke aus Schmutz und Staub folgt ihrer Spur, der morgendliche Berufsverkehr quält sich mühsam die Landstraße entlang, doch von all dem bekomme ich nichts mit. Der Einklang mit den Tieren lässt mich hinabtauchen in die Freiheit der Einsamkeit im Einklang mit der Natur.

Der anschließende Einkauf im allmontäglichen Gedränge des Discounters lässt mich kurzzeitig verzweifeln. Jedoch stehen mir meine Nachbarin und ein großer Einkaufszettel zur Seite, und die erkämpfte Wolle für das neue Strickprojekt lässt mich anschließend mit stolz geschwellter Brust erstrahlen.

Den Dienstag verbringe ich damit, meinen Kleiderschrank auszumisten. Da ich eine wahre Fashionista bin und wahrscheinlich eigentlich einmal wöchentlich in eine Gruppe für anonyme Shoppingsüchtige gehöre, besuche ich vierteljährlich Trödelmärkte, um das gesamte überflüssige Sortiment wieder zu Geld zu machen und das Ganze anschließend wieder von vorne zu beginnen. Hier beißt sich die Katze eigentlich schon in den Schwanz, aber da aufräumen, nach Farben sortieren und auf DIN A4 falten zu den mich glücklich machenden Tätigkeiten gehören, lebe ich dieses Hobby in voller Unnachgiebigkeit aus.

Da das Ganze volle drei Tage in Anspruch nimmt, werden Essen, Schlafen und mein Mann zur Nebensache.

Am Freitag gibt es ein zweistündiges Telefonat mit Freundin Steffi, ihrerseits neurotypisch, jedoch völlig liebenswert, chaotisch und mit hoher Akzeptanz für meine Andersartigkeit. Dieses tiefe Glück, eine solche Freundin noch im Erwachsenenalter gefunden zu haben, lässt mich auch immer wieder ein Stück weit Normalität empfinden.

Es ist der erste Samstag im November, wie einen Spätfrühlingstag verbringe ich diesen bei strahlendem Sonnenschein mit meinem Mann in meiner Lieblingseisdiele. Ein wundervoll zartschmelzender Schokoladenbecher findet den Weg in mich hinein und meine Geschmacksknospen erfreuen mit sich wachsender Signalleitung daran. Am Abend beglücke ich meine Kaninchen noch mit einer Gabe Apfelmus, die sie wie kleine verfressene Gremlins (Monster) auf dem Sofa um mich herumspringen lässt.

Was mir zu meinem Glück noch fehlt?

Wie bei allen Menschen wohl Kinder, Haus, Hund und eine adäquate finanzielle Grundversorgung sowie die Verhinderung von Altersarmut, denn meine Ängste und Nöte sind in großen Teilen identisch mit denen vieler anderer Menschen.

Doch würde es mich schon glücklich machen, wenn eine größere Akzeptanz in der Gesellschaft vorherrschte und man nicht immer mit Worten wie »...das habe oder kenne ich auch« abgespeist würde, weil das den Eindruck einer fehlenden Ernsthaftigkeit gegenüber dem eigenen Missempfinden vermittelt.

Des Weiteren wäre es schön, wenn die Versorgungsämter Menschen mit Autismus-Spektrum-Störung das Leben erleichtern würden, denn wenn man es auch oftmals nicht sieht, haben auch wir mit enormen Hürden im Alltag zu kämpfen, und das Einlegen eines Widerspruchs ist gerade für unsere Psyche alles andere als erholsam. Eine unnötige Aufreibung, die gerade an Betroffenen nicht spurlos vorbeigeht.

Und dann fehlt mir noch eine adäquate Aufgabe zum strukturierten Tagesablauf. Es ist notwendig, dass eine Arbeitswelt im harmonischen Einklang mit dem Persönlichkeitsprofil eines Autisten gefunden werden kann.

Vieles aber wäre schon möglich, wenn sich die Bereitschaft zur gesellschaftlichen Akzeptanz ähnlich wie bei anderen »Einschränkungen« einfach nur schlichtweg erhöht.

Sara Jedamzik, 38 Jahre

Beitrag von Jessica Pieper

Meist fällt es mir schwer zu beschreiben, ob ich gerade glücklich bin. Wenn ich nämlich danach gefragt werde, so muss ich immer daran denken, was es denn braucht, um glücklich zu sein. Der Mensch strebt nach Glück, er fühlt sich erst glücklich, wenn er Ziele, die er sich selbst gesetzt hat, als Glücksziel erreicht. Ich habe solche Ziele nicht, ich brauche sie nicht, nicht im normalen Sinne. Ziele habe ich auch, aber sie bedeuten für mich nicht, dass ich, wenn ich sie erreiche oder mir einen Wunsch erfülle, dann auch merklich glücklich bin.

Denn ich stelle mir die Frage, wie empfindet man eigentlich Glück? Woher weiß ich, ob ich glücklich bin? Und bin ich wirklich glücklich?

Ich weiß, dass es einige Dinge gibt, bei denen ich fühle, dass sie gut sind, dass sie mir Freude bereiten, aber sollte ich dies auch als Glück definieren?

Ich gehe in einigen Dingen auf. Aber machen sie mich automatisch auch glücklich?

Ich arbeite als Webdesignerin und habe die Erfahrung gemacht, dass ich anders »ticke« als die anderen. Wenn ich eine Auftragsarbeit erledige, strebe ich danach, dass das Endergebnis möglichst perfekt sein muss, der Kunde soll zufrieden mit meiner Leistung sein. Wie meine Kollegen darüber denken, spielt für mich keine Rolle. Vor kurzem habe ich einen Kundenauftrag beendet, ich sollte ein mir vorgegebenes Websitedesign in Html umsetzen. Für mich war es einfach ein Gefühl der Erleichterung, zu wissen, dass meine Arbeit getan war, obwohl sie mich überaus interessiert hat und ich sie sehr gerne gemacht habe. Zu meinem Chef und einigen wenigen Arbeitskollegen habe ich ein recht gutes, wenn auch fernes Arbeitsverhältnis. Während ich mich entspannte und den nächsten Kundenauftrag herbeisehnte, um wieder für mich alleine arbeiten zu können (ich spürte schon wieder diesen Druck im Kopf herbeiziehen, der mir verdeutlichte, dass ich gezwungenermaßen Gespräche zu führen hätte, wenn ich nicht schnell wieder an mein Tagwerk ginge), schienen mein Chef und meine Arbeitskollegen völlig begeistert vom Ergebnis meiner Umsetzung zu sein. Ich gewann den Eindruck, dass sie glücklich und zufrieden waren und mehr in meiner Arbeit sahen als ich selber. Für mich war es nur eine abgeschlossene Tätigkeit, für sie eine Freude. Für mich war das unverständlich, erst recht, als man mir sagte, dass ich doch ziemlich stolz auf mein Ergebnis sein müsste.

Es ist für mich schwierig zu beschreiben, ob ich glücklich bin oder nicht. Ich bin Asperger-Autistin. Als ich 2012 die Diagnose erhielt, die Zusammenhänge sich schlossen, ich mehr über die Thematik las und andere wie mich kennengelernt hatte, bei denen ich mich plötzlich nicht mehr anders fühlte, sondern gleichgesinnt, wurde vieles für mich leichter.

Ich kann nicht mehr an einer Hand abzählen, wie oft man mich nach meinen Gefühlen gefragt hat, und wenn man dann liest, man wirke kontrolliert oder emotionslos, obwohl man selber doch so voller Gefühle ist, diese nur nicht richtig ausdrücken und sie nicht einander zuordnen kann, aber zumindest schriftlich beschreiben kann, was man gerade empfindet, man an sich verzweifelt, weil man das Gefühl hat, ganz alleine zu sein, obwohl man dies eigentlich gar nicht will, dann ist es ein enormer Umschwung, wenn man sich plötzlich in einer Gesellschaft befindet, in der die anderen genauso denken und die gleichen Probleme haben. Ob mich das glücklicher macht, weiß ich nicht. Es fühlt sich aber besser an.

In meiner Familie hat mein Autismus nicht die oberste Priorität, ich bin verantwortlich für zum Beispiel meine Kinder, und mein Sohn ist schwer mehrfach behindert (auch bei ihm spielt Autismus eine nebensächliche Rolle). Er steht in meiner Familie an oberster Stelle. Kinder zu haben ist

Beitrag von Jessica Pieper

großartig, aber ob sie ein Punkt sind, der mich glücklich macht, weiß ich nicht. Ich kann sagen, dass ich meine Familie liebe, dass ich meinem Mann vertraue, auch ihm mein Leben anvertraue und nicht ohne ihn sein will. Und genauso geht es mir mit meinen Kindern. Doch wenn man mich fragt, ob meine Familie mich glücklich macht, fühle ich mich mit der Frage überfordert. Das gleiche gilt im Übrigen auch in Bezug auf Unglück, Zufriedenheit oder Unzufriedenheit. Oft wurde ich gefragt, ob ich nicht unglücklich sein müsste? Dann stelle ich mir die Frage »wieso?« Natürlich habe ich viel »Schlechtes« erlebt wie Mobbing, Ausgrenzung, Missverstandenwerden. Gesundheitlich lief vieles schief, meine Kinder waren allesamt Kaiserschnitte, obwohl ich gerne natürliche Geburten erlebt hätte, und sicher gibt es in meiner Familie Probleme, wie in jeder anderen Familie auch. Wenn ich den meisten anderen Menschen Glauben schenken würde, müsste ich demnach doch extrem unglücklich sein. Aber so empfinde ich nicht. Weil ich nicht sagen kann, was Unglück ist.

Meine Lebensgeschichte (oder auch Leidensgeschichte) scheint viele Menschen zu verblüffen. Gerade deshalb, weil man mir nicht ansieht, dass sie so lief, oder auch, weil ich wohl scheinbar trotz des vielen »Unglücks« nicht in einem tiefen Loch stecke.

Generell würde ich mich nie als glücklich oder unglücklich bezeichnen. Ich freue mich über schöne, gute Momente und Tage, und wenn man mich länger kennt, wissen einige zumindest auch, wann es mir nicht gut geht, teilweise noch ehe ich selber es weiß. Aber deshalb kann ich nicht sagen, ob ich an diesen Tagen glücklich oder unglücklich bin.

Nach sehr vielen Jahren, in denen ich innerlich immer alleine war, habe ich heute eine Familie und eine Freundin, viele Online-Freunde, Bekanntschaften, die ich zu schätzen weiß, und nach einem langen Kampf darf ich heute sogar einem Beruf nachgehen, in dem ich völlig aufgehe. Doch selbst wenn ich darüber nachdenke, kann ich nicht mit Bestimmtheit sagen, dass ich mich heute glücklich oder glücklicher fühle, und ich kann auch nicht sagen, dass ich deshalb nun von Glück umgeben bin.

Ich weiß nur, dass ich mich irgendwie wohler fühle, weil ich so akzeptiert werde, wie ich bin, zumindest von den Allermeisten. Bin ich also glücklich?

Beitrag von Simone Pinke

Zwischen Autismus und Normalität – Der Weg zur eigenen Lebenszufriedenheit

Nahezu sämtliche autistische Menschen sind von einer Umwelt umgeben, die konkrete Vorstellungen davon hat, was normales Verhalten beinhaltet, was sich am Rande dessen bewegt oder was die allgemein üblichen Rahmenbedingungen überschreitet. Früher wie heute wird versucht, die Entwicklung der Menschen mit nur geringen Toleranzgrenzen explizit festzulegen. Was für ein nicht autistisches Kind ohnehin schon eine recht große Herausforderung darstellt, ist für einen autistischen Menschen, je nach individueller Umgebung, oft kaum noch zu bewältigen.

Unnachgiebig wird angepasstes Verhalten mit entsprechender Leistungsfähigkeit angestrebt. Man schreckt natürlich längst vor körperlichen und psychischen Gewaltmaßnahmen zurück, wie ich sie aus der eigenen Kindheit in Folge einer institutionellen und kollektiven Unterbringung noch kenne. Doch wenn ich an das Autismus-Therapiekonzept ABA (Applied Behavior Analysis = angewandte Verhaltensanalyse) aus Amerika denke, das sich seit einigen Jahren auch in Deutschland zu etablieren scheint, sehe ich hier eindeutig Parallelen. Denn es geht auch dabei um tägliche oft stundenlange Lernsituationen sowie um die grundsätzliche Unterbindung ritueller Verhaltensweisen, Stereotypien und repetitiver Manierismen. Diese autismustypischen »Tätigkeiten« gehören jedoch zu den Grundbedürfnissen von Menschen aus dem autistischen Spektrum und dienen dem inneren Rückzug aus einer für uns hoch komplexen Welt.

Überhaupt scheint die Toleranzgrenze zwischen Normalität und Krankheit abzunehmen. Als Beispiel sei hier das DSM-Handbuch (Klassifikation aller psychiatrischen Diagnosen) aufgeführt. Als im Jahre 1968 die erste Ausgabe den Markt erreichte, umfasste dieses Manual gerade mal den Inhalt einer Illustrierten. Doch jedes neu aufgelegte Exemplar gewann deutlich an Umfang. Seit Mai 2013 gibt es nun das DSM-5 mit 1000 Seiten. Verhaltensweisen, die vor einigen Jahren noch als relativ normal oder grenzwertig eingestuft wurden, haben nach dem aktuellen Stand jetzt behandlungsbedürftigen Krankheitswert. Eine Entwicklung, die meines Erachtens erschreckende Ausmaße erreicht. Daher möchte ich allen Betroffenen und Angehörigen nahelegen, an dieser Stelle genau zu differenzieren. Besteht im Zusammenhang mit dem autistischen Verhalten Therapie- bzw. Förderbedarf, damit es der betreffenden Person selbst, gegenwärtig und auch künftig, besser gehen wird? Oder handelt es sich hierbei lediglich um den von der Umwelt eingeforderten Wunsch nach Anpassung an die gesellschaftlichen Normen?

Als überaus vorteilhaft im Autismus-Therapiebereich sei allerdings hervorhebend zu erwähnen, dass sich in den letzten Jahrzehnten etliche gute Konzepte entwickelt haben, von denen auch ich seit meiner Diagnose im Erwachsenenalter sehr profitiert habe. Therapiemethoden, die zu allererst vermitteln, den eigenen Autismus selbst akzeptieren zu lernen, denn nur, wer sich selbst so annehmen kann, wie er ist, kann das auch bei seinem sozialen Umfeld einfordern.

In diesem Zusammenhang ist es mir ein hoch wichtiges Bestreben, die gesellschaftliche Einstellung zu Menschen wie uns positiv beeinflussen zu können, da ich aus eigener Erfahrung weiß, wie wichtig es ist, dass die Bedürfnisse autistischer Menschen geachtet und respektiert werden und wie hoch der Verlust an Lebensqualität sein kann, wenn das nur unzureichend oder gar nicht erfolgt. Es erfüllt mich mit großer Zufriedenheit, wenn ich die Möglichkeit sehe, mich an entsprechender Stelle dafür einzusetzen, dass man Menschen wie uns mit der gleichen Achtung begegnet wie jedem anderen Bürger auch.

Aus diesem Grund habe ich beispielsweise den Bereich der Pädagogik schon von Beginn der Jugendzeit an zu meinem Spezialinteresse gemacht. Ich habe schon häufiger einzelnen Eltern autistischer Kinder manchen brauchbaren Rat geben können, der dazu führte, dass die Eltern die Verhaltensweisen ihrer Kinder besser einzuordnen wussten. Die positiven Resonanzen haben sich stets auf meine Selbstzufriedenheit ausgewirkt!

Des Weiteren bin ich überaus glücklich darüber, seit dem Erwachsenenalter ein zufriedenstellendes Leben ohne jegliche Fremdbestimmung führen zu können. Ich lebe in langjähriger Partnerschaft und habe ein kleines, aber stabiles soziales Umfeld. Meine Ehe würde ich als etwas Besonderes bezeichnen, denn wir leben eine etwas andere Art der Beziehung, als es allgemein üblich ist. Doch über unseren gemeinsamen Lebensalltag habe ich im Einzelnen bereits in »Asperger – Leben in zwei Welten« (Preißmann 2018a) sowie in »Überraschend anders: Mädchen & Frauen mit Asperger« (Preißmann 2020) berichtet.

Es macht mich glücklich, dass ich mich im Laufe des Erwachsenenalters endlich von den gesellschaftlichen Denkmustern, was Normalität betrifft, ein Stück weit befreien konnte. Ich bin mir durchaus bewusst, dass ich anders bin, doch mittlerweile versuche ich immer mehr, mich davon abzugrenzen, wenn andere Menschen anstreben, mich ihrer eigenen Persönlichkeit anpassen zu wollen.

Das heißt, ich bin glücklich darüber, gegenwärtig selbst entscheiden zu können, inwieweit ich mir die normale Welt erschließen möchte, und habe mir daher ein soziales Umfeld aufgebaut, das aus autistischen und nicht-autistischen Freunden besteht. In den Freundschaften mit den autistischen Menschen genieße ich es, so sein zu können, wie es meinem Selbstbild entspricht. Man kann seine autismustypischen Interessen mit Gleichgesinnten teilen, und das Besondere hierbei ist, dass in diesen gemeinsamen Zusammenkünften das eigene Empfinden des Andersseins vollständig entfällt, obwohl jeder von uns auf seine Art wiederum verschiedene Eigenschaften aufweist. Trotzdem ist eine intensive Verbindung vorhanden, die sich nur schwer in Worte fassen lässt. Es ist einfach unsere Welt, in die sonst niemand eindringen kann, und es ist sehr befreiend, sich nichts und niemandem anpassen zu müssen.

Daneben habe ich jedoch auch den Wunsch, ein Stück weit an der normalen Welt teilzunehmen, und das genieße ich mit den nicht-autistischen Freundschaftskreisen. Dazu habe ich mir allerdings nur jene ausgewählt, die mein Anderssein akzeptieren können, denn ich weiß aus Erfahrung, dass nicht jeder mit Menschen wie uns umgehen kann. Das verüble ich natürlich niemandem. Doch ich habe mich von einzelnen freundschaftlichen Kontakten distanzieren müssen, wo sich das leider nicht beeinflussen ließ. Denn zu einer Freundschaft gehört meines Erachtens die gegenseitige Akzeptanz der individuellen Lebenswelten unbedingt dazu.

Vor allem vor dem Hintergrund meiner eigenen Biografie betrachte ich es als Lebensaufgabe, mich für diejenigen autistischen Menschen einzusetzen, die nicht für sich selbst sprechen können. Es gilt, die individuellen Fähigkeiten zu fördern und den Betroffenen zu zeigen, wie man trotz Autismus ein selbstbestimmtes und glückliches Leben führen kann.

Zum Schluss sei noch unbedingt meine Freude erwähnt, dass ich wieder einmal die Möglichkeit erhalten habe, mich schriftstellerisch an einem Buch beteiligen zu dürfen. Auch das betrachte ich als wahrlich glücklichen Umstand, wofür ich sehr dankbar bin!

Die Feststellung der eigenen Fähigkeit zur schriftlichen Niederlegung und damit die Chance, mich zu verschiedenen Themenbereichen explizit äußern zu können, was mir verbal nur schwer gelingt, habe ich jedoch dem Autismuszentrum Bielefeld zu verdanken. Dort werde ich seit meiner Asperger-Diagnose im Erwachsenenalter fachlich begleitet. Gerade das schriftliche Verfassen von Texten konnte dazu beitragen, meine innere autistische Isolation weitgehend zu überwinden und ist damit im Laufe der Zeit zu einem weiteren für mich sehr wichtigen Spezialinteresse geworden, das mich intellektuell herausfordert und emotional bereichert.

Beitrag von Immanuel

Ich bin 30 Jahre alt, arbeite momentan als Briefzusteller, ab Oktober bin ich Student im Fach Deutsch als Zweit- und Fremdsprache und belege Philosophie als Nebenfach.

Gerne möchte ich versuchen, Ihnen meine Ideologie des Glücks zu vermitteln, das Streben nach jenem so vermeintlich wie auch berechtigt berüchtigt anmutenden Zustand zu untersuchen, und ich hoffe, in dieser Versuchung mich nicht selbst zu verlieren, also nicht unverständlich zu erscheinen, aber doch mit Absicht eine Tendenz zur Abschweifung an den Tag zu legen, da meine Persönlichkeit dieser überladenen Träumerei wohl entspricht und Authentizität nun mal das Hauptkriterium ist.

»Es ist einfach, glücklich zu sein, aber ist es doch immens schwierig, einfach zu sein.« Nichts trifft es besser, und das meine ich wörtlich. Denn nur das Nichts kann alles erklären. Denn das Nichts kann nicht Nichts sein. Nichts ist schneller als die Lichtgeschwindigkeit, das ist wahr. Jedes Extrem wird mit einem Nichts-Zustand übertroffen und damit nachvollziehbar. Schön, dass es das Nichts gibt.

Ich bin ein schlechter Mathematiker, das einzige Buch, das ich über die Gesetze der Physik verstanden habe, war Paulo Coelhos »Der Alchimist«.

Die Verkomplizierung des Alltags und unser narkotisiertes Einwegflaschendenken lässt uns meiner Meinung nach unfähig werden, einfach zu sein. Wieso brauche ich sieben Meinungen zu meiner Hausarbeit, reicht denn meine eigene nicht aus? Wieso kommen in meine Suppe nicht nur Salz und Pfeffer, sondern spektakulärer- und selbstgefälligerweise auch noch Liebstöckelblätterextrakt und geröstete Zwiebeln? Ist die Suppe überwürzt, können wir die einzelnen Bestandteile nicht mehr ausmachen, sie mag ja munden, aber dieser Cocktail an übertriebenem Verändern, als wären wir Alchimisten, überfordert uns. Mit Verlaub, einen Schuss Olivenöl kann ich aber immer empfehlen.

Wie wäre es, einfach nur zu essen, bewusst zu essen, allen Nebentheaterbühnen vorübergehend den Vorrang zu lassen, das Sozialgericht zu vertagen, den Urlaub gleichzeitig zu verlängern?

Viele argumentieren jetzt, ich sei ein Hans-guck-in-die-Luft, ein Träumer, fernab von jeglichem Realitätssinn. Man habe doch keine Zeit dafür.

Keine Zeit haben? Wie bitte? Wie kann man Zeit besitzen? Sie sich nehmen? Oder gar auch noch verlieren? Ich verstehe nicht viel von Physik, aber es ist doch offensichtlich, dass man das Wesen des Chronos nicht auf diese Weise schubladisieren kann.

Glück ist also zeitlos, zuversichtliche Zeitlosigkeit, vielleicht sogar Raumlosigkeit. Es ist immer da, nur wir sind es oft nicht. Glück ist Bewusstsein. Dieses Zitat weiß ich nicht schriftstellerisch zu personifizieren, doch ich fand es an einen Teebeutel angehaftet, einer dieser Teesorten der Yogi. Seit diesem Tee habe ich diese drei simplen Worte an meiner Zimmerwand verewigt. Es sind nur drei Worte. Subjekt, Prädikat und Objekt. So einfach, weil es wahr ist.

Glück bedeutet für mich in diesem Moment, dies zu schreiben, nicht nur, weil ich Ihnen schreiben darf, ich tue es ebenso für mich, das weiß ich und es erfüllt mich mit jenem Bewusstsein, das ich selten erlange, vor allem unter fremder Legion oder wenn das Smartphone aktiv und mein Bewusstsein benebelt ist.

Dass mein Bewusstsein nicht immer frohen Mutes ist, erklärt sich natürlich von selbst. Ich bin nicht von Optimismus infiziert, noch weniger von Pessimismus, auch nicht von Realismus. Ich habe mein eigenes Wort für meine alltägliche Wahrnehmung. Es nennt sich Unberechenbarkeit. Erstens, weil ich, wie erwähnt, Zahlen wenig verstehe, und zweitens, weil ich ein heimlicher, aber überzeugter Akte X-Agent bin; das Unerklärliche scheint mir realitätsnäher als jenes, was wirklich täglich geschieht. Ich sehe keinen Grund, mich zu rechtfertigen, wenn ich etwas nicht erklären kann, und damit schließt sich der Kreis.

Glück bedeutet für mich, sich nicht rechtfertigen zu müssen, hegt man sublunare Gedanken, die andere nicht haben. Es bedeutet auch, zu wissen, dass es eben doch genügend Seelen gibt, die ähnlichen Gedanken nachgehen, Menschen, die ich immer wieder antreffe, ohne zu wissen, warum, ohne dass ich zu wissen brauche, warum.

Beitrag von Paula Walczok

Ich bin 12 Jahre alt. Die Vermutung, dass ich Autismus habe, hat meine Mutter schon seit längerer Zeit und ich weiß auch schon seit einer Weile, dass ich Asperger habe. Aber die Diagnose habe ich erst seit ein paar Monaten. Ich gehe in die 7. Klasse im Gymnasium.

Ich empfinde es als Glück, wenn man eine Familie hat, von der man geliebt wird und die man liebt. Meine Eltern sind getrennt, aber ich sehe beide Elternteile regelmäßig. Alle aus meiner Familie unterstützen mich kräftig. Mein Hund ist ein Therapiehund und ich will meinen Eltern danken, dass sie mich immer unterstützen. Im Moment geht es sogar »steil bergauf«. Jeder hat seine Lebenszufriedenheit, es gibt einen Film über verschiedene Menschen und ihr Lebensglück, aber für mich ist es bis jetzt meine Lebensbestimmung, das Leben von ein paar Lebewesen zu verschönern. Also auf jeden Fall das von meinem Hund und meinen Eltern. Ich will etwas Gutes in meinem Leben tun, nicht berühmt werden oder so, sondern so etwas wie meiner Hündin das Leben verschönern. Das habe ich geschafft, natürlich werde ich ihr Leben weiter verschönern, und wenn sie stirbt, werde ich ihren Kindern das Leben verschönern oder, falls sie keine Welpen bekommen wird, dann eben einem anderen Tier. Ich hatte auch eine Katze, sie hieß Gipsy.

Für mich bedeutet es Glück, wenn alles im Leben gerade klappt. Eine kurze Geschichte zu dem Stichwort »Glück«: Ich bin gerade im Krankenhaus und einer von unserer Gruppe wurde entlassen, den nenne ich jetzt mal Tobias, und eine aus unserer Gruppe liebt ihn richtig doll, sagen wir mal, das Mädchen heißt Luise. An dem Tag, als Tobias zurück nach Hause gefahren ist, war Luise gerade nicht da. Kurz später kam sie in »ihr« Zimmer, und da standen eine Blume, ein »Mini-Sorgenfresserchen« und diese Karte mit der Aufschrift: »Du bist einzigartig, wunderbar, brilliant, simply the best.« Da war Luise so glücklich, hat mich in den Arm genommen, so dass auch ich schwebte, bis ich eingeschlafen bin. Das war schön.

Beitrag von Meetje Margret Witte

Die Frage, was mich glücklich und zufrieden macht, ist gar nicht so leicht zu beantworten, wie ich zunächst dachte. Und zuerst muss ich mir vielleicht Gedanken darüber machen, was mich »nicht« glücklich macht.

Ich weiß erst seit ein paar Jahren, dass es Autismus gibt und dass ich ihn habe. Bevor ich das wusste, richtete ich meine Vorstellungen davon, was mich glücklich machen würde, sehr an den in der Gesellschaft vorhandenen Ideen aus.

Ich glaubte, zum Glücklichsein müsste ich normale Frauendinge tun. Ausgehen, shoppen, viele Freunde haben, aufregende Dinge erleben. Gerade als Teenager versuchte ich oft, diese Erwartungen zu erfüllen. Funktioniert hat das natürlich nicht, ich konnte die meisten dieser Dinge ja gar nicht. Das führte dann bei mir auch zu sehr großem Frust und Ärger. Und wenn ich dann doch einen »normalen« Tag verbracht hatte, z. B. mit Einkaufen oder Ausgehen, dann glaubte ich, glücklich zu sein. Heute ist mir klar, dass dies überhaupt kein Glück war.

Es war allenfalls Erleichterung darüber, wieder einen Tag überstanden zu haben, ohne als »Freak« entlarvt worden zu sein. Wobei mir rückblickend klar ist, dass auch das Gefühl, die Maskerade aufrechterhalten zu haben, eine Selbsttäuschung war. Die anderen merkten sehr wohl, dass ich anders war, und durch die Versuche, dies zu überspielen, wurde es vielleicht noch deutlicher.

Dazu kam noch, dass das »Schauspielern« unglaublich anstrengend war. Ich verschwendete meine Kräfte darauf, nach außen hin normal zu wirken. Das führte letztlich mit Mitte Zwanzig zu einer schweren Depression und Selbstmordgedanken.

Was macht mich also glücklich?

Als erstes fällt mir dabei das Nähen ein. Seit etwa acht oder neun Jahren nähe ich Kleidung selbst. Es macht mich glücklich, wenn ich mir überlege, welches Schnittmuster ich nehmen möchte. Zu überlegen, welcher Stoff dazu passt, und ihn dann zu finden. Aber viel besser als die Planung gefällt mir das eigentliche Arbeiten mit dem Stoff. Ein flaches Stück Stoff zu nehmen und daraus ein tragbares Kleidungsstück herzustellen, ist einfach toll. Besonders gern arbeite ich dabei mit der Hand. Einen Saum per Hand arbeiten, den Bund einer Hose annähen oder ein Knopfloch machen. Wenn ich in der linken Hand den Stoff und in der rechten die Nähnadel halte, dann bin ich ruhig, konzentriert und zufrieden. Mittlerweile fange ich über dieses Hobby auch ganz langsam an, Kontakte zu anderen Menschen zu knüpfen.

Für meine Zufriedenheit unerlässlich sind außerdem viel Ruhe und ein geregelter Tagesablauf. Ich brauche viele Pausen und habe leider nicht so viel Kraft, wie ich es mir wünsche. Wenn ich aber trotzdem meine Aufgabenliste für den Tag abgearbeitet habe, freue ich mich. Ich mag zwar Routine und Regelmäßigkeit, aber es muss nicht jeder Tag genauso wie der andere sein. Ein bisschen geplante Abwechslung ist schön. Wichtig ist aber, dass bestimmte Fixpunkte eingehalten werden. Damit meine ich, dass bestimmte Punkte im Tagesablauf immer gleich bleiben (zum Beispiel immer zur gleichen Zeit aufstehen und ins Bett gehen und die Mahlzeiten einnehmen). Wenn diese Zeiten eingehalten werden, ist das wie ein stützendes Gerüst. Und innerhalb dieses Gerüsts kann dann auch mal variiert werden. Wichtig bei neuen Unternehmungen ist jedoch, dass auch diese einen festen Rahmen haben und ich so viel wie möglich vorher über die Örtlichkeiten und den Ablauf weiß. Überraschungen mag ich nicht. Dass alle diese Dinge für mich wichtig sind, wusste ich lange Zeit nicht. Ich musste das erst im Rahmen einer Therapie und mit sehr viel Selbstreflexion lernen.

Erst vor kurzem wurde mir klar, wie wichtig auch eine geregelte und strukturierte Umgebung für mich ist. Das heißt, meine Wohnung muss ordentlich und visuell ruhig sein. Eher klare Farben und nicht zu viele Dinge, die herumstehen und mich irritieren. Die Gegend, in der ich wohne, sollte ruhig sein. Am besten gibt es in der Nähe viel Grün, und alle wichtigen Dinge (Supermarkt, Arzt usw.) sollten relativ leicht zu erreichen sein, da mich jeder längere Weg anstrengt. Leider schließen sich diese Dinge manchmal gegenseitig aus. So kann es sein, dass eine ruhige Umgebung eben weiter draußen liegt und somit längere Wege nötig macht.

Um zufrieden zu sein, muss ich so sein dürfen, wie ich von Natur aus bin. Das kann manchmal bedeuten, dass ich, aus nichtautistischer Sicht, ein wirklich seltsames Verhalten an den Tag lege. Ich flattere mit den Händen, wippe mit dem Oberkörper, verdrehe die Hände, Arme und Beine. Diese Dinge tue ich meist, ohne es zu merken. Wenn ich unter Fremden bin, z. B. im Supermarkt, dann achte ich darauf, dieses Verhalten auf ein Minimum zu begrenzen. Meist verdrehe ich dann nur die Hände oder wippe leicht mit den Füßen. Immer darauf zu achten ist jedoch anstrengend, und manchmal wünsche ich mir, einfach »ich« sein zu können, ohne mich dafür schämen zu müssen.

Der Kontakt mit anderen Menschen kann dann schön sein, wenn sie meine Eigenheiten akzeptieren. Aber da sind auch mein Bedürfnis nach Routine und die Tatsache, dass ich wenige Dinge »einfach so« machen kann, sondern immer etwas Planung brauche. Um ein Treffen mit anderen Menschen genießen zu können, wünsche ich mir, dass dieses Treffen sowohl zeitlich als auch inhaltlich strukturiert ist, dass also feststeht, wann es beginnt und wann es endet und was in der gemeinsamen Zeit gemacht wird.

Ich weiß, dass mein Verhalten sicher oft anstrengend ist. Bei menschlichen Kontakten ist es oft notwendig, Kompromisse einzugehen, damit alle Beteiligten zufrieden sind. Allerdings wünsche ich mir, dass ein Verhalten, das lediglich merkwürdig ist, ohne jemandem zu schaden, auch akzeptiert werden kann.

Beitrag von Ursula

Was bedeutet »Glücklichsein« eigentlich?

Ich habe diesen Text bestimmt fünf Mal angefangen und zehn Mal wieder gelöscht, so schwer fiel mir das Thema. Glück ist nämlich ein ziemlich schüchternes Ding. Es kommt nur, wenn man es nicht erwartet, und es bleibt selten mehr als einige Tage am Stück. Lange Zeit habe ich das persönlich genommen, doch inzwischen weiß ich, dass es nicht an mir, sondern einfach am Leben selbst liegt.

Zuerst hatte ich daran gedacht, nur positive Gedanken aufzuschreiben, doch das kam mir falsch vor. Das Gleichgewicht zwischen positiv und negativ ist nicht leicht zu finden und zu halten, aber das ist nun mal der ewige Kampf im Leben.

Es gibt für mich oftmals mehr negative Punkte, aber gerade deswegen habe ich es mir zur Aufgabe gemacht, gute Erfahrungen zu sammeln und zu würdigen, damit ich selbst in der tiefsten Finsternis ein paar leuchtende Fünkchen habe.

Diese Funken helfen vielleicht nicht immer, aber sie sind ein Anfang. Ich könnte jetzt einige dieser positiven Punkte aufzählen, aber da Glück sich für jeden anders zeigt, wäre dies wohl ziemlich sinnlos. Jemand, der den Winter nicht so sehr liebt wie ich, würde keine Freude bei dem Gedanken an das Geräusch empfinden, welches Schuhe auf frisch gefallenem Schnee machen, und nicht jeder kann den wässrigen Geruch von Wäsche leiden.

Der Vorteil ist, dass man so immerhin den Spaß hat, selbst herausfinden zu können, welche Dinge einen wirklich glücklich machen. Wenn es ein Lösungsbuch gäbe, in dem genau stünde, was man zu tun hat, um das Glück zu finden, wäre es zwar einfach zu erreichen, aber man würde sich dann wohl nicht so gut fühlen, als wenn man es für sich selbst findet.

Man guckt gerne mal in ein Tippforum, falls man bei einem Videospiel-Level nicht weiterkommt, aber wenn man es selbst spielen will, liest man selten die ganze Komplettlösung, denn dann lohnt es ja nicht mehr zu spielen, oder?

Ich bin 17 Jahre alt. Meine Therapie soll mir den Weg zu betreuter Arbeit und betreutem Wohnen bringen.

Beitrag von Carin (Mutter von Ursula)

Ursula ist 17 Jahre alt und wir haben erst seit zwei Jahren die Autismus-Diagnose. Seitdem lernen wir unsere Tochter neu kennen; bis dahin war es ein tagtäglicher Kampf in der Familie.

Ursula zeigt kaum wahrnehmbare Gefühlsäußerungen, also dachte ich zunächst, unsere Tochter sei durchgehend traurig, depressiv und unglücklich. Dank vieler interessanter Lektüren zum Thema Asperger-Autismus sehe ich inzwischen alles ein wenig anders. Unsere »Glücks-Maßstäbe« passen einfach nicht auf Ursula. Zwar sieht sie keinen Sinn in diesem Leben und auf dieser Welt, sie findet es absolut makaber, zum Sterben geboren zu werden, und lehnt alles Lebensbejahende überwiegend ab.

Aber:

- Wenn sie ganz alleine mit ihren Büchern und Zeichenutensilien in ihrem Zimmer sitzt, erscheint sie mir trotzdem glücklich.
- Wenn sie ihre Musik ungestört hören kann, erscheint sie mir glücklich.
- Wenn sie sich zur Musik bewegt, manchmal richtig ausgelassen tanzt, erscheint sie mir glücklich.
- Wenn sie Fotos ihrer Katzen macht, erscheint sie mir glücklich.
- Wenn sie in der Kuschelecke liegt und liest, erscheint sie mir glücklich.

Es sind kleine Schritte und klitzekleine Winzigkeiten im Vergleich zu unserer schnelllebigen, lauten und gewaltigen Welt, aber ich hoffe, dass wir uns besser kennenlernen und mit unserer Tochter einen Weg ins Leben finden, den sie gerne gehen möchte und auf dem sie sich wohl fühlt. Auf der Suche nach empfindsamen Menschen, die Ursula begleiten möchten.

Wir »Normalen« können eine Menge von diesen besonderen Menschen lernen.

Beitrag von Henning Stork

Was mich glücklich macht:

- Wenn ich in Autohäusern bin.
- Wenn ich auf Automessen bin.

- Wenn ich beim Heideblütenfest in Schneverdingen bin.
- Wenn ich reisen kann.
- Und wenn ich Kutsche fahren kann in Schneverdingen.

Beitrag von Patricia Rüdiger

Ich besuchte ein Berufsbildungswerk in Berlin und war dort sehr glücklich. Zum ersten Mal seit Jahren war ich eine von vielen jungen Leuten. Im Internat hatte ich ein Einzelzimmer und teilte mir das Bad mit einem anderen Mädchen, das meine Freundin wurde. Wir verstanden uns gut. Die Betreuer der Internats-Etage waren freundlich, verlässlich und ruhig. Besonders eine Betreuerin mochte ich sehr. Mit ihr konnte ich wirklich über alles reden – oder auch schweigen. Sie verstand mich.

Nichts, was mir vorher von offizieller Seite versprochen wurde, konnte oder wollte eingehalten werden. Es wurden im theoretischen Unterricht Sportnoten erteilt, ich schrieb die Klassenarbeiten zusammen mit den anderen im Klassenverband und das Mittagessen nahm ich nicht irgendwo alleine ein. Ich bekam keinen Sonderbonus. Meine Noten waren trotzdem passabel. Nur in Mathematik und Sport kam ich nicht von der Note 4 weg. Aber ich war glücklich. Glücklich darüber, eine von vielen jungen Frauen zu sein. Ich war glücklich, dass mir Komplimente gemacht wurden für etwas, das ich gut konnte. Einige fanden mich sympathisch, ein junger Mann sagte mir nach Monaten, er würde mich lieben. Auch wenn ich ihn nicht liebte, sah ich ihn doch als sehr guten Freund, und ja, ich war wirklich glücklich darüber. Im Arbeits- und Lernbereich war ich immer pünktlich, hilfsbereit und absolut willens, zu lernen und zu arbeiten. Auf Veranstaltungen im Berufsbildungswerk sang ich mit Begleitung und es gefiel den vielen Zuhörern. Es gefiel mir, dass sich einige Jungs für mich interessierten, und es machte mich glücklich, wenn sie sich mit mir unterhielten. Zum ersten Mal seit sehr langer Zeit wurde ich nicht korrigiert, aus den Augenwinkeln beobachtet oder belächelt. Ich war glücklich im Mathematik-Förderunterricht, glücklich in der Ergotherapie und glücklich im theoretischen Unterricht. Trotz der Mängel stellte man nie meine Person, mein »Ich« in Frage.

Glück verspürte ich in der Musiktherapie. Auch wenn dort meist die für mich zuständige Psychologin des Berufsbildungswerkes mit dabei war. Diese Psychologin hatte auch nicht ansatzweise eine Ahnung, was es bedeutet,

Autistin zu sein, vom Umgang mit Autisten ganz zu schweigen. Trotzdem durfte/sollte sie über mich richten. Und sie richtete gründlich: Nach einem Jahr musste ich mein Paradies verlassen und konnte die versprochene Ausbildung nicht beginnen. Obwohl ich einen regulären Schulabschluss hatte, sollte ich erst im Berufsbildungswerk eine berufsvorbereitende Maßnahme durchlaufen. Leider war ich in der praktischen Arbeit zu langsam und musste meine Arbeit oft wegen der Therapien unterbrechen. Trotzdem schätzten die Ausbilder meine Zuverlässigkeit und übertrugen mir verantwortungsvolle Tätigkeiten. Nach dem berufsvorbereitenden Jahr sagte man mir und meinen Eltern, in zwei Jahren, wenn ich eine Werkstatt für behinderte Menschen besucht hätte, könnte ich ja vielleicht wiederkommen ... Mein Glück sind meine Eltern, die mich unterstützen. Sie erkannten die Dummheit im System und beschützten mich. Mein Glück hat so nur eine kurze Unterbrechung erfahren. Mein Glück hängt nicht von einer Psychologin in einem Berufsbildungswerk ab.

Eine Freundin/ein Freund, der mich versteht, vor Leuten singen, ein Sonnenstrahl im Gesicht, Weihnachten und kleine Familienfeste, ausreiten, Pilzbücher lesen, ein Pilz am Waldrand, ein ehrliches, freundliches Wort, das Meer, Wolken am Himmel und Zeit für das alles zu haben, macht mich glücklich. Glück ist auch, Aufgaben oder eine Arbeit zu haben, die ich gut erfüllen kann. Jetzt haben meine Eltern mich in meinem Wunsch unterstützt, in ein betreutes Wohnheim zu gehen. Sie haben mir ein Zimmer schön eingerichtet und freuen sich mit mir, dass ich meinen Weg gehe. Auch wenn es ihnen schwerfällt, mich »gehen« zu lassen.

Meine kleine Schwester macht mich glücklich. Sie freut sich immer, wenn ich zu Hause bin. Ich bin auf mein Jahr im Berufsbildungswerk stolz und das macht mich glücklich. Meine Eltern sagen, sie sind stolz auf meinen Mut, meine Stärke, meine Toleranz, und sie sind glücklich, dass ich so bin, wie ich bin.

Das alles macht mich glücklich.

Patricia, 19 Jahre alt, Asperger-Autistin

Beitrag von Angela

Ich wurde 1978 unter sozial schlechten Bedingungen in der ehemaligen DDR geboren und bin entsprechend aufgewachsen.

Für mich ist das Glücklichsein ein wenig kompliziert, eine Frage, die mich selber stark beschäftigt. Das beruht auf den Umständen, unter welchen ich aufwuchs, weswegen mir die wichtige Rolle, die eine funktionale Familie samt den sich daraus mehr oder weniger automatisch ergebenden sozialen Kontakten allgemein hat, in den letzten beiden Jahren zunehmend bewusst wurde. Ebenso die Tatsache, wie viele Menschen dies und die daraus resultierenden Chancen als selbstverständlich ansehen.

Nun jedoch zum Glück! Ich bin begeisterte Fotografin und Filmliebhaberin. Letzteres seit ich denken kann, auch wenn die Filmauswahl in der ehemaligen DDR eher beschränkt war (zumal wir für lange Zeit auch keinen Fernseher hatten). Dennoch war ich zufrieden, sobald es ins Kino ging. Mich störten die damaligen häufigen Wiederholungen ganz und gar nicht! Man mag sich vorstellen können, warum.

2011 hat sich meine 28-jährige Sehnsucht nach einer Spiegelreflexkamera endlich erfüllt. Und »mein Baby« macht mich *sehr* glücklich. Oftmals ertappe ich mich immer noch dabei, wie ich sie einfach nur betrachte und/oder eingängig befühle. Ich denke fast nur noch in Bildeinstellungen, wie ich amüsiert feststelle. Es macht riesigen Spaß, nach dem geeigneten Winkel zu suchen, den Lichteinfall zu beachten (durch meine Malerei ist mir der Umgang mit und insbesondere die extreme Wichtigkeit von Licht sehr bewusst) usw. Mein Traum wäre es, mich mal an einer echten Filmkamera versuchen zu dürfen. Jedoch verursacht diese Vorstellung auch Ängste des Versagens in mir.

Eine weitere wichtige Rolle in meinem gesamten Leben nehmen Tiere ein, insbesondere Pferde. Ich möchte jedoch auch gleich darauf hinweisen, dass ich mit Temple Grandin übereinstimme, wenn es um die Gemeinsamkeiten zwischen Tieren und Menschen mit Autismus geht, vor allem bezüglich Angstfaktoren, Angstverhalten, Empfindsamkeiten, Regeln und Verständnis von Situationen, welche mit Regeln einhergehen u. v. m. Doch ist es mir ebenso wichtig, darauf hinzuweisen, dass auch Menschen mit Autismus individuelle Lebewesen sind, und während der eine Tiere total beglückend findet, mag der andere sie eher als beängstigend oder zumindest störend wahrnehmen.

Mich aber machten sie schon immer froh! Ich sprach früh, aber eben nur über Tiere (sehr zum Ärger der Kindergärtnerinnen, die dies mittels

Abkleben des Mundes mit Pflaster zu unterbinden suchten). Und in der Kindheit war ich *sehr* glücklich, wenn ich mich mit ausreichend Papier und gut angespitzten Bleistiften samt Radiergummi in Ruhe hinsetzen und meine Pferde aufs Blatt bringen durfte. Wieder und wieder.

Ganz außer mir vor Freude war und bin ich beim Anblick realer Tiere! Leider habe ich jeglichen Kontakt fester Natur zu ihnen verloren und die Haltung eines Tieres ist mir aufgrund finanzieller Nöte und meines eigenen Hilfebedarfs nicht möglich. Das nagt an mir, doch ich bin stark berührt, wenn ich mal draußen auf meine Assistentin warte und mir die Nachbarkatze mit hocherhobenem Schwanz maunzend entgegenläuft. Dann hocke ich mich hin, sie springt auf meine Knie und drückt ihren wunderschönen Kopf gegen mein Kinn. Ich könnte dann sprichwörtlich vor Glück zerspringen! So viel Vertrauen und Zuneigung, und ich darf sie empfangen. Außerdem empfinde ich es als enorm beruhigend, Tiere anzufassen, ihre Struktur zu ertasten und zu beobachten. Das ist ja auch wissenschaftlich bewiesen: Das Streicheln von Katzen, Hunden & Co. löst Glückshormone aus (vorausgesetzt, man mag es generell).

Und diese Emotionen begleiteten mich auch bei all den Gelegenheiten, in denen mir Zoopfleger Dinge gestatteten, die anderen wohl zumeist verwehrt blieben (und mir heute leider auch). Ich durfte Zwergnilpferde berühren, Antilopen, Damwild, Przewalskipferde ... Es waren die wahren Glücksmomente meiner Kindheit. Viele Dinge hatte ich nie, doch das war mir erlaubt. Saß ich ab und zu auf einem Pony oder Pferd, war mein persönliches Glück perfekt! Und das Schönste war und ist die Reflektion der Tiere angesichts des menschlichen Glückes! Tiere mögen nicht in der Lage sein, Mathematikaufgaben zu lösen, doch ihren emotionalen IQ sollte niemand unterschätzen. Sie sind mir gleichwertige Lebensgefährten und ich achte sie sehr. Sie geben (mir) Glück.

Ein taumelndes Glück der wortwörtlichen Art empfand und empfinde ich noch immer beim Schaukeln. Jedoch war das während der Kindheit »einfacher«, trotz der vielen körperlichen Strafen dafür. Irgendwie war ich damals noch viel mehr in meiner »Autismus-Glaskugel«, und viele Dinge nahm ich nur wahr, wenn man mich dazu zwang.

Ein ähnelnd taumelndes Glück empfinde ich bei Musik. Mein Musikgeschmack ist weitgefächert, ich höre von Klassik bis Heavy Metal so ziemlich alles – vorausgesetzt, es rührt meine Seele an. Ich bin wohl auch Synästhetiker – obwohl es auch mir lange unbekannt war, dass es dies auch bezogen auf Töne gibt. Aber es scheint so zu sein. Höre ich eine gekonnt gespielte Gibson-SG oder LP, sprengt dies fast meine Nervenbahnen, und was sich nun erst einmal erschreckend anhören mag, ist für mich tatsächlich eine Art – ich bitte um Verzeihung – musikalischer Orgasmus. Und ein knochiger Fender Precision-Bass bildet für mich immer noch das Höchstgefühl an Bassnatur, wohingegen die mittlerweile so bevorzugten Warwicks mich eher anwidern. Körperlich anekeln.

Gitarrensoli wie die von Slash, Tony Iommy, Joe Stariani, Steve Vai oder Randy Roads, Eddie Van Halen ... – sie schießen gleich elektrischen Schocks auf angenehme Weise durch die Hals-Kopf-Schulter-Region und lösen Glücksgefühle in mir aus. Zu meinen eigenen Bandzeiten legte ich mich gern auf den federnden Boden des Proberaums und ließ die Vibrationen meinen Körper durchdringen.

Ich möchte gern noch Dinge ansprechen, die mich glücklich machen würden: Ein Zuhause haben. Das bedeutet für mich nicht nur eine Wohnung oder ein Haus. Ein Zuhause wäre ein Platz an einem Ort, an dem ich wirklich sein möchte. Nicht nur ein Platz, an dem man mich abgesetzt hat und welchen ich ohne Hilfe nicht verlassen kann. Und – ich hätte es bis vor zehn Jahren selber nie so geglaubt – einen Menschen, der mich liebt und den ich lieben darf.

Es wäre äußerst befriedigend, so wohnen zu dürfen, dass ich, wann immer ich mag, ohne Hilfe rausgehen kann. Um spazieren zu gehen, Ruhe zu haben. Ohne Schmutz von Menschen, die die Natur nicht schätzen. Rehe können mir meinetwegen vor die Haustür kacken, aber den Dreck von Leuten brauche ich nicht.

Und wenn man im Haus ist, etwas Schönes zum Essen zubereiten zu können. Entspannte Bäder zu nehmen. Mal in Museen zu gehen! So was halt. Ich brauche keinen Luxus, keinen Schmuck, keinen Ruhm – aber das Geld, das brauche ich. Denn nur damit wäre es mir möglich, die Hilfe zu kaufen, die ich brauche, und nicht immer nur auf zweimal zwei Stunden pro Woche angewiesen zu sein. Und ich würde sehr glücklich sein, wenn ich meinen Lebensunterhalt und den eines eventuellen Partners bestreiten könnte mit dem, was ich einigermaßen kann. Meine jetzige Arbeit ist nicht nur unbefriedigend, sondern auch demütigend. Ebenso wie die Tatsache, dass Menschen mit Hilfebedarf in Deutschland nur wenig Geld ansparen dürfen und anschließend zwischen Geld und weiterer Hilfe entscheiden müssen. Ich werde einen solchen Betrag zwar nie erreichen, doch allein das Wissen um die Aussichtslosigkeit ist deprimierend und nicht gerade des Glückes förderlich.

PS: Ich bin im jetzigen Augenblick gerade glücklich darüber, dass mir dieser Text gelungen ist. Es fällt mir ab und an recht schwer, meine Emotionen in Worte zu fassen, vermutlich, weil sie kein sachliches Thema darstellen.

Beitrag von David Fuhrmann

Im Dezember ist Weihnachten. Ein Fest, das mit positiven Gefühlen, Momenten und zwischenmenschlichen Handlungen verbunden ist. Wo Friede und Liebe zwischen den Menschen sind. Eine Zeit, in der ich interaktiv meine Fühler ausstrecke. Meine Fühler suchen nach dem Wesentlichen, den Momenten mit fröhlicher Harmonie, dem Zwischenmenschlichen, das für das Auge unsichtbar ist. Ich will es wahrnehmen und daraus, aus den Momenten, mein Glück finden.

Glück, das mich aufbaut, aus dem ich Kraft und Halt finde, aus dem Liebe und Geborgenheit aufblühen. Ich brauche das für mein Leben. Jeden Tag stellt das Leben mich vor Aufgaben, Herausforderungen mit komplexen, durcheinanderliegenden Kleinigkeiten, aus denen ich eine Struktur, einen roten Faden für mein Leben weben muss. So ist das Leben. Darin, in den Dingen des Lebens wie in Familie und Beruf suche ich mein Glück. Ich suche aber nur nach dem Sinn im Leben – ich lasse Emotionen kaum zu. Ich arbeite an mir selber und bekomme eine objektive Sichtweise zu meinen Mitmenschen, aber ich spüre im Zwischenmenschlichen keine Gefühle.

Dabei weiß ich, dass es sie gibt. Sie existieren in meiner Phantasie, einer Welt, in der ich Gefühle positiv wahrnehmen kann. In der Realität weiß ich nicht, was sie mir bedeuten, kann ihren Wert kaum einschätzen. Ich suche nach Menschen, die mir vertraut sind, die in mir das Zwischenmenschliche sichtbar machen, die meine Sehnsucht nach dem Glück im Leben stillen. Den Moment will ich festhalten, in diesem Moment will ich nur in ihm mit Herz und Seele leben können. Keine Gedanken mehr zu haben, nur noch die Situation zu haben, die man nicht mit Gedanken und Worten beschreiben kann. Ich bin 20 Jahre alt, habe das Asperger-Syndrom und mache derzeit eine berufsvorbereitende Bildungsmaßnahme.

Beitrag von Robin Charlotte Rätz

Was bedeutet Glück für mich?

Diese Frage hätte ich vor ein paar Jahren noch nicht beantworten können, da ich schlicht nicht glücklich war und auch nicht für möglich gehalten hätte, es jemals zu sein. Alles, was ich um mich herum sah und erlebte, hatte mit Glück nichts zu tun und ließ mich am Leben verzweifeln. Wirkliches Glück empfinde ich, seit ich mein Leben selbst in die Hand genommen habe, seit ich meine Diagnose habe und weiß: Ich bin nicht allein auf dieser Welt; seit ich verheiratet bin und täglich erfahren darf, dass ich angenommen werde und mich jemand toll findet, so wie ich bin; seit ich als zweitbeste Abiturientin das Tageskolleg abgeschlossen habe – trotz aller Probleme und Einschränkungen; seit ich Medizin studiere. Und seit ich meinen Sohn habe, der mir in vielem so ähnlich ist und mir dadurch half, mich mit mir selbst auszusöhnen.

Es ist nicht leicht in unserer Position, die guten Seiten an uns selbst zu sehen, wenn Außenstehende uns den Spiegel stets in Situationen vorhalten, die von jenen Eigenschaften dominiert werden, die uns »anders« machen. Die so entstehenden Zerrbilder haben mit der Realität nur bedingt zu tun.

Glück bedeutet für mich, aber genau jene guten Seiten zu kennen und nicht wieder aus den Augen zu verlieren! Das ist mein Grund und Boden, auf dem alles andere gedeihen kann. Was nutzen mir tolle Bücher, frisch gebackene Kuchen, das Joggen im offenen Feld, Schnecken, eine gelungene Häkelarbeit oder das Singen der Amseln, wenn sie mich immer nur für kurze Zeit aus meinem persönlichen Kreislauf von Selbstzweifeln und Selbsthass zu erlösen vermögen? Glück ist für mich der Grundstein, auf den ich fest bauen kann, der mir die alltäglichen Glücksmomente erst ermöglicht und meine Augen öffnet für die schönen Seiten dieser Erde.

Ich bin nicht glücklich, »obwohl« ich ein Aspie bin – ich bin glücklich, »weil« ich *ich* bin und meinen Platz in diesem Leben gefunden habe.

Beitrag von Thomas Mohr

In meiner Jugend hatte ich mit schweren Depressionen zu kämpfen und dachte sehr oft daran aufzugeben, bis ich eines Tages an der Tür eines Hauses einen kleinen Kasten mit Flyern entdeckte. Aus dem Autofenster konnte ich das Tàijí-Symbol (bei uns oft als »Yin und Yang« bezeichnet) erkennen, das mir durch mein eher zufällig entstandenes Spezialinteresse an China nicht unbekannt war. Also zog ich einen der Flyer aus der Box und nahm ihn mit nach Hause.

Einige Monate später hatte ich dann die Gelegenheit, mir das sogenannte Tai Chi Chuan (Pinyin: Tàijíqúan) in einer Unterrichtsstunde anzuschauen. Was mich faszinierte, waren nicht nur die eleganten Bewegungen, die, wie ich vorher aus dem Flyer erfahren hatte, auch in Kampfsituationen ihren Einsatz finden sollten, sondern in ganz hohem Maße auch die ungewöhnlich ruhige und gleichzeitig hoch konzentrierte Ausstrahlung der Übenden. Ohne zu übertreiben kann ich sagen, dass ich mich auf den ersten Blick in diese Bewegungskunst verliebt hatte.

Es folgten nach einer kostenlosen Probestunde viele weitere Unterrichtseinheiten, in denen ich sogenannte Formen, also festgelegte Bewegungsabläufe von Figuren aus dem Kampfkunstbereich, und einige weitere Qìgōng-Übungen sowie Partnerübungen erlernte. Das Training, das ich nach kurzer Zeit auch alleine in meinem Zimmer fortführte, hatte auf mein Wohlbefinden einen Effekt, wie ich ihn bis dahin noch nie gespürt hatte: Ich war innerlich so ruhig, dass meine Wahrnehmung dessen, was sich im »Hier und Jetzt« ereignete, sehr viel intensiver wurde. Dazu kam ein Gefühl von unglaublicher Zufriedenheit. Bei drei Stunden Training täglich machten sich schnell Fortschritte bemerkbar.

Nach ein paar Monaten allerdings wurde das Hochgefühl wieder schwächer, bis es nach einigen weiteren Monaten so gut wie verschwunden war. Ein Grund dafür könnte sein, dass ich mir während meiner Übungseinheiten nicht genügend neue Aufgaben stellte und so meine Konzentration nicht ausreichend forderte. Irgendwann fehlte mir dann zum Training auch einfach die Motivation.

Nachdem ich das Gymnasium unmittelbar vor dem Abitur aus gesundheitlichen Gründen verlassen musste, wurden bei mir nach Umwegen über verschiedene Ärzte, Therapeuten und Kliniken Depressionen und Autismus festgestellt. Leider war ich damals naiv genug zu glauben, dass Medikamente einen ausreichend positiven Effekt auf meine Psyche hätten, um mich wieder auf die Beine zu bringen oder mich sogar zu heilen. Mir war nicht klar, dass ich Anstrengungen ungeahnten Ausmaßes auf mich nehmen müsste, um ein auch nur andeutungsweise akzeptables Leben führen zu können. Denn keines der Medikamente hatte im Ansatz eine mit meinem Tàijíquán-Training vergleichbare Wirkung.

Und genau das ist es, was die Erinnerungen an mein anfängliches Training so wertvoll macht und mich dazu veranlasst, nicht aufzugeben und weiterhin darauf zu hoffen, dass ich irgendwann wieder zum regelmäßigen Üben in der Lage sein werde.

Ebenso wichtig ist mir aber auch zu erwähnen, dass man sich nicht allein auf eine Art Training verlassen sollte, weil dann die Gefahr besteht, dass einem der Boden unter den Füßen wegbricht, falls es mal nicht funktioniert! Persönlich würde ich eine Kombination aus Bewegung (z. B. Spaziergänge) und Meditation empfehlen.

In diesem Sinne wünsche ich allen Mitbetroffenen und natürlich auch allen anderen viel Erfolg auf der Suche nach ihrem persönlichen Glück und hoffe meinerseits, in diesem Buch weitere für mich wertvolle Hinweise zu finden!

Beitrag von Lena Kühl

Was ist für mich Glück?

- Ausgeglichenheit: Viel Zeit für mich alleine und trotzdem die Möglichkeit, auf andere Menschen zugehen zu können.
- Herausforderungen, die mich nicht überfordern, aber auch nicht langweilen, deren Grund und Sinn ich verstehe und die ich interessant finde.
- Wenn es Menschen gibt, die meine Annahme der Herausforderung gut finden und die mir auch zutrauen, dieser Herausforderung gerecht zu werden.
- Mein Leben so leben zu dürfen, in meinem Rhythmus, in meinem Tempo, wie ich es brauche. Ohne dabei allein zu sein. Ohne Zwang, der mir unnötig und sinnlos erscheint.
- Ein Umfeld, das anbietet, aber nicht unnötig einfordert.
- Ein Umfeld, das Struktur gibt, aber ohne Zwangsjacke.

Diese vollkommene Zufriedenheit, dieses Glück kenne ich, seit ich gelernt habe, alleine zu leben.

Beitrag von Birke Opitz-Kittel

Glück ist wohl für jeden etwas anderes.

Für mich bedeutet Glück, verstanden zu werden, einen Platz in dieser Welt zu finden, an dem meine Fähigkeiten geschätzt werden. Ich bin kein »Teammensch«, ich arbeite am liebsten für mich alleine, was aber nicht bedeutet, dass ich komplett auf Menschen verzichten möchte. Ich liebe Kommunikation, wenn sie klar und deutlich und intelligent ist. Ich mag es, wenn ich neue Denkanstöße bekomme, wenn mir Gedanken nähergebracht werden, die ich noch nie gedacht habe und über die ich womöglich tagelang nachdenken kann.

Außerdem empfinde ich eine tiefe Liebe zu Menschen, die ich näher kennenlernen darf. Das ist kompliziert, denn die Regeln, die der NT-Welt (der Welt der Nicht-Autisten; Anm. d. Herausgeberin) präsent sind, sind mir nicht immer geläufig. Häufig merke ich, dass mir eine Grenze verschwimmt, und um damit nicht immer wieder konfrontiert zu werden, beende ich Kontakte. NT-Menschen ahnen oft nicht die Intensität meiner Gefühle, die mich überschwemmen und auch überfordern.

Ich erwarte für mein Glück nicht, dass alle Menschen mich verstehen. Doch wenn es – wie gering die Anzahl dieser Menschen auch sein mag – Menschen gibt, die so sind wie ich, dann wäre ich glücklich.

Ich suche noch. Mein Sohn, High functioning-Autist, ist ähnlich wie ich, aber es gibt Grenzen. Er ist mein Sohn, er benötigt meinen Schutz und meine Erfahrung. Glück wäre für mich, wenn mir jemand auch ein Stück »meines« Weges zeigen könnte. Jemand, der den Weg schon gegangen ist. Der klug ist, aber auch diskussionswillig, offen, aber auch sicher.

Ich fürchte, Glück ist wie das Leben. Es lässt sich nicht vorhersagen – und es ist Glück, den richtigen Menschen zu begegnen.

Glück und Lebenszufriedenheit für Menschen mit Autismus

Lange Zeit hat man ausschließlich Anpassung und »Funktionsfähigkeit« in Schule oder Beruf als Ziele bei der Arbeit mit autistischen Menschen angesehen, und auch die diagnostischen Kriterien sind angelegt auf das Funktionieren (oder eben Nicht-Funktionieren) in definierten Bereichen. Wie man auf bestimmten Gebieten zurechtkommt, sagt aber noch nichts darüber aus, ob einem selbst diese Bereiche auch wichtig sind und notwendig dafür, dass man sich gut fühlt. Lebensqualität ist nicht Funktionalität, und das mehr oder weniger gute Funktionieren in bestimmten Bereichen kann, muss aber nicht die eigene Lebenszufriedenheit einschränken (vgl. Osterrieder 2010, 134).

Menschen mit Autismus zeigen sich oft unzufrieden mit ihrer Lebenswirklichkeit (Rickert-Bolg 2014, Gomolla 2002). Während Betroffene mit Asperger-Syndrom häufig direkt benennen können, was ihnen guttut, sind Menschen mit frühkindlichem Autismus dazu oft nicht in der Lage. Aber auch sie möchten glücklich sein und ihr Leben genießen können, und zahlreiche Beispiele von Betroffenen, denen es gelingt, sich größtenteils mit dem Leben zu arrangieren, zeigen inzwischen, dass mit der richtigen Unterstützung das Leben auch für autistische Menschen gelingen kann.

Dafür ist es notwendig, jeden einzelnen Menschen selbst zu befragen nach seinen ganz eigenen Wünschen, Träumen und Zielen, die sich manchmal deutlich von denen anderer Leute unterscheiden und die von der Umgebung nicht immer richtig eingeschätzt werden können.

Bislang gibt es nur wenige Publikationen, die sich in einer ersten Auseinandersetzung mit dem Themenbereich Glück, Lebenszufriedenheit bzw. Lebensqualität bei Autismus beschäftigen. Gomolla (2002) befragte nur eine sehr kleine Stichprobe von zehn Personen in Deutschland und ermittelte nur geringe Zufriedenheitswerte der Betroffenen. Weitere Veröffentlichungen sind sicher notwendig, um einerseits für das Thema Glück im Zusammenhang mit Autismus zu sensibilisieren, andererseits aber auch Anregungen zu geben, wie dieses Glück und diese Lebenszufriedenheit ganz konkret für Menschen mit Autismus aussehen können.

Sehr wichtig ist dabei vor allem die Feststellung, dass sich das eigene Glück und Wohlbefinden positiv beeinflussen lassen. Diese Fähigkeit kann man erlernen, und dies sollte auch ein Ansatz für autistische Menschen sein.

Was ist den betroffenen Menschen selbst wichtig?

Allgemeine Faktoren, die für das Glück förderlich sind, wurden bereits im Kapitel »Einführung« beschrieben. Sie gelten natürlich für alle Menschen und für alle Bevölkerungsschichten.

Allerdings sind alle Menschen verschieden, und auch bei Menschen mit Autismus gibt es neben vielen Gemeinsamkeiten noch viel mehr Unterschiede. Deshalb ist es wichtig, auch die Betroffenen selbst zu Wort kommen zu lassen und sie nach ihren Wünschen und Vorstellungen zu befragen.

Wenn man sich ansieht, was sich autistische Menschen für ihr Leben erhoffen, so bemerkt man noch weitere Dimensionen, die in der allgemeinen Glücksforschung nicht oder nur am Rande auftauchen und die sich aus den ganz spezifischen Auffälligkeiten der Betroffenen ergeben (Gawronski et al. 2012, Preißmann 2007). So hat man ermittelt, dass die meisten erwachsenen Menschen mit Autismus

- sich Hilfe erhoffen beim Umgang mit Stress (dieser Punkt war ihnen besonders wichtig und wurde mit großem Abstand am häufigsten genannt)
- den Bereich der sozialen Interaktion sehr wichtig finden, v. a. im Hinblick auf Freundschaft oder Partnerschaft, und sich hier Unterstützung erhoffen
- Hilfe beim Umgang mit Emotionen nötig finden, das betrifft die eigenen Gefühle ebenso wie die anderer Menschen
- es besonders wichtig finden, die psychischen Begleiterkrankungen in den Griff zu bekommen, hier spielen vor allem Depressionen und Ängste eine große Rolle
- die ganz praktische Hilfe bei den Anforderungen des Alltags wichtig finden
- sich eine Arbeits- und Wohnsituation erhoffen, die ihnen eine größtmögliche Selbstständigkeit, Struktur und Freiheit gleichermaßen bietet
- sich Unterstützung wünschen im Hinblick auf die eigene Identität.

Diese Aspekte sollen nachfolgend näher erläutert und jeweils ergänzt werden durch hilfreiche Maßnahmen.

Stress und Entspannung

Menschen mit Autismus fühlen sich in allen Lebensbereichen ganz erheblichem Stress ausgesetzt. Lange Zeit wurde das nicht als Problem erkannt, und erst allmählich beginnt man, sich im Zusammenhang mit Autismus auch mit den Themen Stress und Entspannung zu beschäftigen.

Was ein Mensch als stressig empfindet, ist individuell unterschiedlich: Arbeiten unter Zeitdruck, hoher Leistungsdruck, Fremdbestimmung, Existenzängste, Familien- oder Partnerschaftskonflikte, Schmerzen oder Traumata gehören dazu.

Bei autistischen Menschen aber kommen neben diesen allgemeinen Stressauslösern noch andere hinzu, die für die meisten anderen Menschen keine so große Rolle spielen. Die Betroffenen sind ja nahezu pausenlos gezwungen, menschliches Verhalten und soziale Situationen zu analysieren und die notwendigen »richtigen« Verhaltensweisen auszuwählen. Vor allem der Kontakt zu anderen Menschen bedeutet daher immer wieder eine große Anstrengung, wenngleich die Betroffenen sich ein Zusammensein oft sehr wünschen.

Weitere häufige Stressauslöser bei Menschen mit Autismus sind z. B.:

- Unverständnis und Hänseleien seitens der Umgebung
- eine ungünstige Arbeitssituation mit oft nicht angemessenen Arbeitsinhalten und fehlender Unterstützung
- nach wie vor unzureichende psychosoziale Hilfen insbesondere für erwachsene Betroffene
- ungünstige gesellschaftliche Veränderungen und Erwartungen
- die zunehmende Verdichtung von Sinnesreizen auch in der Freizeit
- die speziellen Persönlichkeitsmerkmale autistischer Menschen
- Veränderungen jeder Art, alles Unerwartete und Unvorhergesehene
- fehlende Struktur oder fehlende Informationen in Schule, Beruf und Alltag.

Stress durch Unerwartetes, Veränderungen und fehlende Selbstbestimmung

Die schlimmsten und folgenreichsten Stressauslöser sind in der Regel die Situationen, auf die man (tatsächlich oder vermeintlich) keinen Einfluss hat. Menschen werden immer dann mutlos, wenn sie das Gefühl haben, dass ihre eigenen Entscheidungen irrelevant für den Lauf ihres Schicksals sind. Wem es an Selbstbestimmung fehlt, der gerät in gesundheitlichen Stress.

Es ist also wichtig, selbst aktiv zu werden, das eigene Leben im Rahmen der persönlichen Voraussetzungen selbst in die Hand zu nehmen und Verantwortung dafür zu übernehmen. Auch Menschen mit Autismus sollten die Möglichkeit haben, aktiv an der Gestaltung ihres Lebens mitzuwirken. Man muss sie nach ihren Wünschen und Bedürfnissen befragen und ihnen dann helfen, ihre Ziele zu verwirklichen. Dabei kommt es insbesondere darauf an, Klarheit zu gewinnen über die eigenen Begabungen – einschließlich ihrer Grenzen – und das eigene Leben auf der Grundlage einer realistischen Selbsteinschätzung zu gestalten.

Ein solch aktives Vorgehen bietet außerdem Schutz und Sicherheit, denn es verringert die Häufigkeit der Situationen, in denen die Betroffenen mit Unerwartetem konfrontiert werden. Alles, was man selbst bestimmen und selbst kontrollieren kann, wirkt deutlich weniger bedrohlich und viel weniger anstrengend. Man tut autistischen Menschen also keinen Gefallen, wenn man alles ohne ihr Zutun für sie regelt – ganz im Gegenteil, man verschafft ihnen zusätzlichen Stress. Das heißt aber natürlich nicht, dass man sie vollkommen sich selbst überlassen darf. Es ist wichtig, sie ihre Entscheidungen fällen und eigene Erfahrungen machen zu lassen, auch dann, wenn der Weg vielleicht zunächst nicht richtig zu sein scheint. Auch autistische Menschen können sehr viel aus Fehlern lernen. Aber es ist genauso notwendig, sie dabei zu begleiten und ihnen notfalls auch zu helfen, die Entscheidungen, die sich als ungünstig herausgestellt haben, zu korrigieren.

Freiheit und Selbstbestimmung beschreiben auch zahlreiche Autoren in diesem Buch als sehr wesentlich für ihr Wohlbefinden. Sie wünschen sich, die Dinge tun zu können, die sie auch wirklich tun möchten. Die Arbeit mit autistischen Menschen muss sich daher noch stärker als bisher am Einzelnen ausrichten. Sie muss den Betroffenen die Möglichkeit bieten, aktiv mitzubestimmen, was für sie wichtig ist, welche Ziele sie haben, welche Lebenswege sie verfolgen möchten. Dafür ist es oft nötig, ihnen die Möglichkeiten aufzuzeigen und zu helfen, eine realistische Auswahl zu treffen. Eine solche individualisierte Unterstützung auch abseits vorgefertigter Strukturen ist eine Herausforderung für alle, die mit autistischen Menschen leben oder arbeiten, aber auch eine sehr befriedigende Aufgabe. Denn nur auf diese Weise sind Glück und Lebensfreude in jedem Einzelfall möglich.

Außerdem sind aber auch Sicherheit und Stabilität in allen Lebensbereichen wichtige Voraussetzungen für menschliches Wohlbefinden, und für Menschen mit Autismus gilt das ganz besonders. Auch aus diesem Grund tragen eine gute Ausbildung und eine sichere Arbeitsstelle, eine glückliche Partnerschaft, eine angemessene Wohnsituation mit einem sicheren Lebensumfeld, finanzielle Stabilität, gute Gesundheit, aber auch ein spirituelles oder religiöses Leben zum ganz persönlichen Glück bei (u. a. Bormans 2012). Die schnelllebige moderne Welt macht dieses Empfinden von Glück und Lebenszufriedenheit für autistische Menschen nicht einfach, da es natürlich immer wieder auch in ihrem Leben Veränderungen und unvorhersehbare Ereignisse gibt.

Rödler beschreibt die Veränderungsangst von Menschen mit Autismus und die resultierende Notwendigkeit zur Gleicherhaltung der Umwelt als das zentrale Merkmal autistischen Verhaltens (Rödler 2014, 379). Es ist also wichtig, die Betroffenen in Veränderungs- und Umbruchzeiten ganz besonders eng zu begleiten, denn diese stellen oft Krisenzeiten dar. Wann immer das möglich ist, sollte man die gewohnte Routine nicht unnötig oft durchbrechen oder zumindest geplante Veränderungen rechtzeitig ankündigen.

Auch autistische Menschen sind (manchmal mit Unterstützung) oft dann in der Lage, sich auf Variationen einzustellen, wenn sie die Möglichkeit haben, die Veränderungen in ihrem ganz eigenen Tempo zu bewältigen, wenn sie deren Sinn verstehen und im Vorfeld möglichst viele Kenntnisse darüber haben. Unwissenheit macht Stress, Wissen und Informationen dagegen mindern den Stress. Meetje Margret Witte, eine der Autorinnen dieses Buches, beschreibt das sehr schön: »Es muss nicht jeder Tag genauso wie der andere sein. Ein bisschen geplante Abwechslung ist schön. Wichtig ist aber, dass bestimmte Fixpunkte als ein ›stützendes Gerüst‹ eingehalten werden.« Die Erfahrung, etwas Neues entdeckt zu haben, was einem gefällt, kann auch für Menschen mit Autismus pures Glück bedeuten.

Neben all den Unwägbarkeiten des Lebens etwa hinsichtlich Partnerschaft und Familie, Beruf und Karriere, Gesundheit und Vitalität muss man aber ganz gezielt auch nach möglichst viel Stabilität suchen, Routinen und Rituale entdecken und in den Alltag einbauen, weil sie etwas Beständiges haben und daher Sicherheit vermitteln. Das kann ein fester Tagesablauf sein, der vor allem in schwierigen Zeiten Halt gibt, die kirchliche Zeremonie oder eigene Interessengebiete, insbesondere im sportlichen Bereich, die nach festen Regeln ablaufen und damit vorhersehbar sind.

Stress durch Sinneswahrnehmungen

Menschen mit Autismus empfinden anders als andere und geraten deshalb viel schneller in Situationen der Reizüberflutung. Entscheidend hierfür ist das hirnorganische System der Reizfilterung. Andere Menschen können »unwichtige« und störende Reize wegfiltern, autistischen Menschen gelingt das oft nicht.

Es ist aber wichtig, unwichtige Reize auszublenden, um sich auf das Wesentliche konzentrieren zu können und nicht dauernd etwa durch andere Geräusche gestört zu werden. Die empfindliche Sinneswahrnehmung autistischer Menschen spielt daher in allen Lebensbereichen eine große Rolle und macht beispielsweise den Schulalltag oder den Einkaufsbummel immer wieder zu Herausforderungen. Beides kann zu einer Überforderungssituation im Sinne einer Reizüberflutung führen. Informationen aus verschiedenen Sinneskanälen wie den Augen, Ohren und den anderen Sinnesorganen fließen ineinander und vermengen sich zu einem verwirrenden sensorischen Chaos (vgl. Miller 2020b). Zimpel beschreibt die empfindliche Wahrnehmung eines jungen Mannes, dessen Panikattacken aus der Reizüberflutung resultieren. Er hört »herannahende Flugzeuge viel früher als andere. Er zeigt dann genau in die Richtung, in der das Flugzeug später auch zu sehen ist. Wenn er beim Schlagzeugspielen die Geräusche selbst auslöst, stören sie ihn nicht. Plötzliche Geräusche, die er nicht einordnen kann, ängstigen ihn jedoch« (Zimpel 2014, 76).

Besonders oft erleben Betroffene diese Zustände der Reizüberflutung, wenn sie ohnehin schon müde und erschöpft sind. Es kann dann auch zu Wutanfällen oder anderen für die Umgebung unverständlichen Verhaltensweisen kommen, die immer wieder zu Vorwürfen führen wie Faulheit, schlechtes Benehmen usw. Einer der Gründe dafür ist, dass es sich bei der Reizüberflutung autistischer Menschen um eine Wahrnehmungseigenschaft handelt, die andere Menschen so nicht kennen, und sie dementsprechend oft auch nur wenig Verständnis für diese Zustände aufbringen können.

Man kann aber auf diesem Gebiet eine Menge für sich tun. So kann man lernen, störende Reize soweit wie möglich zu verringern: eine Sonnenbrille tragen, Wände in einer angenehmen Farbe streichen, am frühen Morgen oder am späten Abend einkaufen, wenn es nicht ganz so voll ist, »schwierige« Orte wie Einkaufszentren, laute Konzerte o. ä. meiden, wenn man das nur schwer ertragen kann etc. Manchmal ist jedoch ein bisschen Hilfe nötig, um herauszufinden, was angenehm ist. Durch gezielt ausgewählte Reize in adäquater Intensität lernt das Gehirn aber auch, sich Schritt für Schritt an die Reize anzupassen und sie angemessen zu verarbeiten. Dabei kann auch eine Ergotherapie sehr helfen.

Wie eine solche Behandlung aussehen kann, beschreibt Miller (2020a). So wird in der Ergotherapie u. a. gelehrt, dass man die Reizaufnahme hemmen kann durch

- Kälte (kaltes Wasser hilft bei Stress); dies erklärt auch die Tatsache, dass viele autistische Menschen in kalten Regionen besser zurechtkommen als bei großer Hitze und dann deutlich seltener eine Reizüberflutung bei sich bemerken
- Tiefdruck (feste Berührungen sind für autistische Menschen deshalb oft angenehmer als z. B. ein leichtes Streicheln); einige Hilfsmittel, die dieser Tatsache Rechnung tragen, sind im Fachhandel erhältlich (enge schwere Weste, die festen Druck ausübt und so den betroffenen Menschen zur Ruhe bringen kann; spezieller Sessel, der nach demselben Prinzip entwickelt wurde, Gewichtsdecke etc.)
- das möglichst detaillierte Wissen über die exakten Anforderungen (Vorwissen); autistische Menschen, die in der Regel nach umfassenden Informationen verlangen, tun so intuitiv genau das Richtige für sich

- eine ganz konkrete Aufgabe; das kann man sich zunutze machen, indem man sich für schwierige Situationen eine Tätigkeit sucht (z. B. das Fotografieren oder das Ausschenken von Getränken, um bei anstrengenden Familienfeiern eine Aufgabe zu haben – Fokusveränderung).

Besonders wichtig ist auch die Lebenserfahrung. Im Laufe der Zeit lernen auch Menschen mit Autismus, die eigenen Fähigkeiten und Bedürfnisse richtig einzuschätzen und so besser auf sich zu achten. Dann werden die Situationen der schweren Reizüberflutung meist deutlich seltener und dann wird das Leben in aller Regel ruhiger.

Stress durch ungünstige gesellschaftliche Entwicklungen

Auch Menschen mit Autismus spüren, dass sich unsere Welt immer schneller dreht und das Leben sich immer stärker verändert. Eine langjährige stabile Partnerschaft oder dieselbe Arbeitsstelle über ein gesamtes Arbeitsleben hinweg sind längst Ausnahmen geworden und nicht mehr die Regel. Aber auch die kleinen Dinge des Lebens verändern sich immer schneller – das Lieblingsrestaurant wird geschlossen, ein Betrieb von einem anderen übernommen, der Supermarkt an der Ecke, in dem man jahrelang einkaufte, durch einen anderen ersetzt, in dem man sich erst neu zurechtfinden muss.

Das Leben ist deshalb im Vergleich zu früher für autistische Menschen anstrengender geworden. Vor einigen Jahren kamen manche Betroffene noch größtenteils zurecht, aber heute geht das oft nicht mehr. Wir müssen uns immer schneller an immer mehr neue Situationen anpassen, ständig flexibel bleiben im Beruf, in Freizeit und Alltag, was oft überfordert.

Halt und Struktur finden Menschen mit Autismus dagegen in ihren Routinen und Ritualen, die deswegen gerade in anstrengenden, durch Veränderungen und Ungewisses geprägten Zeiten oft an Intensität und Häufigkeit zunehmen. Auch andere Menschen erleben es als wohltuend, wenn sie beispielsweise ihren Nachmittagskaffee stets um 16 Uhr trinken. Und wenn sich Besuch ankündigt, dann laden viele ihn gern genau zu dieser Zeit ein.

Daraus lässt sich ermessen, wie wichtig Rituale gerade für autistische Menschen sind, die in dieser schnellen Zeit noch höherem Druck und noch mehr Stress ausgesetzt sind. Nicht selten nehmen diese Routinen bei ihnen auch zwanghafte Züge an, wenn sie so festgefahren sind, dass sie sich auf nichts anderes mehr einlassen können. Im beschriebenen Beispiel käme man also beispielsweise nicht damit zurecht, wenn der Besuch erst um zehn nach vier einträfe.

Rituale beruhigen und stabilisieren, diesen Effekt nutzen beispielsweise auch Spitzensportler. Auch sie haben fast alle ihr ganz eigenes Ritual oder ihren kleinen T(r)ick, mit dem sie sich kurz vor dem Wettkampf beruhigen. Deshalb darf und sollte man Routinen, Rituale und Spezialinteressen auch autistischen Menschen zugestehen und wertschätzen, dass sie auf diese Weise eine Möglichkeit gefunden haben, sich Beruhigung und Entspannung zu verschaffen. Manchmal allerdings muss man die Beschäftigung mit dem Lieblingsgebiet, vor allem bei Kindern, zeitlich eingrenzen, damit auch noch andere Dinge erledigt und gelernt werden können. Ganz unterbinden aber darf man sie nicht, denn sie trägt ganz wesentlich zum Wohlbefinden bei.

In allen Lebensbereichen geht der Trend außerdem immer mehr zur Teamarbeit. Einzelkämpfer sind nicht mehr gefragt, Absprachen, Kompromisse und gemeinsame Projekte werden immer stärker gefordert. Das ist eine für autistische Menschen sehr schwierige Entwicklung, die viele von ihnen erst so richtig auffallen und an ihrer Situation verzweifeln lässt.

Sicher ist es sinnvoll, die Betroffenen schon früh auch an diese Arbeitsweisen heranzuführen und dabei besonders intensiv anzuleiten. Auch Menschen mit Autismus können mit Unterstützung einiges lernen, was ihnen zunächst sehr schwerfällt. Allerdings ist es insgesamt doch wichtig, auch ihnen ein Leben zu ermöglichen, mit dem sie langfristig zurechtkommen können, denn manches überfordert sie einfach. Manche Absprachen können schließlich auch schriftlich getroffen, Gruppenarbeiten in der Schule zumindest ab und zu durch ein Referat ersetzt werden.

Wenn man sich also die Mühe macht, individuelle Lösungen zu suchen, wird man sie in jedem Einzelfall finden. Gesellschaftliche Erwartungen lassen sich nicht zurückdrehen, aber sie lassen sich in manchen Fällen so modifizieren, dass auch autistische Menschen sie zumindest ansatzweise erfüllen können, und in anderen Fällen muss man versuchen, durch eine gezielte Förderung, Anleitung und kontinuierliche Begleitung des Betroffenen manche Fähigkeiten auch später noch zu vermitteln, die die anderen ganz selbstverständlich besitzen. Man muss dabei allerdings bedenken, wie anstrengend das ist und wie viel Mühe das bereitet. Auch die Akzeptanz der Andersartigkeit ist deshalb wichtig.

Stress in der Schule

Viele autistische Menschen beschreiben die Schule als die schwierigste Zeit in ihrem Leben. Die Auffälligkeiten werden oft erst in dieser Zeit richtig deutlich, weil sie sich manchmal erst durch den Vergleich mit Gleichaltrigen in ihrer Intensität erkennen lassen. Darin liegen die große Chance und auch die Verantwortung für Pädagogen. Denn durch Wohlwollen, Motivation und Engagement lassen sich viele kleine Lösungen im Sinne einer maßgeschneiderten Unterstützung finden. Das ist natürlich zeitaufwändig, aber es lohnt sich in jedem Einzelfall.

Sinnvoll können z.B. Maßnahmen sein wie (vgl. Schirmer 2010, Eckert 2014):

- die Strukturierung von Unterricht, Aufgaben und Lernumgebung
- Eindeutigkeit in der Sprache
- Visualisierungshilfen (Tages- und Ablaufpläne, Checklisten, visuelle Anleitungen, farbliche Markierungen etc.)
- Vorhersehbarkeit in Abläufen und Anforderungen, Mitteilung von Änderungen etc.
- kleinschrittige Lernprozesse
- Ritualisierung durch Wiederholungen, feste Abläufe und tägliche Routinen
- Aufgreifen von Spezialinteressen.

Ganz besonders wichtig ist es, den Nachteilsausgleich anzuwenden, um den betroffenen Menschen dieselbe Chance wie den Klassenkameraden zu ermöglichen, die Schule erfolgreich absolvieren zu können. Es geht dabei nicht darum, ihnen einen Vorteil zu gewähren, es sind nur die Nachteile auszugleichen, die sie in der Schule haben. Dafür muss man für jeden einzelnen Schüler in Abstimmung mit Eltern und Therapeuten überlegen, was sinnvoll und hilfreich ist. Ein paar Beispiele (vgl. Preißmann 2018b bzw. 2020a):

- Integrationshelfer für den betroffenen Schüler, der ihn im Unterricht begleitet und in den Pausen dabei unterstützt, mit den Klassenkameraden in Kontakt zu kommen
- Separate Aufgabenstellungen mit demselben Schwierigkeitsgrad, die aber für den betroffenen Schüler besser verständlich sind (z.B. bei Textaufgaben in Mathematik)
- Aufgabenstellungen werden gesondert erläutert

- Bei motorischen Schwierigkeiten erfolgt eine Freistellung vom Sportunterricht und nach Möglichkeit eine separate Förderung
- Bei Schwierigkeiten mit der Handschrift können längere Texte am Computer verfasst werden
- Die Räumlichkeiten werden nicht unnötig oft gewechselt, wenn sie im Hinblick auf Licht und Akustik geeignet sind
- Klassenarbeiten können in einem separaten, ruhigen Raum geschrieben werden, es wird ein individuell zu ermittelnder Zeitzuschlag gewährt
- Pausen können im Klassenzimmer oder an einem anderen geschützten Ort (z. B. Bibliothek) verbracht werden
- Etc.

Hänseleien und Mobbing

Menschen mit Autismus wirken oft sehr »anders« als die anderen, vieles an ihnen erscheint fremd und ungewohnt, und wer sich zu sehr von anderen Menschen unterscheidet, wird oft geärgert und gehänselt. Außerdem sind die Betroffenen häufig schüchtern, ängstlich, unsicher und ungeschickt in sozialen Situationen, haben nur ein geringes Selbstvertrauen und stellen sich aufgrund der motorischen Auffälligkeiten im Sport nicht sehr positiv dar. Ihre eigenen Vorlieben sind ihnen oft wichtiger als ihr Aussehen, hinsichtlich der Kleidung pflegen sie ihren ganz eigenen Stil, der sich meist nicht nach der aktuellen Mode richtet, sondern danach, was ihnen bequem und praktisch erscheint. Sie haben andere Interessen als die Gleichaltrigen und können mit deren Themen nur wenig anfangen: »Auch ich stand in der Schule meist abseits, war nicht einbezogen in die Gespräche der anderen über den letzten Nachmittag oder das vergangene Wochenende, hätte aber auch nicht gewusst, was ich da hätte beitragen sollen. Die anderen Mädchen unterhielten sich über die neuesten Modetrends, Musikgruppen, ihre Menstruation oder ähnliche Themen. Mich dagegen interessierten das Weihnachtsfest, Pläne aller Art und große Flughäfen, und während meine Klassenkameradinnen sich damit beschäftigten, welcher Junge besonders süß war, überlegte ich, welches Ziel die Lufthansa im kommenden Flugplan wohl zu welcher Uhrzeit ansteuern wird. Das alles passte also nicht recht zusammen, und natürlich bemerkten das beide Seiten, die anderen Kinder genauso wie ich selbst« (Preißmann 2018a, 41).

All diese Punkte tragen dazu bei, dass Menschen mit Autismus sehr oft Opfer von Mobbing werden; sie werden ausgegrenzt und stehen alleine, haben niemanden, der sie unterstützt und beschützt, und obwohl sie vor allem in der Schule nicht selten verzweifelt versuchen, einer Gruppe Gleichaltriger anzugehören, gelingt es ihnen oft nicht. Stattdessen nutzt man vielmehr ihre Naivität und Gutgläubigkeit aus. Mich hat man in der Schule immer ausgewählt, wenn es darum ging, die Lehrer zu ärgern. Ich war nicht böse und wollte das auch so nicht, aber die anderen haben mir immer vermittelt, sie hätten das so beschlossen und es sei doch die Regel, dass ich es dann auch tun müsste. Ich liebte Regeln für das soziale Miteinander und hatte deshalb keine Chance. Heute wünschte ich mir oft, man hätte mein Verhalten genauer hinterfragt, statt mich als faul und böse darzustellen, denn im Rückblick denke ich, dass es offensichtlich war, dass die Aktivitäten nicht von mir ausgingen. Ich wollte niemandem etwas Böses, und wenn ich heute daran zurückdenke, dann tut mir alles, was ich an Unrechtem getan habe, schrecklich leid. Die meisten autistischen Menschen sind vielmehr ausgesprochen lieb und auch liebenswürdig; sie wollen, dass alle Menschen gerecht und gleich behandelt werden und niemandem etwas zustößt.

Es ist aber oft nicht leicht, Mobbing bei autistischen Menschen zu erkennen, denn sie berichten von selbst meist nur wenig von ihrem Erleben und wissen oft nicht recht, wie sie sich ausdrücken sollen. Man muss daher sehr aufmerksam beobachten und auch kleinste Veränderungen registrieren, beispielsweise eine Veränderung der persönlichen Interessen oder ein auffällig verändertes Kontakt- oder Spielverhalten im Umgang mit den Geschwistern oder anderen Kindern. Und es ist sehr wichtig, durch Aufklärung und Information der Klassenkameraden Missverständnisse oder Fehlinformationen abzubauen und so ein besseres Miteinander zu ermöglichen. Das kann in allen Altersstufen geschehen, auch bereits im Kindesalter. Notwendig sind dafür aber engagierte und motivierte Pädagogen, die diesen Schritt begleiten, die die Mitschüler im Umgang mit dem autistischen Klassenkameraden anleiten und dabei einige wichtige Punkte beachten:

- Die Informationen, die man gibt, müssen dem Alter der Schüler angemessen sein
- Der betroffene Schüler selbst muss mit diesem Schritt einverstanden sein, man muss vorher mit ihm besprechen, ob er bei der Information der Klassenkameraden dabei sein möchte oder lieber nicht
- Wichtig ist es, nicht nur einseitig Schwächen und Schwierigkeiten des betroffenen Schülers zu betonen, sondern beide Seiten zu vermitteln, also das, was er besonders gut kann, genauso wie die Dinge, die ihm schwerfallen
- Man muss den Mitschülern den Sinn von Nachteilsausgleichen für den betroffenen Schüler vermitteln und ihnen dabei vor allem verdeutlichen, dass der Schüler mit Autismus dadurch nicht bevorzugt wird

- Sinnvoll ist zusätzlich eine persönliche Schilderung des Schülers mit Autismus, vielleicht im Rahmen eines Referats, was sich in vielen Fällen bewährt hat. Er kann auf diese Weise zunächst über den Autismus allgemein berichten und dann ganz persönlich beschreiben, wie sein Leben aussieht, was ihm gut gelingt, was er nicht gut kann, welches seine Wünsche sind und wie man ihn unterstützen könnte
- Der letzte Punkt ist wichtig; viele Klassenkameraden sind nämlich nach einer solchen Information und Aufklärung durchaus daran interessiert, dem Kameraden zu helfen. Man muss sie aber dabei anleiten und ihnen sinnvolle Möglichkeiten aufzeigen
- Entscheidend ist es, nicht nur Informationen zu geben über den Autismus und die Auffälligkeiten und Besonderheiten, sondern ganz gezielt unverständliche, provozierend wirkende Verhaltensweisen zu erläutern und zu erklären, dass dahinter keine böse Absicht steckt. Es ist ganz wesentlich für die Klassenkameraden, das Verhalten richtig einschätzen zu können. Ein Beispiel: Ein motorisch ungeschickter Schüler kann seine Extremitäten nicht gut koordinieren, manchmal hat es durch seine weit ausfahrenden Armbewegungen den Anschein, er wolle andere schlagen, und immer wieder interpretiert man sein versehentliches »Anrempeln« der Mitschüler als Boshaftigkeit. Die Erklärung seiner Ergotherapeutin, dass das keine böse Absicht darstellt, sondern dass er seine Bewegungen nicht immer kontrollieren kann, bedeutet für alle Beteiligten eine große Hilfe für das Verständnis und für ein besseres Miteinander.

Überhaupt ist es wichtig, erst einmal nachzufragen, wenn man ein Verhalten nicht verstehen kann. Das sollte für alle Beteiligten zum Grundsatz werden. Rödler betont, man müsse nämlich »grundsätzlich davon ausgehen, dass menschliches Verhalten immer subjektiv sinnvoll ist. Es geht darum, auf der Basis der Entschlüsselung der jeweiligen Zusammenhänge von biologischen Voraussetzungen, sozio-kulturellen Erfahrungen und individualhistorisch entstandener Identität ein passendes pädagogisches Angebot zu finden« (Rödler 2014, 378).

Inklusion

2006 verabschiedeten die Vereinten Nationen eine Behindertenrechtskonvention. Artikel 24 darin verpflichtet zu einem »inklusiven Bildungssystem«, behinderte Kinder sollen also die normale Regelschule besuchen. Die so verordnete Inklusion bewirkt die wohl folgenreichste Veränderung an deutschen Schulen seit der Einführung der Schulpflicht, denn mit Rollstuhlrampen und Behindertentoiletten ist es nicht getan. Kinder mit Handicap sollen in der normalen Schule nicht nur dabei sein dürfen, sondern dort ganz individuell gefördert werden. Eine riesige Herausforderung für jede der über 30 000 Schulen in Deutschland, die traditionell Homogenität als Ideal anstrebten, obwohl schon immer alle Schüler unterschiedlich waren. Und vor allem für die Lehrer, die (zum größten Teil jedenfalls) die Schüler angehalten haben, sich an den Unterricht anzupassen, und nun die Vorgabe erhalten, den Unterricht an die Schüler oder vielmehr an jeden einzelnen Schüler anzupassen. Die Inklusion verändert das System Schule und den Lehrerberuf ganz wesentlich. Und auch nach der Schule geht es ja weiter, denn jeder Mensch soll ganz selbstverständlich überall dabei sein dürfen und können.

Was bedeutet das nun für Menschen mit Autismus?

Für viele von ihnen ist die Inklusion eine große Chance, weil sie die Möglichkeit erhalten, ganz selbstverständlich gemeinsam mit den Gleichaltrigen zu lernen und zu leben. Sie können in vielen Fällen einen regulären Schulabschluss machen, der an einer Förderschule oft nicht möglich wäre. Und sie haben die Gelegenheit, von den Klassenkameraden vieles ganz nebenbei zu lernen, was sie sich ansonsten wohl nicht aneignen könnten. Längerfristig wird sich das in vielen Fällen bemerkbar machen an einer größeren Selbstständigkeit – und hoffentlich auch an einer höheren Lebenszufriedenheit. Dazu allerdings ist es nötig, die Inklusion gut zu begleiten und die Schulen personell wie methodisch in die Lage zu versetzen, die Kinder individuell nach ihren Möglichkeiten zu fördern. Dass das gelingen kann, zeigen zahlreiche positive Beispiele von Modellschulen – die allerdings meist mit einem höheren Personalschlüssel ausgestattet waren und so die Möglichkeit hatten, Erfahrungen damit zu sammeln, einen eigenen Lehrplan nicht für einen Jahrgang, sondern einen für jedes einzelne Kind zu erstellen. Eine inklusive Schule ist also neben dem Faktor »Lehrer« auch eine Frage der Ressourcen.

Aber es gibt auch solche Kinder und Jugendliche mit Autismus, die aufgrund ihrer Auffälligkeiten nicht so einfach in eine normale Schule integriert werden können oder denen es damit nicht gut geht. Gerade für autistische Menschen ist es daher wichtig, die Förderschulen nicht gänzlich abzuschaffen, damit diese Menschen nicht als »hoffnungslose Fälle« übrig- und damit auf der Strecke bleiben als die Verlierer eines inklusiven Bildungssystems, in dem es eigentlich keine Verlierer mehr geben sollte. Wir brauchen kluge, engagierte und mutige Pädagogen, die erkennen können, was wann möglich und sinnvoll ist, die sich dafür einsetzen, auch das scheinbar Unmögliche möglich zu machen – und die doch auch die Grenzen erkennen und nach Lösungen suchen, mit denen alle leben können. Das wird die große Herausforderung bei der inklusiven Beschulung von Menschen mit Autismus darstellen.

Und schließlich sind da auch die anderen Schüler, für die die Inklusion ebenfalls eine große Chance darstellen kann. Es wird zukünftig selbstverständlicher werden, in Kontakt zu kommen und einen ganz »normalen« Umgang zu pflegen mit Menschen, die nicht der Norm entsprechen. Es wird unproblematischer werden, Individualität zu leben und ungewöhnliche Wege zu gehen – und auch tolerant zu sein gegenüber Denjenigen, die für sich ungewöhnliche Lebensentwürfe wählen. Die Inklusion ist also nicht nur für Menschen mit Behinderungen da; die gesellschaftliche Aufgabe, Vielfalt zu fördern und Barrieren abzubauen, nützt vielmehr allen Menschen und nicht nur einer Minderheit.

Stress durch eine ungünstige Arbeitssituation

Es macht unglücklich, keine Arbeit zu haben, und eine regelmäßige berufliche Tätigkeit hat auch für Menschen mit Autismus eine sehr große Bedeutung. Viele sind traurig und depressiv, weil es ihnen trotz vieler Bemühungen jahrelang nicht gelingt, beruflich Fuß zu fassen, und regelmäßig blühen sie auf, wenn sie in beruflicher Hinsicht eine realistische Chance erhalten.

Es ist also wichtig, Hilfen im Hinblick auf Arbeit und Beruf anzubieten. Nach wie vor ist es nämlich so, dass etwa 65 % der Menschen mit Autismus in einer Behindertenwerkstatt arbeiten und hier der Schwerpunkt viel zu häufig auf »Verwahrung« der Betroffenen statt auf Projekten zur Hinführung auf die aktive Teilhabe am Arbeitsleben liegt. Weitere 30 % der Betroffenen sind ohne Arbeit und nur etwa 5 % auf dem allgemeinen Arbeitsmarkt tätig (Baumgartner et al. 2009; Rickert-Bolg 2014). Menschen mit Asperger-Syndrom, für die die Tätigkeit in der Werkstatt eher keine Option darstellt, sind in besonders starkem Ausmaß (bis zu 90 %!) von Arbeitslosigkeit betroffen (Sullings 2014). Und auch dann, wenn sie eine Arbeitsstelle haben, ist es oft keine Tätigkeit, die den ganz persönlichen Kenntnissen und Fähigkeiten entspricht. Da vom Sozialverhalten eines Menschen häufig auch auf die fachliche Kompetenz geschlossen wird, müssen viele autistische Menschen weit unterhalb ihrer Möglichkeiten arbeiten (u. a. Hendricks & Wehman 2009; Shattuck et al. 2012). Viele Tätigkeiten, die eine höhere fachliche Qualifikation erfordern, gehen aber mit deutlich geringeren Anforderungen einher, was das Soziale betrifft, während vermeintlich »leichte« Berufe aufgrund der Rahmenbedingungen für die Betroffenen oft gar nicht zu leisten sind.

Es ist also wichtig, die oft sehr gut qualifizierten autistischen Menschen in Arbeitsprozesse einzugliedern, die auch ihren Kenntnissen und Fähigkeiten entsprechen, und das ist längst noch keine Selbstverständlichkeit. In den letzten Jahren gab es einige Bemühungen, Menschen mit Autismus als Arbeitnehmer einzustellen, insbesondere als Softwaretester, sie durch »Job-Coaching« und andere individuelle Hilfen auf die Tätigkeit vorzubereiten und den Arbeitsbeginn im Betrieb so zu begleiten, dass sie eine gute Arbeit leisten können. Eine Stelle im IT-Bereich scheint für viele Betroffene günstig zu sein, weil sie ihrer Detailwahrnehmung und dem technischen Interesse Rechnung trägt (Kirchner & Dziobek 2014).

Auch beobachten Experten ein Umdenken zahlreicher großer Firmen, die in Zeiten geburtenschwacher Jahrgänge um Fachkräfte ringen. Einige von ihnen, insbesondere aus dem Maschinenbau bzw. der Computerspiel-Entwicklung, haben bereits reagiert und ermöglichen es den Arbeitsgruppen bereits heute, selbstständig zu entscheiden, in welcher Zeit sie welche Aufgaben erledigen wollen (Pütz 2015). Diese Flexibilität der Unternehmen wird es künftig ein bisschen einfacher machen, auch auf Menschen mit Autismus als Arbeitnehmer in geeigneter Weise zu reagieren. Dafür ist es nötig, die Arbeit auf die Möglichkeiten des einzelnen Betroffenen abstimmen, also evtl. häufige kleinere Pausen zu ermöglichen, flexible Arbeitszeiten anzubieten etc. Dass solche Maßnahmen sehr erfolgreich sein können, beschreibt auch Iris Köppel in ihrem Bericht (S. 67).

Man erkennt zunehmend, dass in der Regel nicht nur die Arbeitsleistung der autistischen Angestellten sehr gut ist, sondern dass sie außerdem auch viel zur Verbesserung des Arbeitsklimas in ihrem Team beitragen. So hat z. B. die Firma SAP im IT-Bereich die Erfahrung gemacht, dass alle Mitarbeiter auf einmal viel ehrlicher und respektvoller miteinander umgingen. Das ist eine sehr schöne Feststellung, die ein bisschen ermutigen kann. Trotzdem brauchen wir noch viel mehr Betriebe, die den Mut und das Engagement haben, auch solchen »Menschen, die nicht ins typische Raster passen, eine Chance zu geben und Arbeitsplätze mit individuell angepassten Strukturen zu schaffen« (Rickert-Bolg 2014, 277). Und die dadurch den betroffenen Menschen auch die Möglichkeit geben, die so wichtige Anerkennung und Wertschätzung für ihre Arbeitsleistung erfahren zu dürfen, was ganz entscheidend ist für die Lebenszufriedenheit aller Menschen und sowohl in der Literatur als auch von den Autoren der vorliegenden Berichte als ein sehr wichtiger, vielleicht sogar als der entscheidende Aspekt beschrieben wird.

Unpassende Arbeitsinhalte und Arbeitsbedingungen können krank machen. Gleichzeitig ist die Arbeit aber eben auch ein wichtiger Schutzfaktor für das eigene Wohlergehen. Sie gibt dem Leben einen Sinn, sie schafft Struktur und auch ein soziales Netz. In einer Untersuchung änderte sich das Selbstbild von jungen Erwachsenen, die in der Schule dauernd Schwierigkeiten hatten, schlagartig zum Besseren, sobald sie einen Job bekamen, der ihnen Spaß machte, in dem sie ihre Stärken nutzen konnten und Anerkennung für ihre Leistung erhielten (Werner 1992).

Menschen mit Autismus haben durchaus auch viele Fähigkeiten und Ressourcen, die auf dem Arbeitsmarkt gefragt sind. In der Regel sind sie pünktlich und zuverlässig, möchten nicht dauernd mit den Kollegen Pause machen, sondern bleiben lieber an ihrer Arbeit. Sie arbeiten exakt und genau und geben sich nur mit dem bestmöglichen Ergebnis zufrieden. Aufgrund ihrer auf Details ausgerichteten Wahrnehmung erkennen sie manchmal auch solche Einzelheiten, die anderen Menschen gar nicht auffallen. Solche Fähigkeiten nutzt man immer häufiger ganz gezielt aus, wenn es etwa darum geht, winzige Fehler zu erkennen. Für diese Tätigkeiten, die anderen Menschen langweilig erscheinen, können Menschen mit Autismus oft über einen langen Zeitraum eine ganz erstaunliche Konzentration aufbringen. Sie sind gegenüber anderen vor allem dann im Vorteil, »wenn es um ununterbrochene Aufmerksamkeit geht. Sie sind leistungsmotivierter und weniger schnell gelangweilt als andere« (Thivissen 2013, 46). Insbesondere die speziellen Interessen autistischer Menschen stellen eine wertvolle Ressource dar, die in vielen Fällen auch beruflich genutzt werden kann (Kirchner & Dziobek 2014, Huber 2009). Mir selbst fällt beispielsweise das Korrekturlesen von Texten sehr leicht, ich erkenne auf Anhieb jede kleine formale Auffälligkeit. Das ist ganz hilfreich, wenn man Bücher oder andere Texte verfasst, mein Lektorat hat dann nie so ganz viel Arbeit mit mir.

Aber sehr oft stellen auch die Arbeit selbst und das Arbeitsumfeld für autistische Menschen große Stressfaktoren dar. Immer wieder gibt es problematische Situationen, Unverständnis, Missverständnisse und Anforderungen, die nicht erfüllt werden können. Es ist also sehr wichtig, schwierige und krank machende Faktoren zu identifizieren, um gezielt Maßnahmen zur Unterstützung anbieten zu können. In Untersuchungen wurden u. a. folgende Gründe ermittelt, die das Berufsleben für autistische Menschen schwer machen (Hurlbutt & Chalmers 2004, Kirchner & Dziobek 2014):

- notwendiger Körperkontakt mit anderen Menschen
- Probleme mit Kollegen und Vorgesetzten, auch durch »ungeschriebene Regeln und Gesetze«, deren Einhaltung selbstverständlich erwartet wird, die für die Betroffenen aber formuliert werden müssten
- Sinnesreize wie z. B. Gerüche und Hintergrundgeräusche, die von der Arbeit ablenken, flackerndes Neonlicht etc.
- zu wenig Zeit, um die Informationen verarbeiten zu können, Arbeiten unter Zeitdruck und mit rasch wechselnden Arbeitsinhalten
- soziale Begleitaktivitäten wie Ausflüge o. ä., die den meisten Angestellten Spaß machen und den Zusammenhalt im Team fördern sollen, die für autistische Menschen aber Stress bedeuten
- aufkommende Probleme können oft nicht kommuniziert werden.

Für manche dieser Punkte kann man sehr leicht eine Lösung finden, wenn man um die Problematik weiß. Ganz entscheidend ist daher auch im beruflichen Umfeld die Information der Kollegen, die oft für Entlastung und Erleichterung sorgt. Wenn man um die Auffälligkeiten weiß, kann man vieles ganz anders einordnen, was sonst als gezielte Provokation wahrgenommen würde. Meine Kollegin in der Klinik beispielsweise sagte mir eines Tages, sie könnte »in die Luft gehen«. Ich dachte, sie wollte mit mir über ihre Urlaubspläne sprechen, und fragte sie, wohin sie denn gern fliegen würde. Dass sie sich über einen Patienten geärgert hat, habe ich nicht gemerkt. Es war wichtig, dass sie Bescheid wusste über meine Schwierigkeiten mit zweideutigen Äußerungen, denn sonst hätte sie mich vermutlich für reichlich unsensibel gehalten.

In jedem Einzelfall müssen ganz individuelle Hilfen überlegt werden. Nach Dalferth (2014, 232) sind insgesamt vor allem folgende Faktoren für eine erfolgreiche Berufstätigkeit wichtig:

- strukturierter Arbeitsalltag
- sorgfältige Berufswahl bzw. Wahl der Arbeitsstelle
- Begleitung durch professionelle Fachkräfte mit dem Angebot sozialer Trainingsmöglichkeiten
- im Fall einer Berufsausbildung: Kooperation mit den Angehörigen
- ggf. Begleitung durch einen Job-Coach
- ausreichend Zeit für die berufliche Qualifizierung bzw. Einarbeitung
- möglichst wenige Veränderungen
- reizreduzierte Arbeitsplätze
- Ruhe- und Rückzugsraum
- visualisierte Arbeitsabläufe

- feste Ansprechpartner im Betrieb.

Auch autistische Menschen wollen arbeiten. Nur eben manchmal ein bisschen anders, mehr im Einklang mit ihren Bedürfnissen und Möglichkeiten. Um sie in Arbeitsprozesse einzubinden, bedarf es häufig nicht der Vermittlung von fachlichem Know-how, sondern der Förderung des Verständnisses für soziale Prozesse (Dalferth 2014). Wenn die Betroffenen von einer Sache überzeugt sind, geben sie alles. Um sie auch im Hinblick auf Arbeit und Beruf zu integrieren, ist es notwendig, nach diesen ganz eigenen Bedürfnissen zu schauen. Während sich andere Menschen ein selbstständiges Arbeiten wünschen und eine bestmögliche Work-Life-Balance, profitieren Menschen mit Autismus am meisten von Struktur, Vorhersehbarkeit und einer zuverlässig guten Anleitung und Begleitung. Das ist nicht besser oder schlechter, nur eben ein bisschen anders, aber Andersartigkeit darf kein Kriterium sein, die Betroffenen von einer Berufstätigkeit auszuschließen.

Man darf zuversichtlich sein, dass es irgendwann gelingen wird, zu erkennen, dass nicht nur Schnelligkeit und Geselligkeit zählen, sondern dass auch Eigenschaften wie Zuverlässigkeit, Lebensfreude, Kreativität und die Fähigkeit, bestehende Strukturen zu hinterfragen, neues Denken und neue Ideen anzubieten, die Gesellschaft voranbringen.

Stress durch fehlende psychosoziale Unterstützung

Die Versorgungssituation insbesondere für erwachsene Menschen mit Autismus ist leider nach wie vor ungenügend. Mehreren hunderttausend Betroffenen steht nur eine kleine Anzahl von Experten gegenüber, die sich in größerem Umfang mit diesem Thema beschäftigen. Spezialambulanzen sind meist den großen Universitätskliniken angegliedert, werden häufig von wechselnden Ärzten betreut und auch wieder geschlossen, wenn der Chefarzt, der sich dafür eingesetzt hat, an eine andere Klinik wechselt und durch einen Nachfolger mit anderen Schwerpunkten ersetzt wird.

Auch sind diese Spezialabteilungen in aller Regel Anlaufstellen für die Diagnostik, die zwar wichtig, aber doch lediglich ein erster Schritt bei der Versorgung autistischer Menschen ist. Möglichkeiten zur Krisenintervention ebenso wie langfristige psychotherapeutische Angebote, ergotherapeutische Unterstützung, sozialarbeiterische Begleitung und lebenspraktische Anleitung fehlen oft. In den zahlreichen Autismus-Therapieinstituten (Adressen finden sich unter www.autismus.de) gibt es immer mehr Angebote auch für erwachsene Menschen, was sehr zu begrüßen ist, es bleibt jedoch das Problem der Finanzierung. Sobald der Betroffene nämlich einer bezahlten Tätigkeit nachgeht, muss die Behandlung meist aus eigener Tasche bezahlt werden. Das steht übrigens der geforderten Inklusion doch deutlich entgegen, es ist deshalb Aufgabe des Gesetzgebers, hier nachzubessern.

Es bleiben die niedergelassenen Ärzte und Therapeuten. Leider jedoch lehnen viele von ihnen die Behandlung ab mit der Begründung, sie hätten nicht genug Ahnung von und Erfahrung mit der Thematik. Wichtig sind also auch zukünftig Möglichkeiten für diese Therapeuten, sich zu informieren und zu qualifizieren, vor allem aber solche Veranstaltungen, die ihnen ein bisschen die Angst vor dem Unbekannten nehmen und die Befürchtung, etwas »falsch machen« zu können, die häufig geäußert wird.

Wesentlich ist einfach die Bereitschaft, sich engagiert, motiviert und unvoreingenommen dieser Aufgabe zu stellen und sich für eine Arbeit mit autistischen Menschen zur Verfügung zu stellen, die häufig als herausfordernd, aber doch auch als schön und bereichernd empfunden wird (vgl. Preißmann 2018b).

Es erscheint primär nicht vorrangig, Fachleute mit langjähriger Erfahrung auf dem Gebiet des Autismus zu finden, sondern es ist wichtig, den Therapeuten, die für diese Problematik offen sind und die sich gern auf die Arbeit mit den Betroffenen einlassen möchten, die Möglichkeit zu geben, diese Erfahrungen zu sammeln, und sie für eine Zusammenarbeit mit autistischen Menschen zu motivieren und anzuleiten.

Therapeutisch kommen bei Menschen mit Autismus viele unterschiedliche Maßnahmen in Betracht, die sich ganz nach der jeweiligen Lebenssituation und den individuellen Voraussetzungen richten. Strunz und Dziobek (2015) beschreiben folgende Aspekte, die bei der therapeutischen Arbeit mit autistischen Menschen wesentlich erscheinen:

- therapeutische Beziehungsgestaltung
- Identitätsfindung
- soziale Interaktion und Kommunikation
- Stressbewältigung
- berufliche Integration
- Behandlung von komorbiden Störungen.

Angefügt werden sollten sicherlich noch die individualisierte und die ressourcenorientierte Behandlung (s. u.) sowie die gesellschaftliche Integration, die so unterschiedliche Bereiche umfasst wie Wohnen, Freizeitgestaltung, Teilhabe in der Politik, Mobilität, Zugang zum Gesundheitswesen etc. (vgl. Preißmann 2018b, 130).

Natürlich muss man in den verschiedenen »Phasen«, die Menschen mit Autismus nach ihrer diagnostischen Einschätzung durchlaufen, auch unterschiedlich mit ihnen arbeiten. Das könnte dann etwa so aussehen:

- Zu Beginn: Aufklärung und Beratung (Psychoedukation)
- In schwierigen Lebenssituationen: Krisenintervention
- In stabilen Lebenssituationen: Beratung und Begleitung im Alltag
- Beratung und Begleitung auch des Umfelds: Eltern, sonstige Angehörige, Arbeitgeber etc.
- Selbsthilfe (und ggf. Laienhilfesysteme) als sinnvolle ergänzende Maßnahmen.

Meist sollte eine Einzeltherapie durchgeführt werden; zusätzliche Gruppenmaßnahmen können aber hilfreich sein.

Personenzentriertes und ressourcenorientiertes Vorgehen

Eigentlich sollte jede Therapie dem jeweiligen Menschen individuell angepasst werden, ganz besonders wichtig ist das jedoch auf dem Gebiet des Autismus. Maßnahmen, die für einen Betroffenen passen, können beim nächsten schon erfolglos oder unsinnig sein: »Keine zwei Menschen sind gleich, auch nicht zwei mit derselben Behinderung (...). Dieser individuellen Verschiedenartigkeit entsprechen vielfältige und ganz unterschiedliche Möglichkeiten, das Leben zu bewältigen« (Pörtner 2008, 27). Das macht die Behandlung zu einer manchmal schwierigen Herausforderung, aber gleichzeitig auch zu einer spannenden und schönen Aufgabe, die neben Fachwissen über die unterschiedlichen Lebensentwürfe Professionalität, Ausdauer und Kreativität erfordert.

Personenzentriert arbeiten heißt bei Menschen mit Autismus (Pörtner 2005, 31):

- sie in ihrer persönlichen Eigenart ernst zu nehmen
- sie zu unterstützen, eigene Wege zu finden, um realistisch und konstruktiv mit ihren Eigenarten umgehen zu können
- mit ihnen, nicht für sie die Probleme zu lösen
- ihnen Selbstverantwortung zuzutrauen
- ihre Ressourcen wahrzunehmen und, wenn sie das möchten, zu fördern
- nicht zu interpretieren, sondern zu versuchen, sich bestmöglich in ihr Erleben und in ihre Welt zu versetzen.

Es ist wichtig, realistisch zu bleiben, gleichzeitig aber auch den Blick auf die ganz persönlichen Stärken zu lenken. Lange hat man den Autismus hauptsächlich durch eine Aufzählung von Defiziten definiert. Kein Mensch aber ist ausschließlich eine Summe seiner Unzulänglichkeiten, jeder hat auch ganz viele positive Seiten und Fähigkeiten. In den letzten Jahren ist die Sicht auf diese »andere« Seite des Autismus hinzugekommen. Nun kann man vieles definieren, was die Betroffenen zu wertvollen Menschen macht (vgl. auch Preißmann 2018a, 68): Sie sind in der Regel zuverlässig, ehrlich, gutmütig, hilfsbereit und haben einen ausgeprägten Gerechtigkeitssinn. Sie sind liebe und vor allem im Erwachsenenalter meist sensible, ruhige Menschen, die keinesfalls andere Menschen verletzen oder schlecht über andere reden möchten. Manche der Auffälligkeiten autistischer Menschen erscheinen zunächst als Hindernisse und als »schlechte« Eigenschaften, aber wenn man sie hinterfragt und zu deuten versucht, erkennt man meist das ausgesprochen gutmütige Wesen. Und erst dann kann man auch versuchen, diese Eigenschaften in den unterschiedlichsten Lebensbereichen zu nutzen.

Diese Ressourcenaktivierung ist ein ganz wesentlicher Wirkfaktor für psychotherapeutische Veränderungen (Walter 2014), ein ressourcenorientiertes Vorgehen ist daher eigentlich in jeder Psychotherapie obligat: »Bei der Verbesserung von Lebenszufriedenheit geht es darum, Wohlbefinden durch eigenes Engagement so zu beeinflussen, dass dies persönlich Sinn ergibt. Die Therapie zielt auf die Auseinandersetzung mit eigenen Lebenszielen und den Einsatz eigener Stärken« (Frank 2013, 28). So hat man festgestellt, dass Menschen von einem gezielten »Stärkentraining« profitieren können, das seither in Schulen und an Universitäten in den USA Anwendung findet. Die Teilnehmer lernen hier, wie sie eigene positive Gefühle verstärken oder sich entspannen können und wie sie besser mit anderen Menschen zurechtkommen (Seligman et al. 2005). Als einfach durchzuführende Maßnahme empfehlen Fachleute, an jedem Abend vor dem Zubettgehen drei Dinge aufzuschreiben, die an diesem Tag gut gelaufen sind, und die Gründe dafür zu benennen. Dies verbessert nachgewiesenermaßen die Stimmung, da man die Aufmerksamkeit bewusst auf das Positive richtet und sich besser daran erinnert (Walter 2014).

Es ist sinnvoll, auch mit autistischen Menschen in diese Richtung zu arbeiten. In beruflicher Hinsicht wird ein »Stärkentraining« schon seit vielen Jahren v. a. von »AutWorker« angeboten (vgl. Seng 2014), es sollte auch auf die übrigen Lebensbereiche ausgeweitet und wissenschaftlich evaluiert werden. Und auch in der Therapie ist es wichtig, Menschen mit Autismus an ihre Stärken und Fähigkeiten zu erinnern und ihnen zu helfen, diese ganz gezielt einzusetzen.

In Untersuchungen wurde gezeigt, dass eine »Wohlfühl-Therapie« (»Wellbeing therapy«, WBT), die neben Problemlösestrategien und Selbstsicherheitstraining auch genussförderliche Strategien lehrt, die das Wohlbefinden verbessern können, vor allem im Hinblick auf depressive Störungen sehr gute Erfolge zeigt (Ruini & Fava 2012, Fava et al. 1998). Es wäre sinnvoll, die Wirksamkeit einer solchen Maßnahme auch für Menschen mit Autismus zu überprüfen, denn die dabei vermittelten Strategien betreffen die Bereiche Autonomie, Meistern der Umwelt, persönliches Wachstum, Suche nach Sinn im Leben, Selbstakzeptanz und positive soziale Beziehungen, die ja auch hier eine große Rolle spielen.

Behandlungsziele

Die Therapieziele bestehen in einer Verbesserung der Selbstständigkeit und vor allem der Lebensqualität des Betroffenen. Niemals dürfen im Rahmen therapeutischer Maßnahmen ethische Aspekte, Menschlichkeit und Menschenwürde missachtet werden. Respekt und ein dem Alter des betroffenen Menschen angemessenes Vorgehen sollten selbstverständlich sein. Therapeutische Angebote, die auch die Eltern von Menschen mit Autismus quasi als »Co-Therapeuten« mit einbeziehen, um praktisch »rund um die Uhr« mit ihnen zu arbeiten, können daher nicht richtig sein. Kinder sind Kinder und dürfen nicht rund um die Uhr arbeiten, sie brauchen auch die Möglichkeit, sich im Spiel ihren Interessen zu widmen. Und Eltern sind Eltern und eben keine Therapeuten. Sie können gewisse Dinge natürlich im Alltag mit ihren Kindern üben, das ist auch sinnvoll, aber sie dürfen den Kontakt zu ihren Kindern nicht aufs Spiel setzen und nicht zulassen, dass eine Beziehung, die eigentlich aus Liebe aufgebaut sein sollte, nur noch aus Lernen besteht.

Das wichtigste Behandlungsziel ist die Lebenszufriedenheit, daher greifen Versuche, Behandlungsmöglichkeiten anhand des »Funktionierens« autistischer Menschen evaluieren zu wollen, deutlich zu kurz. Alleiniges Funktionieren kann niemals der Maßstab sein.

Insgesamt gibt es bei der therapeutischen Versorgung deutlichen Nachholbedarf. Eine Untersuchung zeigt, dass sich die Situation und die sozialen Lebensumstände für Erwachsene mit einer Autismus-Spektrum-Störung in den letzten fünf Jahrzehnten nur sehr wenig verbessert haben (Howlin & Moss 2012). Gleichzeitig aber besteht ohne Zweifel bei jedem Betroffenen das Potenzial, neue Fähigkeiten zu erwerben und sich neues Wissen anzueignen. Notwendig dafür sind jedoch passende Unterstützungsmaßnahmen und Interventionen, um die bestehenden Schwierigkeiten zu verbessern und die eigenen Fähigkeiten auf eine funktionale Art und Weise zu nutzen.

Laienhilfe

Eine sinnvolle ergänzende Maßnahme könnte darin bestehen, geeignete und interessierte Menschen zu motivieren, sich für eine Begleitung von Menschen mit Autismus zur Verfügung zu stellen. Die Betroffenen haben oft große Schwierigkeiten bei alltäglichen Verrichtungen, die die meisten Menschen ganz selbstverständlich beherrschen. Da liegt es auf der Hand, solche Menschen zu gewinnen, die sie dabei anleiten können.

Erfolgreiche Beispiele ähnlicher Art gibt es bereits: Im Medizinstudium beispielsweise wird an manchen Universitäten jedem Studenten, der das möchte, ein erfahrener Arzt zur Seite gestellt, der ihn bei Fragen aller Art unterstützt. Was hier mit vielen tausend Studenten funktioniert, sollte auch mit autistischen Menschen möglich sein. In beruflicher Hinsicht finden sich sicher Unternehmer, leitende Angestellte etc., die bereit sind, Betroffene mit demselben Berufswunsch zu unterstützen, ihnen einen Einblick zu geben in das Arbeitsfeld und vielleicht auch bei der Stellensuche zu helfen. Im Wohnbereich gibt es bestimmt erfahrene Hausfrauen, die Tipps und Informationen geben können für das Sauberhalten der Wohnung, sinnvolles Einkaufen oder das Zubereiten schmackhafter und gesunder Nahrung. Und so könnte man auch für andere Lebensbereiche entsprechende Möglichkeiten finden. Viele Menschen möchten sich engagieren, viele andere könnten davon profitieren. Da liegt es auf der Hand, in Zeiten knapper Ressourcen auf regionaler Ebene die Interessierten zusammenzuführen. Das wäre ein Gewinn für beide Seiten.

Bedenken muss man dabei aber immer, dass das Laienhilfesystem eine professionelle Unterstützung selbstverständlich nur ergänzen, nicht jedoch ersetzen kann.

Stress aufgrund der eigenen Persönlichkeitsfaktoren

Menschen mit Autismus zeichnen sich durch Eigenschaften aus, die in vielen Fällen nützlich und gut sind, die aber in anderen Momenten auch Schwierigkeiten bereiten können.

Problemorientierung, Pessimismus

Viele Betroffene finden nach (objektiv manchmal nur unbedeutend erscheinenden) persönlichen Problemen nur schlecht zur Ruhe. Sie kommen nicht davon weg, können nur schlecht abschalten, grübeln viel darüber nach und machen sich permanent Gedanken darüber. Eine solch problemorientierte Haltung hilft aber meist nicht weiter. Wichtig ist stattdessen ein in erster Linie lösungsorientierter Ansatz, also die grundsätzliche Annahme, dass Probleme gelöst werden können. Statt immer wieder im Kopf um ein Problem zu kreisen, sollten wir also prüfen, was gut funktioniert. Und wenn etwas nicht gut ist, sollten wir uns mit etwas Abstand neu orientieren und überlegen, was wir zur Verbesserung tun können. Es ist also wichtig, zu entscheiden, was guttut und weiterbringt, und darauf dann Energie und Aktivitäten auszurichten. Manchmal kann es aber sinnvoll sein, dafür auch etwas Hilfe in Anspruch zu nehmen. Mitunter steht man nämlich zu nah an einem vermeintlich unüberwindlichen Problem, um selbst die Lösungen finden zu können. Es braucht dann jemanden »von außen«, der mögliche Maßnahmen aufzeigt und der auch dabei hilft, zu akzeptieren, was nicht zu ändern ist.

Auch das fällt autistischen Menschen nämlich sehr schwer. Statt aus schwierigen Situationen und Krisen zu lernen, treten sie oft auf der Stelle. Dabei bietet das Leben auch für die Betroffenen die Chance, Lebenserfahrung zu sammeln und gestärkt aus Misserfolgen herauszugehen. Das bezeichnet man als Resilienz (vgl. Preißmann 2019). Viele betroffene Menschen beschreiben (auch in diesem Buch), dass sie die Krisen ihres Lebens als Chancen erlebt haben, voranzukommen, geeignete Hilfen zu erhalten und einen anderen Blickwinkel zu erlangen, hin zu mehr Gelassenheit und Dankbarkeit. Es ist also wichtig, Rückschläge als vorübergehend und veränderlich zu betrachten, nicht jeden Fehler bei sich selbst zu suchen und daran zu glauben, auch schwierige Situationen durchstehen zu können. Es geht »also nicht darum, keine negativen Gefühle zu haben, sondern vielmehr um die Gewissheit, dass sich die Lage auch wieder bessern wird, um ein positives Denken also« (Preißmann 2019, 18).

Das Leben mit Autismus führt immer wieder zu Frustrationen. Hilfreich für eine optimistischere Einstellung auch in dunklen Momenten kann ein »Erfolgstagebuch« sein. Wenn man sich ganz gezielt bewusstmacht, was man in der Vergangenheit schon alles geschafft hat, glaubt man in schwierigen Zeiten eher daran, dass es wieder bergauf geht. Erfolg hängt mindestens ebenso von der positiven Überzeugung ab wie von den tatsächlichen Fähigkeiten, zumindest dann, wenn man die Möglichkeiten realistisch einschätzen kann: »Das Glück deines Lebens wird bestimmt von der Beschaffenheit deiner Gedanken« (Marc Aurel). Wichtig ist ein gesundes Selbstvertrauen, also die Fähigkeit, sich selbst weder zu über- noch zu unterschätzen.

Perfektionismus

Perfektionismus ist oft verantwortlich für eine Daueranspannung, da es ein »Perfekt« ja eigentlich nicht gibt und Menschen, die dies dennoch anstreben, immer noch mehr herausholen, optimieren, prüfen und korrigieren wollen. Es ist wichtig, sich rechtzeitig zu stoppen, für ausreichend Pausen und Entspannung zu sorgen. Ein bisschen »Unperfektheit« mindert erheblich den Druck und die Anspannung. Aber bis dahin ist es meist ein langer und schwieriger Prozess, und viele Menschen mit Autismus haben damit noch deutlich mehr Probleme als andere, da sie oft in allen Lebensbereichen nach Perfektionismus streben.

Verstärkend für dieses Verhalten wirken zum einen Erfahrungen aus der Kindheit, nur über eine entsprechende Leistung auch Aufmerksamkeit und Anerkennung zu bekommen. Das kennen viele Betroffene, die sich die Anerkennung insbesondere im Klassenverband auf diese Weise »erkaufen« mussten. Und später, wenn sie über irgendein Spezialwissen von allgemeinem Interesse verfügen, erkaufen sie sich quasi durch diese Leistung ihre Akzeptanz, wenngleich sie Spaß dabei haben mögen. Wichtig ist daher die Forderung, Menschen mit Autismus ganz unabhängig von der eigenen Leistung Wertschätzung und Aufmerksamkeit zukommen zu lassen, einfach deswegen, weil sie Menschen sind wie alle anderen auch, und nicht, weil sie etwas ganz besonders gut können. Deshalb ist die ausschließliche Berichterstattung durch die Medien über Stärken und Fähigkeiten autistischer Menschen durchaus auch kritisch zu bewerten. Rödler (2014, 385) wirft die Frage auf, was mit den anderen geschieht: »Und was ist mit den Autisten, denen kein Buch oder sonst eine Sonderleistung gelingt? Wie gelingt es ihnen, mit der Enttäuschung ihrer Umgebung angesichts solcher Positivbeispiele (...) umzugehen?«

Außerdem resultiert der Perfektionismus auch aus dem starken Bedürfnis der Betroffenen nach Kontrolle. Sie möchten die Dinge selbst bestimmen und nach ihren eigenen Maßstäben gestalten, um möglichst viel Vorwissen zu haben und angstfrei leben zu können (z. B. Miller 2020a). Manchmal muss man sie dabei unterstützen und ihnen zu unterscheiden helfen zwischen dem, was sinnvoll, und dem, was zu viel und unnötig ist.

In manchen Bereichen ist insbesondere in beruflicher Hinsicht das Streben autistischer Menschen nach Perfektion aber auch wichtig und sinnvoll.

In einigen Berufen ist das exakte und genaue Arbeiten unerlässlich, und solche Tätigkeiten können die Betroffenen oft besser erledigen als alle anderen Menschen.

Fehlendes Vertrauen in andere Menschen

Menschen mit Autismus haben oft Schwierigkeiten, anderen Menschen zu vertrauen, eben auch deshalb, weil sie in der Vergangenheit viele negative Erfahrungen machen mussten, als sie ausgenutzt wurden, man sich über sie lustig machte etc. Das macht es verständlich, dass sie ihr Gegenüber erst einmal näher kennenlernen müssen. Generell fällt es ihnen schwer, andere Menschen richtig einzuschätzen, deren Absichten und Vorstellungen zu erraten (vgl. Preißmann 2018b), deshalb dauert dies in der Regel eine ganze Weile. Das darf nicht mutlos und ungeduldig machen und soll andere nicht kränken. Es ist wichtig, den Betroffenen die Möglichkeit zu geben, sich sicher zu fühlen mit dem anderen. Das hat nichts mit bösem Willen zu tun.

Problematisch ist es aufgrund des fehlenden Vertrauens und aufgrund des eigenen Strebens nach Perfektion dann auch, Aufgaben an andere Menschen zu delegieren. Die Leistung anderer genügt oft nicht den eigenen (überhöhten) Qualitätsansprüchen. Das kann leicht überheblich wirken, aber das ist den Betroffenen in aller Regel nicht bewusst. Es ist wichtig, sie darauf hinzuweisen und mit ihnen Möglichkeiten zu erarbeiten, wie sie mit kleinen Dingen beginnen können, das Delegieren zu lernen. Manchmal müssen sie es ganz plötzlich lernen, wenn sie etwa eine Verletzung zwingt, die Hilfe anderer in Anspruch zu nehmen. Das funktioniert dann in aller Regel besser als vermutet, weil man merkt, dass es nicht anders geht. Und diese Erkenntnis lässt sich durchaus nutzen, indem man gezielt solche Situationen einübt.

Entspannung

Bei all den stressauslösenden Faktoren, die Menschen mit Autismus in ihrem Leben beschreiben, ist es ganz besonders wichtig, sie dabei zu unterstützen, für sich effektive Entspannungstechniken herauszufinden und anzuwenden.

Die gängigen Entspannungsverfahren sind für die Betroffenen oft nicht sehr hilfreich, sodass man eigene Maßnahmen finden muss.

Wahrnehmungslenkung

Was einen Menschen glücklich macht und entspannt, ist höchst individuell. Für den einen sind es die ersten Frühlingsknospen oder ein freier Tag, um einfach mal ausschlafen zu können, andere freuen sich über den Anruf von lieben Menschen, die Erinnerung an die letzte Bergwanderung oder ein leckeres Dessert. Freude kann also aus ganz unterschiedlichen Gründen erlebt werden. Es ist hilfreich, sich immer wieder ganz bewusst an freudige und glückliche Momente zu erinnern. Man fokussiert sich dann auf diese Freude und erlebt sie aufs Neue. Das funktioniert übrigens auch für andere positive Emotionen, und das ist eine sehr wirksame Form der Wahrnehmungslenkung. Je öfter wir auf diese Weise unsere Aufmerksamkeit für ein paar Minuten auf die guten Momente bündeln, desto mehr stimmen wir unser Gehirn darauf ein, in jeder Lage bevorzugt das Erfreuliche herauszufiltern und wahrzunehmen.

Schöne Kleinigkeiten

Viele Menschen mit Autismus haben das große Glück, den Zauber der kleinen Dinge zu spüren und sich an schönen Momenten des Alltags erfreuen zu können. Dabei kommt ihnen ihre auf Details ausgerichtete Wahrnehmung zugute. Das beschreiben auch einige Autoren dieses Buches. Jeder kann natürlich nur selbst für sich beurteilen, was er ganz individuell angenehm findet. Als Beispiele werden von den Betroffenen genannt:

- geistige Anregung (Musik hören, schreiben, lesen)
- leckeres Essen
- Reisen zu Zielen, auf die man sich freut
- Blumen und Natur
- Tiere.

Vor allem der letzte Punkt scheint doch eine sehr große Rolle zu spielen; so wird in vielen Texten die Bedeutung von Tieren betont. Als hilfreich erlebt werden dabei sowohl Haustiere als auch z. B. Assistenzhunde, die in einigen Fällen bereits als »Autismus-Begleithunde« eingesetzt werden und das Wohlbefinden, die Selbstständigkeit und die Interaktionsfähigkeit teils deutlich steigern können. Aber natürlich ist das individuell unterschiedlich, es gibt auch unter Menschen mit Autismus solche, die kein Tier möchten oder auch Angst davor haben.

Bemerkenswert ist die Beschreibung einer Autorin, die deutlich macht, dass man durchaus auch ungünstige Rahmenbedingungen durchstehen kann, wenn man an einer Sache Freude hat.

Es ist wichtig, bei Bedarf gezielt bei der Interessenfindung zu helfen. Auch körperliche Aktivitäten sind dabei wichtig, idealerweise als eine sinnvolle Kombination aus Bewegung und Entspannung.

Eigene Interessen sind entspannend

Besonders entspannend sind die Dinge, die man ganz persönlich am liebsten mag. Hobbys werden von zahlreichen Betroffenen als sehr wichtig beschrieben. Das lässt sich sehr gut nutzen, und manchmal handelt es sich dabei um Interessen, die gar nicht auf Anhieb als solche erkannt werden können. Manche autistische Menschen entspannen beispielsweise beim Ausräumen der Spülmaschine, beim Abstauben oder Sortieren von Büchern oder bei einer umfangreichen Datenanalyse (z. B. Preißmann 2018a), einfach deswegen, weil sie das sehr gern machen und weil diese Tätigkeiten dann »wie von selbst« gehen, ohne dass man länger darüber nachdenken müsste.

Rituale und Routinen kosten das Gehirn sehr viel weniger Energie als neue Impulse, daher ist es eine Ressource autistischer Menschen, sich auf diese Weise gerade in schwierigen, unruhigen und stressigen Zeiten beruhigen und entspannen zu können. Es ist sehr wichtig, die Betroffenen dabei zu unterstützen, ihre speziellen Interessengebiete nutzbringend einzusetzen, sei es zur Entspannung oder etwa für die Berufswahl. Kein Interesse, keine Fähigkeit ist wertlos (vgl. Huber 2009). Wenn man sich dies verdeutlicht, wirkt die Beschäftigung mit einem Spezialinteresse nicht mehr nutzlos und stupide, sondern gewinnt einen Sinn und verdient Wertschätzung. Und wem es gelingt, sich vor allem den Dingen zu widmen, die Genuss bereiten, die angenehm und lustvoll sind, der schafft die beste Voraussetzung für Glückserlebnisse.

Leben im Hier und Jetzt

Es ist hilfreich, neben aller Sorge um die Zukunft immer wieder auch ganz bewusst im Hier und Jetzt zu leben, was als sehr entspannend empfunden wird, sich also gezielt auf schöne Dinge zu konzentrieren, um sie intensiver wahrnehmen zu können und das Glück an dem Ort und an dem Punkt des Lebens zu finden, wo man sich gerade befindet. Es gilt also, die Gegenwart mit all ihren Herausforderungen, Schwierigkeiten und Nöten, aber eben auch und vor allem mit all ihren schönen Seiten zu genießen.

Sobald man sich auf den Augenblick konzentriert, kann man sich nicht damit befassen, was gewesen ist, was man hätte anders (besser?) machen können oder was noch kommen könnte. Im deutschen Sprachraum gibt es ein anderes Wort für das Leben, das dies unterstreicht, nämlich das Wort »Dasein«. Wenn Leben also Da-sein bedeutet, dann kann es tatsächlich immer nur im Hier und Jetzt stattfinden, denn sonst müsste es ja »Dagewesensein« heißen. Oder »Daseinwerden«.

Auch Untersuchungen der Glücksforscher bestätigen: Wer gegenwartsorientiert im Hier und Heute lebt, statt an der Vergangenheit zu kleben oder von einer idealisierten Zukunft zu träumen, fühlt sich glücklicher (Bormans 2012). Das bestätigen auch die Autoren in diesem Buch. Sie beschreiben, dass sie das Glück in den Momenten finden, in denen sie einfach präsent sind, genau hier, an diesem Ort sind.

Das Glück liegt darin, zu unterscheiden, was es sich anzugehen lohnt, um die eigene Lage zu verbessern, was man aber auch einfach so an- und hinnehmen sollte, wie es kommt. Das fällt Menschen mit Autismus durch ihr hohes Maß an Selbstkritik und Perfektionismus jedoch nicht immer leicht.

Achtsamkeit

Untersuchungen zeigen, dass ein Gefühl der Kontrolle über die eigenen Beschwerden und Beeinträchtigungen entscheidend dazu beitragen kann, diese zu verringern (Spek 2012). In den letzten Jahren sucht man daher immer mehr auch nach solchen Therapieformen, die ganz praktische Ansatzpunkte bieten. Eine davon ist das Achtsamkeitstraining, das für die meisten autistischen Menschen gut geeignet zu sein scheint, denn dafür werden nur wenige kommunikative Fähigkeiten verlangt und auch keine wesentlichen Kompetenzen, sich in andere Menschen hineinzuversetzen. Das ist also im Vergleich zu manch anderen Therapieformen ein Vorteil für autistische Menschen.

In Untersuchungen gaben die befragten Betroffenen an, dass Achtsamkeit ihnen auf verschiedenen Gebieten geholfen habe. Sie konnten leichter unerwünschte Gedanken stoppen und mussten weniger grübeln. Sie beschrieben sich als weniger streng und kritisch gegenüber sich selbst, wenn es um das Erreichen bestimmter Ziele ging. Sie fühlten sich insgesamt entspannter und konnten auch besser einschlafen (Spek 2012).

Sozialkontakte

Freundschaft

Befragt man Menschen nach dem, was sie glücklich macht, so dreht sich die Antwort überall auf der Welt in erster Linie um andere Lebewesen. Genannt werden also ein verständnisvoller Partner, die eigene Familie, spielende Kinder, der Rückhalt durch Freunde, Haustiere, die Anerkennung durch Arbeitskollegen, die Fähigkeit, jemandem helfen zu können oder die gegenseitige nachbarschaftliche Unterstützung. Gute Beziehungen zur Familie, zu Freunden und auch zu anderen Menschen gehören auch für die Glücksforscher zu den wichtigsten Faktoren für eine starke Persönlichkeit, für Glück und Gesundheit. »Andere Menschen zählen«, bestätigt Christopher Peterson, der die Grundlagen der Positiven Psychologie entwickelt hat. Seiner Meinung nach empfangen wir das größte Glück von anderen (Bormans 2012, 16). Freundschaft gehört also zu den wichtigsten Werten in unserer Gesellschaft. Sie bietet die Möglichkeit, glückliche Momente zu teilen und von der Unterstützung anderer zu profitieren, wenn es uns nicht gut geht. Freunde geben uns die Hoffnung auf eine bessere Zukunft und helfen uns, glücklicher zu leben.

Auch die meisten Menschen mit Autismus wünschen sich angenehme Kontakte zu anderen Menschen, obwohl es für sie deutlich schwerer ist als für andere, sich diese Ziele zu erfüllen. Soziale Situationen empfinden sie oft als brutal anstrengend, auch deswegen, weil diese manchmal doch recht »unehrlich« ablaufen (weil man miteinander über Dinge spricht, die niemanden wirklich interessieren, und weil man ja nicht immer direkt sagen kann, was man denkt, sondern lieber eine »Notlüge« erfinden sollte, was den Betroffenen zuwider ist), gleichzeitig aber wünschen sie sich oft gute Freunde oder auch einen Partner. Diese Wünsche und Hoffnungen werden auch im vorliegenden Buch immer wieder beschrieben. Die Betroffenen erhoffen sich Zugehörigkeit und Akzeptanz, sie möchten lernen, besser mit anderen Menschen umgehen zu können, lockerer und sicherer zu werden im Kontakt, zu ihnen passende Menschen kennenzulernen und die Freundschaft dann auch pflegen zu können. So ist ihnen zum Beispiel oft gar nicht klar, wie häufig man sich bei dem anderen melden sollte, um die Beziehung nicht abreißen zu lassen. Aber persönliche Beziehungen lassen sich nun einmal nicht wirklich kontrollieren, und das ist einer der Gründe, weshalb sie autistische Menschen vor solch große Probleme stellen. Während manch eine Freundin vielleicht beleidigt ist, wenn man sie nicht jede

Woche anruft, kann man sich bei einem Kumpel aus Studienzeiten oft auch erst nach mehreren Monaten wieder melden, ohne dass der Kontakt leidet. Wer soll da noch durchblicken? – Menschen mit Autismus in aller Regel nicht.

Auffälligkeiten und Schwierigkeiten im Kontakt

Da sie nicht oft ausgehen, ist es für sie auch nicht leicht, jemanden zu finden, der zu ihnen passt, der sie versteht und es gut mit ihnen meint, der sich nicht über ihre soziale Ungeschicklichkeit lustig macht und ihre Naivität nicht ausnutzt. Außerdem ist es oft schwer, ein gemeinsames Gesprächsthema zu finden: »Tatsächlich trennten mich Welten von den Gleichaltrigen. Die Mädchen in meiner Klasse diskutierten begeistert über die neueste Mode, während ich mich in Sweatshirts aus dem Discounter, ausgebeulten Jeans und aufgetragenen Schuhen einer Tante wohlfühlte. Sie tanzten zu englischer Musik, lasen in der ›Bravo‹ und redeten über Dinge, die ich nicht verstand« (Schuster 2007, 136–137). Schwierig ist eben, dass man den Ablauf von Kontakten nicht planen kann: »Manchmal überlege ich mir im Vorfeld, dass Reiseziele vielleicht als Einstieg in ein Gespräch gut geeignet sein könnten, aber ich werde unsicher, wenn es sich im Kontakt dann doch anders ergibt als von mir vorgesehen« (Preißmann 2018b, 70). Small Talk fällt den Betroffenen schwer und erscheint ihnen wahnsinnig unehrlich, so können sie oft nicht verstehen, dass man sich beispielsweise aus anderen Gründen als aus einem meteorologischen Interesse heraus über das Wetter unterhalten möchte.

In sozialen Interaktionen sind viele Kleinigkeiten gefordert, die die meisten Menschen ganz selbstverständlich anwenden können, autistische Menschen aber müssen sie mühsam lernen. Dazu gehören manchmal auch so vermeintlich einfache Dinge wie die Körperpflege oder eine der Situation angemessene Kleidung. Auch ich bin auf der Abschlussfeier des Studiums meines Bruders vor einigen Jahren ganz selbstverständlich in Trainingshose und Birkenstock-Sandalen erschienen. Es war warm, ich fand diese Kleidung bequem und praktisch und wusste nicht, dass sie für diesen Anlass unangemessen war. Mein Bruder schimpfte sehr deswegen, vermutlich schämte er sich für mich. Geholfen hätte es mir, wenn man mir im Vorfeld die Kleiderordnung mitgeteilt hätte, mir also gesagt hätte, dass es sich um einen festlichen Rahmen handelte und ich mich entsprechend anziehen müsste. Aber vermutlich war das für mein Umfeld einfach selbstverständlich.

Solche Beispiele machen deutlich, dass das Leben für autistische Menschen sehr anstrengend ist, weil sie viele Dinge mühsam lernen müssen, die andere Gleichaltrige einfach anwenden können. Vor allem die Sozialkontakte sind es, die so viel Kraft kosten. Gleichzeitig aber wird von Experten immer wieder betont, dass es für Gesundheit, Glücksempfinden und Lebensfreude keinen wichtigeren Faktor gibt als das Vorhandensein guter Freunde. Daher liegt es auf der Hand, dass man bei der Arbeit mit autistischen Menschen ganz zentral dieses Thema angehen muss. Sie sind oft sehr isoliert und haben nur wenige Möglichkeiten, sich mit Gleichaltrigen auszutauschen. Dadurch haben sie oft auch keine Gelegenheit, solche Dinge im direkten Kontakt zu erlernen, die für andere Selbstverständlichkeiten sind. Sie wirken dann ungeschickt und unsicher im Miteinander und brauchen Hilfe und Anleitung bei solchen Kenntnissen, die man einfach wissen muss.

Mir selbst fällt dazu ein Beispiel von vor wenigen Jahren ein, als ich erstmals auf die Idee kam, ich müsste mir als Frau ja eigentlich die Beine rasieren. Ich hatte keine Ahnung, wie ich das angehen sollte, deshalb fragte ich meine Therapeutin um Rat, mit der ich seit vielen Jahren arbeite und mit der ich glücklicherweise auch solche ganz praktischen Dinge besprechen kann. Sie erklärte mir jeden einzelnen Schritt, welchen Rasierer ich auswählen könnte, was ich beachten und wie ich vorgehen müsste. Dann ging es recht problemlos. Alleine aber war ich einfach verloren mit dieser Aktion.

Oder, gerade erst vor wenigen Jahren, wollte ich wissen, wie man sich schminken kann und wie man dabei vorgehen muss. Meine Ergotherapeutin brachte also ihre Schminkutensilien mit und schminkte sich vor meinen Augen, damit ich zusehen konnte, wie so etwas funktionieren kann. Sie selbst fand das doch ein bisschen gewöhnungsbedürftig, aber sie machte es mit und wir hatten viel Spaß dabei. Auch sie selbst beschreibt das immer wieder einmal als Anekdote im Rahmen ihrer Ausführungen zur Ergotherapie bei Menschen mit Autismus (vgl. Miller 2020b).

Es ist also wichtig, mit autistischen Menschen intensiv ganz speziell die Dinge zu üben, die ihnen schwerfallen, und sie auf Auffälligkeiten im Kontakt anzusprechen, statt einfach hinten herum über sie zu schimpfen.

Insgesamt gibt es ja zahlreiche Besonderheiten, sowohl bei der nonverbalen Kommunikation, also der Fähigkeit, Mimik, Gestik und Blickkontakt anzuwenden und auch bei anderen richtig zu interpretieren, als auch im sprachlichen Bereich. Häufig kommt es zu Missverständnissen. Ein Grund dafür ist, dass die Betroffenen aufgrund ihres wörtlichen Sprachverständnisses viele Ausdrücke und Redewendungen nicht richtig auffassen können. Diese Missverständnisse können Ängste auslösen und schließlich zur

Resignation führen, sie können aber auch Aggressionen oder ein anderes unangemessenes Verhalten zur Folge haben. Sie führen dazu, dass Menschen mit Autismus von der Umgebung oft falsch eingeschätzt werden und als ungezogen, faul oder nicht sehr intelligent erscheinen können. Manchmal entstehen daraus aber auch merkwürdige und skurrile Situationen, die im Nachhinein durchaus auch amüsant sein können, wenn etwa bei der Ankündigung, dass die Bürgersteige hochgeklappt werden, nachgefragt wird, wie lange man wohl noch ohne Probleme durch die Straßen laufen kann. Zweideutige Äußerungen können also nicht immer als Redewendung erkannt werden und werden wörtlich verstanden, was immer wieder befremdliche Reaktionen der Umgebung auslöst.

Im Jugendalter werden die Kontaktschwierigkeiten der betroffenen Menschen oft noch massiver, ihre Wünsche, dabei sein zu können, aber werden gleichzeitig größer und drängender. Nicht selten entwickeln sie in dieser Zeit eine Depression, da sie sich fremd, unverstanden und alleine fühlen: »Dabei scheint der Wunsch, sich zugehörig zu fühlen, groß, obwohl gleichzeitig klar zu sein scheint, dass man zu dem, das einen umgibt, niemals zugehörig sein kann. Der Wahrnehmung des Andersseins folgt der bewertende Abgleich mit dem anderen, wodurch die eigentliche Unzufriedenheit entsteht. Ich bin unnormal, die anderen sind normal, ich verhalte mich falsch, die anderen verhalten sich richtig, ich bin schlechter, die anderen sind die Besseren. Dabei kommt erschwerend hinzu, dass (…) das ganze Selbst-Sein infrage gestellt ist« (Osterrieder 2010, 65).

Und auch noch im Erwachsenenalter sind viele Menschen mit Autismus isoliert und verfügen nur über wenige soziale Kontakte außerhalb des Elternhauses. »Manchmal denke ich mir, ich könnte eine gute Freundin in meinem Alter brauchen, aber ich weiß eben nicht, wie, wo und nach welchen Kriterien ich sie aussuchen sollte. Oft hätte ich so gern eine Freundin, mit der ich verschiedene Dinge besprechen könnte. Ich weiß natürlich, dass ich keine solche Freundschaft haben kann und haben möchte, wie manche andere Leute sie pflegen, dass man sich dauernd trifft und an jedem Wochenende zusammen etwas unternimmt. Das wäre mir viel zu viel, das ist mir klar. Aber ich weiß auch, dass ich zwar oft, aber eben doch nicht immer so ganz allein sein möchte. (…) Das macht mich immer wieder sehr traurig. Immerhin habe ich im Vergleich zu früheren Jahren sehr hart an mir gearbeitet und viel gelernt, vieles hat sich für mich positiv verändert, und deshalb hatte ich doch damit gerechnet, dass es mir irgendwann vielleicht auch gelingen könnte, Freunde zu finden. (…) Oft stehe ich abends am Fenster, sehe mir die Sterne an und denke mir, dass es irgendwo da draußen doch auch für mich passende Freunde geben müsste«

(Preißmann 2018b, 72–73). Die Einsamkeit wird insbesondere dann als besonders quälend erlebt, wenn man sieht, wie selbstverständlich andere Menschen in Kontakt sind: »Ich war sehr einsam und litt immer mehr darunter. Ich litt nicht unter der Einsamkeit an sich, sondern darunter, dass ich mich mit den anderen verglich und genauso normal und richtig sein wollte wie sie« (Gerland 1998, 155).

Tatsächlich aber ist es für Menschen mit Autismus heute vermutlich schwerer als früher, Freunde zu finden, vor allem deshalb, weil das Leben schneller und weniger verlässlich geworden ist. Früher hielten freundschaftliche Verbindungen oft von der Grundschule bis zur Rente, heute aber sind auch Freunde eher »Lebensabschnittsgefährten«. Man teilt dieselben Interessen, trifft sich für eine Weile – und verliert sich dann aus den Augen, weil der andere wegzieht oder den Partner wechselt und dadurch auch den Kontakt zum gemeinsamen Freundeskreis verliert. Kontakte werden unsicherer und unberechenbarer, Menschen mit Autismus aber sehnen sich nach Verlässlichkeit und Vorhersehbarkeit.

Hilfen für autistische Menschen

Man sollte schon das betroffene Kind bei seinen Kontaktversuchen unterstützen, man muss diese Kontakte aber anleiten. Es nutzt also nichts, einfach Klassenkameraden einzuladen, um dem Kind Kontakte zu verschaffen, sondern es ist wichtig, das Miteinander dann auch zu begleiten und dabei zu helfen, dass die Kinder gut miteinander spielen können. Autistische Kinder zeigen nämlich oft ein anderes Spielverhalten als andere, sie wollen nach ihren eigenen Regeln spielen, die Gegenstände eher ordnen und kategorisieren etc., statt sich auf die Spielweise der Gleichaltrigen einzulassen.

Bei autistischen Jugendlichen und Erwachsenen sind Kontakte oft praktisch orientiert, man tauscht also etwa Gegenstände oder das Wissen um ein gemeinsames Interesse aus. Die Betroffenen sollten deshalb auch dazu ermutigt werden, Vereinen, Verbänden oder sonstigen Gruppen beizutreten, vor allem solchen, die mit ihren speziellen Interessengebieten in Verbindung stehen. Dies ist für sie eine sehr gute Möglichkeit, neue Kontakte zu Gleichgesinnten zu knüpfen und auch ein gewisses Gefühl für die Außenwelt zu entwickeln. Heute ist das auch über das Internet möglich. Die Anonymität am Bildschirm und die einfachere Kontaktaufnahme ermöglichen es vielen autistischen Menschen, auf diese Weise befriedigende soziale Kontakte zu knüpfen.

Es ist wichtig, jeden einzelnen Betroffenen anzuleiten und zu unterstützen, wenn er sich Freunde wünscht, mit seinen Möglichkeiten und im Hinblick auf seine eigenen Wünsche und Ziele. Genau das wird ja auch von vielen Autoren in diesem Buch beschrieben. Sie wünschen sich befriedigende Beziehungen zu anderen Menschen ohne dauernde Missverständnisse und mit unterschiedlichsten Qualitäten, also Vertraute, Freunde und gute Kontakte zur Familie. Oft sind dabei nur wenige Freunde ausreichend, aber es müssen wohlwollende Menschen sein, mit denen verlässliche, planbare und regelmäßige Kontakte möglich sind, mit denen man ernsthaft und ehrlich über ganz konkrete Themen sprechen kann und nicht nur Höflichkeitsfloskeln und Small Talk austauschen muss. Menschen, in deren Anwesenheit man so sein darf, wie man tatsächlich ist. »Freunde sind Menschen, die dich mögen, obwohl sie dich kennen«, so beschreibt es der Arzt und Kabarettist Eckart von Hirschhausen. Die Häufigkeit der Treffen wird dagegen in vielen Fällen von den Betroffenen als nicht so entscheidend beschrieben. Viel wichtiger ist es ihnen, Kontakte rechtzeitig planen zu können und vorhersehbar zu gestalten.

Es kann hilfreich sein, sich soziales Wissen aus Büchern oder Zeitschriften anzueignen. Viele autistische Menschen lesen gern und verschlingen große Mengen an Literatur auf der Suche nach immer neuen Informationen. Auch den Gedanken, Gefühlen und sozialen Beziehungen anderer Menschen kann man sich auf diese Weise theoretisch nähern, um sich erst einmal zu informieren. Und schließlich können die Betroffenen auch von den Autobiografien anderer Menschen mit Asperger-Syndrom profitieren, die vergleichbare Erfahrungen und Gefühle aufweisen. Auf diese Weise kann man Anregungen auch für das eigene Leben erhalten.

Da in Untersuchungen sehr deutlich wird, dass alle Menschen die größte Lebenszufriedenheit vor allem dann erleben, wenn sie Freunde haben, wird man diesem Punkt künftig weit größere Aufmerksamkeit schenken müssen. Partnerschaftliche Beziehungen haben in der Allgemeinbevölkerung nicht mehr den Stellenwert wie früher; man kann auch dann glücklich werden, wenn man nicht in einer Partnerschaft lebt. Unerlässlich für das Wohlbefinden sind aber andere befriedigende Sozialkontakte (Hartmann-Wolff & Reinhard 2015). Dies stellt daher ein sehr wichtiges Ziel bei der Arbeit mit autistischen Menschen dar. Dafür ist es nicht notwendig, unbedingt ausschließlich Gleichgesinnte zu finden. Nanke Krieghoff etwa beschreibt in ihrem Text zwischenmenschliches Glück wie folgt: »Wenn es ganz unterschiedlichen Menschen gerade aufgrund ihrer Verschiedenheit gut miteinander geht«.

Partnerschaft

Viele Menschen mit Autismus wünschen sich eine Beziehung, dies beschreiben auch mehrere Autoren in diesem Buch. Sie wünschen sich »einen Menschen, der mich liebt und den ich lieben darf«, was sich aber in der Realität gar nicht so einfach darstellt. Auffällig ist die doch erhebliche Ambivalenz – einerseits besteht der Wunsch nach Freundschaft und Partnerschaft, andererseits aber auch die starke Angst davor, mit einem zunächst fremden Menschen in Kontakt zu treten. Meist ist beim Knüpfen von Kontakten und auch bei der Gestaltung der Partnerschaft ein bisschen Unterstützung nötig, denn die typischen Auffälligkeiten autistischer Menschen (sprachliche Besonderheiten, für das Umfeld unverständliche Verhaltensweisen etc.) führen immer wieder zu Schwierigkeiten.

Eventuelle Missverständnisse müssen dann offen angesprochen werden, denn hinter vermeintlichen Provokationen steht oft einfach ein zunächst unverständliches Verhalten, das häufig nachvollziehbar wird, wenn man es sich erklären lässt: »Alles, was jahrelang als bloße Ignoranz und Egoismus ausgelegt worden war, erschien auf einmal in einem völlig anderen Licht« (Schmidt 2009, 572). Auch klare und eindeutige Worte sind wichtig, Anforderungen und Bedürfnisse müssen deutlich formuliert werden: »Wenn ich einen Wunsch hatte, dann artikulierte ich ihn deutlich, denn er war keiner der Männer, die Wünsche von den Augen ablasen. Auch merkte ich, dass es absolut sinnlos war, irgendetwas ›durch die Blume‹ anzudeuten. Klare Botschaften waren nötig, um seine Ziele mit meinen in Einklang zu bringen« (Schmidt 2009, 569).

Auffällig sind auch die Schwierigkeiten der Betroffenen beim Ausdrücken von Gefühlen, sie wirken dabei oft förmlicher oder gefühlloser, als sie in Wirklichkeit sind. Ihre Zuneigung zeigen sie beispielsweise »eher auf praktischer Basis: Wenn ich meinem Partner mal wieder einen Liebesbeweis zukommen lassen will, dann staube ich seine umfangreiche Engelsammlung ab« (Carstensen 2009, 49). Auch die Autorinnen der Erfahrungsberichte im Kapitel Partnerschaft in »Asperger – Leben in zwei Welten« (Preißmann 2018a) beschreiben dies in ähnlicher Form. Das ist dann keine minderwertige Form der Zuneigung, sondern nur eine andere, und das muss man als Partner eines autistischen Menschen eben wissen.

Beziehungen zwischen autistischen und nicht autistischen Menschen sind insgesamt immer wieder von der Suche nach Kompromissen geprägt, mit denen beide Seiten leben können. Dabei ist manchmal Unterstützung nötig; wünschenswert wären daher Kenntnisse der autistischen Besonderheiten auch bei Anlaufstellen für Partnerschafts- und Eheberatung. In mehreren Berichten Betroffener wird aber auch nach oft problematischer Anfangszeit eine erstaunlich tragfähige Beziehung beschrieben, die doch einigen Belastungen standhält (Schmidt 2009, Slater-Walker & Slater-Walker 2002; N. Höhlriegel und S. Pinke in Preißmann 2018a). Die speziellen Probleme, mit denen Menschen mit Autismus zu kämpfen haben, machen es für sie »nicht einfacher, einen geeigneten Partner zu finden. Aber vielleicht machen sie es leichter, eine tiefe und ehrliche Beziehung zu führen, wenn der richtige Partner erst einmal gefunden ist« (Preißmann 2018b, 81).

Wichtig sind Möglichkeiten zur Unterstützung auch beim befriedigenden und sicheren Erleben der Sexualität, bei Kinderwunsch und Familienplanung. Hier gibt es noch viel Nachholbedarf, und gerade auf diesem Gebiet sind die Wünsche und die Möglichkeiten sehr unterschiedlich. Manche Betroffene entscheiden sich bewusst gegen eine eigene Familie, und ein solches »Nein« zum eigenen Kind macht deutlich, dass sie ihre Grenzen gut kennen und in der Lage sind, verantwortungsvoll zu handeln. Vor allem Menschen, die Ruhe und Planbarkeit für ihre innere Balance brauchen, können in Anbetracht des dauernden Stresses schnell aus dem Gleichgewicht geraten. Aber mit der richtigen Hilfe und guter Begleitung kann es für viele Betroffene durchaus möglich sein, ihre Wünsche auch im Hinblick auf Partnerschaft und eigene Kinder zu leben. Auch diese Wünsche sollten unterstützt werden, und immer häufiger werden Beispiele von Betroffenen beschrieben, bei denen dies sehr gut funktioniert (z. B. Preißmann 2018a und 2020b). Autistische Menschen sind dann meist sehr zuverlässige und liebevolle Eltern.

In Selbsthilfegruppen für Menschen mit Autismus wird aber auch deutlich, dass viele Betroffene deshalb heiraten und Kinder bekommen, weil sie das Gefühl haben, dass die eigene Lebensplanung dies beinhalten müsste. Sie beschreiben sich in der Anfangszeit der Ehe als äußerst naiv, waren froh, dass der Partner eine Struktur vorgab, die Sicherheit bot, ließen es so aber auch zu, sich nach seinen Vorstellungen »formen« zu lassen. Beziehungen auf dieser Grundlage scheiterten dann fast alle. Es ist also wichtig, Menschen mit Autismus zeitig die ganz unterschiedlichen Möglichkeiten der Lebensplanung aufzuzeigen und sie dabei zu unterstützen, ganz gleich, ob die eigene Planung dann letztlich eine Partnerschaft und Kinder vorsieht oder nicht.

Hilfe beim Umgang mit Emotionen

Menschen mit Autismus haben durchaus Gefühle, sie brauchen aber oft ein bisschen Hilfe dabei, angemessen damit umzugehen. Es fällt ihnen nicht nur schwer, die Gefühle anderer zu erkennen, sie haben oft auch nur wenig Zugang zu ihren eigenen Gefühlen. Manche Emotionen können nur schwer wahrgenommen werden, und es ist erschreckend, dass die meisten Betroffenen das Gefühl von Angst mit großem Abstand am häufigsten bei sich wahrnehmen.

Unterschiede zu anderen Menschen

Im Rahmen der klinischen Forschung findet man im Hinblick auf Emotionen signifikante Unterschiede zu anderen Menschen. Während diese aktuelle Ereignisse als emotional bedeutsamer wahrnehmen als länger zurückliegende Situationen, beschreiben autistische Menschen in beiden Fällen ähnliche Gefühle. Oft grübeln sie lange über ihren Problemen, es gelingt ihnen gar nicht, eine Distanz dazu zu entwickeln. Leonie Klom beschreibt dies in ihrem Bericht wie folgt: »Wenn sich emotionale Ereignisse erst einmal in meine Seele eingebrannt haben, sind sie dort unlöschbar verankert. Es ist fast unmöglich, das betreffende Gefühl zu löschen oder auch nur zu verändern.« Vor allem negativ gefärbte emotionale Situationen bleiben länger im Gedächtnis, deshalb gelingt es den Betroffenen möglicherweise nicht so gut, positive Zustandsbilder bei sich selbst wahrzunehmen, außerdem sind sie dadurch wohl auch anfälliger für Traumatisierungen. Auf jeden Fall scheint dies sehr wesentlich zu sein im Hinblick auf therapeutische Maßnahmen für Menschen mit Autismus. Die gesprächspsychotherapeutische Bearbeitung belastender Lebensereignisse muss bei ihnen möglicherweise anders erfolgen als bei anderen Störungsbildern (Riedel et al. 2015), dies wird durch weitere Untersuchungen noch genauer zu definieren sein.

Hilfreich sind zudem gezielte Interventionen, wie sie auch in den hier vorgestellten Erfahrungsberichten beschrieben wurden: »Ich bemühe mich jetzt, mir nur Gedanken zu den Problemen zu machen, die ich ändern kann.« – »Ich mache mir weniger Gedanken um das, was in meinem Leben hätte anders laufen können.«

Und vermutlich muss man Menschen mit Autismus gezielt dabei unterstützen, auch erfreuliche Emotionen bei sich wahrzunehmen. Das gelingt ihnen oft nicht auf Anhieb, sondern erst dann, wenn sie sich näher damit auseinandersetzen. Dafür spricht die Tatsache, dass Menschen mit Autismus in einer Untersuchung nur eine geringe Lebenszufriedenheit angeben (vgl. Rickert-Bolg 2014), dass sie sich aber gleichzeitig in ihren schriftlichen Ausführungen (auch für dieses Buch) nicht wirklich unzufrieden äußern, sondern vielmehr eigentlich recht glücklich wirken und dies in vielen Fällen auch genau so beschreiben. Möglicherweise muss man ihnen also ein bisschen dabei helfen, glückliche und freudige Ereignisse adäquat wahrzunehmen und auch zu erinnern. Vielleicht gelingt ihnen dies erst dann, wenn sie die Möglichkeit haben, sich differenzierter damit auseinanderzusetzen. All das muss durch künftige Untersuchungen noch konkretisiert werden.

Sich mit anderen Menschen beschäftigen

Um einen besseren Umgang mit den eigenen Emotionen wie auch den Gefühlen anderer Menschen zu erhalten, ist es wichtig, sich mit den Mitmenschen näher zu beschäftigen. Nur dann kann sich die notwendige Sicherheit einstellen, denn die Betroffenen müssen sich die Fähigkeit, das Erleben anderer Menschen nachvollziehen zu können, oft erst mühsam erarbeiten. Sinnvoll ist es daher, ruhig zunächst anhand von Literatur, Lebensentwürfe und Biografien anderer Menschen anzubieten. Für Menschen mit Autismus, die meist sehr zurückgezogen sind, kann es hilfreich sein zu erfahren, wie andere leben, was sie denken und fühlen, welches ihre Wünsche und Ziele sind. Das kann viele Anregungen auch für das eigene Leben liefern, falsche Vorstellungen korrigieren (»andere haben es viel besser als ich, niemand hat solch große Probleme« etc.) und auch Ängste lindern.

Zudem könnte auch ein Schauspieltraining für autistische Menschen hilfreich sein. In diesem Bereich gibt es bislang nur wenige Versuche, aber das kontinuierliche Rollenspiel kann eine enorme Sicherheit im Umgang mit anderen Menschen vermitteln. Schauspieler lernen ja nicht nur den Text, wenn sie sich auf eine Rolle vorbereiten. Sie studieren vielmehr so gut wie möglich die Person, die sie darstellen wollen, informieren sich also über konkrete Fakten, analysieren das Verhalten, fragen nach den Zielen. Diese ganz intensive Beschäftigung mit anderen Menschen könnte auch Menschen mit Autismus die Mitmenschen näherbringen, denn oft können sie sich erst durch das eigene Erleben in die Rolle des anderen versetzen, während andere Menschen sich die Lage und die Situation des anderen einfach vorstellen und sich hineindenken können, ohne Vergleichbares selbst erlebt zu haben.

Sinnvoll ist es auch, wenn das Gegenüber Menschen mit Autismus das eigene Erleben und die eigenen Gefühle mitteilt und ihnen so hilft zu erlernen, wie man sich in verschiedenen Situationen fühlen und was man denken könnte. Das wird oft als sehr hilfreich beschrieben (vgl. Preißmann 2018b).

Praktische Hilfe im Alltag

Menschen mit Autismus lernen anders als andere Menschen, in der Regel lernen sie nicht durch Imitation, also allein durch das Beobachten und Nachahmen ihrer Umgebung. Vieles, was Gleichaltrige ganz selbstverständlich nebenher aufnehmen, müssen die Betroffenen sich deshalb mühsam aneignen. Das bedeutet Stress, Arbeit und vor allem die Notwendigkeit einer guten Begleitung, die Verfügbarkeit eines Menschen also, der diese Kenntnisse vermitteln kann. Was bei anderen Menschen kein Problem ist, da sie bei alltäglichen Fragen und Schwierigkeiten die Unterstützung durch Freunde oder Bekannte in Anspruch nehmen können, erschwert Menschen mit Autismus das eigenständige und glückliche Leben doch erheblich. Da greift es zu kurz, wenn in der Therapie lediglich geübt wird, Gesichtsausdrücke und Mimik zu interpretieren oder kommunikatives Verhalten einzuüben. Das ist wichtig, aber die Probleme der Betroffenen gehen weit darüber hinaus: Jede neue Situation, jeder Kontakt mit fremden Menschen bedeuten Stress. Kleinigkeiten werden zum Problem, etwa, wenn die Glühbirne plötzlich kaputtgeht, das Aufräumen oder gar Einrichten einer Wohnung überfordert, irgendetwas geregelt werden muss, aber kein Plan dafür zur Verfügung steht.

Psychoedukation und Kompetenztraining

Sinnvoll ist deshalb eine kontinuierliche Unterstützung in Form von Psychoedukation und konkreter Anleitung. Das bedeutet ganz praktisch,

- Informationen zu geben über den Autismus allgemein
- Informationen zu geben über alles, was mit dem Autismus zusammenhängt, über eigene Auffälligkeiten, Schwierigkeiten wie auch Ressourcen

- den betroffenen Menschen dabei anzuleiten, mit den eigenen Besonderheiten gut umgehen zu können, Schwierigkeiten anzugehen und Stärken gezielt zu nutzen
- die Themen näher zu besprechen, die autistische Menschen nicht durch Imitation und Austausch lernen konnten, dazu gehört u. a.
  - Verhalten gegenüber Gleichaltrigen, Lehrern, Vorgesetzten und anderen Menschen (wie kann ich einen Kontakt herstellen, behalten, ausbauen oder auch beenden, welche Wortwahl ist wem gegenüber angemessen etc.). »Rangordnungen« unter den Menschen sind autistischen Menschen in aller Regel fremd, sie können das nicht verstehen und wollen vielmehr, dass jeder gerecht und alle »gleich« behandelt werden, was ja eigentlich auch eine recht sympathische Einstellung ist
  - Anleitung zum gesunden Lebensstil (Informationen zu Ernährung, Bewegung, persönlicher Hygiene und Pflege etc.)
  - Vermittlung von Kenntnissen und Informationen zur Sexualität; auf diesem Gebiet haben viele autistische Menschen erschreckend wenige Kenntnisse, es bestehen viele falsche Informationen und Vorstellungen, die überzogene Erwartungen oder übermäßige Ängste begünstigen, wenn man sich diesem Thema nähern möchte (Preißmann 2018b)
  - Zugang zum Gesundheitssystem mit Unterstützung bei Arztbesuchen oder Klinikbehandlungen (s. u.)
  - bei Frauen zusätzlich Hilfe im Bereich der Frauengesundheit (Monatshygiene, Empfängnisverhütung, gynäkologische Beratung bei z. B. Unklarheiten, Beschwerden oder Kinderwunsch, Vorsorgeuntersuchungen etc.)
  - Erkennen und Einordnen der wichtigsten akuten Beschwerden körperlicher wie psychischer Art (Was genau ist los? Wie schlimm ist es? Wo erhalte ich Hilfe? Wie muss ich dafür konkret vorgehen?) – Wie kann man Beschwerden vorbeugen und Erkrankungen verhindern?
  - Haushaltsführung: Wie richte ich meine Wohnung sinnvoll ein? Wie oft muss ich staubsaugen/abstauben/putzen/aufräumen etc.? Was kaufe ich wo ein, welche Mengen sind sinnvoll, was muss ich vorrätig haben? Wie kann ich Geld und Energie sparen und Ressourcen schonen?
  - Umgang mit Geld: Welche regelmäßigen wöchentlichen/monatlichen Ausgaben habe ich? Was kann bzw. will ich mir leisten? Was ist zu teuer? Wie kann ich mich nach meinen Möglichkeiten belohnen?
  - Freizeit und Mobilität: Was kann ich mir zumuten, was ist zu anstrengend? Wichtig ist die Hilfe beim Finden von Interessen und sinnvollen Freizeitbeschäftigungen. Außerdem müssen bestehende Möglich-

keiten der Fortbewegung erörtert werden. Motorisch ungeschickte Menschen mögen nicht so gern laufen, vielleicht können sie Fahrrad fahren. Andere Betroffene haben sogar einen Führerschein und kommen im Straßenverkehr gut zurecht, sind aber mit dem Busfahren überfordert, wo die räumliche Nähe zahlreicher Menschen auf engem Raum oft eine große Schwierigkeit darstellt. Zugfahren ist oft angenehmer, aber auch teurer. Wenn man einige Tricks kennt, lassen sich jedoch gute Sparpreise buchen ...

Aber jeder ist anders, nicht jeden interessiert jedes dieser Themen, und viele weitere Bereiche müssen im Einzelfall überlegt und mit dem Betroffenen besprochen werden. Eine solche Vermittlung von Kompetenzen kann alleine erfolgen, ist aber oft auch zusätzlich in einer Gruppe sehr effektiv, weil sich dann vieles gleich miteinander ausprobieren lässt. Wichtig ist dafür eine möglichst homogene Zusammensetzung hinsichtlich der persönlichen Voraussetzungen wie Alter, berufliche Situation und vielleicht auch Geschlecht (besonders im Hinblick auf Themen wie Hygiene oder Sexualität).

In vielen Fällen reicht nach einiger Zeit dann auch bereits die Sicherheit, dass man im Notfall auf Hilfe und Unterstützung zurückgreifen kann. Wenn das eigene Leben ruhig und stabil verläuft, kann daher die Begleitung oft reduziert werden – ganz entbehrlich ist sie in den meisten Fällen aber auch langfristig nicht.

Bewältigungsstrategien im Alltag

Bewältigungs- oder Copingstrategien (von englisch »to cope with«, »bewältigen, überwinden«) nennt man das Bewältigungsverhalten von Menschen mit chronischen Krankheiten und Behinderungen. Das Ziel bei der Konfrontation einer Person mit Bewältigungsaufgaben ist die Ausbildung der Fähigkeit, künftige schwierige Situationen besser zu meistern und Probleme selbstständig lösen zu können.

Autistische Menschen erleben Schwierigkeiten im alltäglichen Leben, daher entwickeln auch sie im Laufe der Zeit zahlreiche Strategien, um ihren Alltag möglichst so gestalten zu können, wie es für sie gut ist. Eine wesentliche Rolle spielen dabei die Erfahrungen, die sie bisher gemacht haben, sowie die ganz individuellen Einschränkungen, die eigenen Bedürfnisse und Ziele. Viele verschiedene Bewältigungsstrategien können zur Anwendung kommen:

1. Vermeidung: Zahlreiche Situationen, die für den betroffenen Menschen eine Überforderung bedeuten, werden so weit wie möglich vermieden. Das kann der Aufenthalt in großen Einkaufszentren sein, ein Discobesuch, der allzu enge Körperkontakt oder auch nahezu sämtliche Sozialkontakte. Manchmal ist es sinnvoll, schwierige Dinge zu vermeiden, um die Kontrolle über die Situation zu behalten. In anderen Fällen aber gehen dadurch auch viel Potenzial und schöne Erlebnisse verloren. Auch autistische Menschen haben nämlich die Fähigkeit, Erfahrungen zu sammeln und neue Fähigkeiten zu erlernen. Hier ist aber natürlich der Einzelfall entscheidend, nicht jedem kann man gleich viel Selbstständigkeit und Problemlösefähigkeit zumuten, bei manchen Betroffenen muss man früher eingreifen und mehr Hilfe anbieten als bei anderen.
2. Rückzug: Der soziale Rückzug als eine besondere Form der Vermeidung spielt eine sehr große Rolle. Die ständige Anwesenheit anderer Menschen bedeutet für viele Menschen mit Autismus eine massive Überforderung. Sie benötigen Phasen des Alleinseins, um sich erholen und entspannen zu können, daher ziehen sie sich vor allem in besonders anstrengenden Phasen verstärkt zurück. Aber auch auf die häufigen Missverständnisse und Konflikte im Umgang mit anderen Menschen reagieren sie nicht selten mit Rückzug, einfach deshalb, weil ihnen die Kraft dafür fehlt, sich den anderen zu stellen, obwohl sie sich eigentlich ein Miteinander wünschen.
3. Körperliche Veränderungen: Wenn die Eltern das Kind beispielsweise in den Arm nehmen möchten, macht es sich manchmal »steif« und spannt extrem die Muskulatur an, um die Empfindlichkeit gegenüber dem als unangenehm empfundenen Reiz zu verringern.
4. Kognition: Auch das Wissen um das, was einen erwarten wird, macht viele Alltagssituationen leichter. Es ist daher eine sinnvolle Strategie autistischer Menschen, sich möglichst ausführlich über alle neuen Herausforderungen zu informieren. Schwierig wird es allerdings dann, wenn etwas doch anders verläuft als vorgesehen. In diesen Fällen ist die mangelnde Flexibilität oft ein großes Problem. Die bestehenden intellektuellen Fähigkeiten nutzen autistische Menschen oft auch, um die erforderlichen lebenspraktischen oder kommunikativen Kompetenzen zu erlernen, die andere Menschen ganz selbstverständlich nebenbei erwerben. Auf diese Weise gelingt es Betroffenen mit einer hohen Intelligenz, viele ihrer Schwierigkeiten zu »tarnen«, was allerdings mit einer erheblichen Anstrengung verbunden ist, viel Kraft kostet und außerdem dazu führt, dass andere Menschen nicht immer richtig einschät-

zen können, wie viel sie ihnen zumuten dürfen und was sie überfordert.
5. Individualität: Autistische Menschen fühlen sich »anders« als andere Menschen, sie haben andere Interessen und andere Ziele für ihr Leben. Während sie anfangs meist noch versuchen, sich anzupassen, merken sie im Laufe der Jahre oft, dass es ihnen dabei nicht gut geht und es für sie besser ist, ihr eigenes Leben so einzurichten, wie es für sie passt, und so authentisch wie möglich ihre Individualität zu leben (s. u.). Das ist nicht immer einfach, aber es ist oft außerordentlich befreiend und entspannend. Und es ist ehrlich und passend und wird nach der langen Suche nach der eigenen Identität, die das eigene Leben über weite Strecken bestimmt hat, als zutiefst beglückend empfunden.
6. Herausfordernde autistische Verhaltensweisen: Das autistische Verhalten mit vermeintlich unkontrollierten Impulsdurchbrüchen ist ebenfalls eine Form der Bewältigung und dient dazu, die oft nicht überschaubare Welt zu strukturieren und vorhersehbar zu machen. Es ist keinesfalls als Provokation gemeint. Eine genaue Verhaltensbeobachtung und die Deutung im Hinblick auf die auslösenden Umstände sind daher sehr wichtige Bestandteile der Arbeit mit autistischen Menschen. Erst Erkennen, Zuordnen und Verstehen der oft schwierigen Verhaltensweisen ermöglichen es, ihnen alternative Verhaltensweisen anzubieten, die den gleichen Zweck erfüllen, dabei aber gesellschaftlich akzeptiert und sinnvoll sind.
7. Spezialinteressen, Routinen und Rituale: Menschen im autistischen Spektrum sind stark auf Sicherheit und Stabilität in ihrem Leben angewiesen. Überschaubare Zeiträume und ein geordneter Tagesablauf etwa entsprechen diesem Bedürfnis. Wiederkehrende Tätigkeiten und Abläufe, im Spiel wie im Arbeitsleben, sind dafür fundamental. Veränderungen sind für Menschen mit Autismus große Herausforderungen, sie machen ihnen Angst und können zur Belastung werden. Deshalb ist das Handeln der Betroffenen meist darauf ausgerichtet, einen gewissen Status quo zu erhalten und Veränderungen möglichst zu umgehen. Kommt es zur Konfrontation, sind Wutanfälle, Zerstörung von Gegenständen, Selbst- und Fremdverletzung als Ausdruck der Angst und hilfloser Abwehrversuche keine Seltenheit. Es ist daher notwendig, Routinen und Rituale als wichtige Instrumente zur Selbstberuhigung zu akzeptieren und auch wertzuschätzen. Sie sind eine wichtige Ressource, auch wenn sie anfangs nicht immer als solche erscheinen mögen.
8. Neuorientierung: In beruflicher Hinsicht beispielsweise kann auch die Selbstständigkeit eine Bewältigungsstrategie sein, wenn der Betroffene

merkt, dass er im Angestelltenverhältnis z. B. aufgrund der erwarteten Flexibilität oder wegen häufiger Veränderungen nicht zurechtkommt, und wenn er über entsprechende Qualifikationen verfügt, die diese Maßnahme ermöglichen. In allen Lebensbereichen ist eine Neuorientierung denkbar, häufig ist dafür aber ein bisschen Unterstützung notwendig. Dann brauchen die Betroffenen einen Menschen, der mit ihnen gemeinsam nach realistischen Möglichkeiten sucht, Wege aufzeigt und hilft, sie zu beschreiben.

9. Nutzung externer Hilfen: Für viele Schwierigkeiten des Alltags lässt sich Unterstützung finden, wenn man danach sucht: Hilfe beim Einkauf etwa, bei der Freizeitgestaltung, beim Wohnen, bei Behördengängen und Arztbesuchen oder beim Gestalten der sozialen Kontakte. Vieles davon wird in diesem Buch näher erläutert. Während in allen Lebensbereichen anfangs eine intensivere Unterstützung notwendig ist, lässt sich diese nach einiger Zeit häufig deutlich reduzieren, da auch autistische Menschen in der Lage sind, Fähigkeiten und Fertigkeiten zu erlernen, die sie im Alltag selbstständiger werden lassen. Auch die Diagnose einer Autismus-Spektrum-Störung bzw. der Schwerbehindertenausweis gehören in diese Kategorie und können eine große Hilfe darstellen, um den Kontakt zur Umgebung zu verbessern. Die Gesellschaft tritt ja Personen, die »anders« wirken, nach wie vor eher mit Ablehnung als mit Offenheit und Verständnis gegenüber, so lange sie nicht um die Hintergründe wissen. Oft bedeutet es für alle Beteiligten eine große Erleichterung zu wissen, dass es kein böser Wille und keine persönliche Unfähigkeit sind, die das Denken und Handeln von Menschen mit Autismus bestimmen.

10. Nutzung therapeutischer Hilfen: Therapeutische Unterstützung kann dabei helfen, eine eigene Identität zu entwickeln, die eigenen Schwierigkeiten und Besonderheiten zu akzeptieren und besser damit umgehen zu lernen, gleichzeitig aber auch die bestehenden Stärken und Ressourcen möglichst gewinnbringend einzusetzen, um das Leben so gut wie möglich entsprechend der eigenen Wünsche und Bedürfnisse gestalten zu können (u. a. Preißmann 2018b). Es geht dabei nicht darum, den autistischen Menschen »normal« oder »salonfähig« zu machen, sondern um die Anleitung zum selbstbestimmten und glücklichen Leben (s. o.).

Wohnsituation

Nach wie vor gibt es nur sehr wenig Unterstützung für Menschen mit Autismus im Hinblick auf die Wohnsituation. Viele wohnen noch bei ihren Eltern, wünschen sich aber doch eine gewisse Unabhängigkeit und möchten sich mit etwas Hilfe gern ausprobieren. »Nach Hause kommen und wissen, da ist meine Heimat«, dies wird in vielen Fällen als eine wichtige Voraussetzung für die eigene Lebenszufriedenheit beschrieben. Und auch die Eltern der Betroffenen möchten die Wohnsituation ihrer Kinder geklärt wissen, so lange es ihnen selbst gutgeht.

Stationäre Angebote sind vorhanden, Kenntnisse über Autismus und die Besonderheiten betroffener Menschen kann man jedoch nicht unbedingt überall voraussetzen, sodass viele von ihnen unter sehr ungünstigen Bedingungen leben müssen. Gleichzeitig nimmt außerdem der Anteil von Menschen mit Asperger-Syndrom zu, für die es in aller Regel keine Option ist, in einem Wohnheim zu leben. Es ist also dringend notwendig, mehr Möglichkeiten auch ambulanter Hilfe zu etablieren und auf die Bedürfnisse der Betroffenen abzustimmen. Das wird auch von autistischen Menschen selbst als ein wichtiges Anliegen beschrieben. Sie wünschen sich eine gewisse Selbstständigkeit, aber doch auch stundenweise Unterstützung. Sich selbst überlassen, vereinsamen viele Betroffene, weil es ihnen nicht gelingt, Kontakte zu anderen Menschen herzustellen (vgl. Preißmann 2018a und 2020b).

Einige Autoren auch in diesem Buch beschreiben, wie ein eigenständiges Wohnen von Menschen mit Autismus aussehen könnte:

- Feste und flexible Unterstützung: gewisse Stundenanzahl (je nach individuellem Bedarf), zusätzlich bedarfsgerechte Hilfe (»immer dann, wenn ich sie brauche«)
- Unterstützung im Haushalt: beim Kochen, Putzen, Einkaufen etc.
- Unterstützung in der Freizeit, bei der Abendgestaltung
- Unterstützung bei Behördengängen oder Arztbesuchen
- Gemeinsame Freizeitaktivitäten (Angebote, keine Verpflichtungen!), die von Assistenzpersonen initiiert werden (Ausflüge, gemeinsames Kochen etc.)
- Flexible Anpassung der Begleitung bei Veränderungen und besonderen Lebensumständen
- »Notfallsystem« mit telefonischer Erreichbarkeit eines Menschen, der in Krisensituationen weiterhelfen kann.

Der letzte Punkt macht deutlich, dass die Fähigkeit zum Telefonieren als eine ganz wesentliche Kompetenz angesehen werden muss, um selbstständig wohnen zu können (vgl. Terinde & Schweigstill 2014). Nur so ist es jederzeit möglich, in Kontakt zu bleiben und sich Hilfe zu holen. Diese wichtige Fähigkeit muss also schon in früheren Jahren trainiert werden, falls sie Schwierigkeiten bereitet.

Unterstützung bei Begleiterkrankungen

Psychische Komorbidität

Darunter versteht man psychische Erkrankungen, die gemeinsam mit dem Autismus vorliegen. Prinzipiell kann natürlich jeder Mensch an jeder Erkrankung leiden, so ist das auch bei autistischen Menschen, aber es gibt doch auch solche Krankheiten, die bei ihnen gehäuft auftreten.

Psychische Begleiterkrankungen sind nämlich bei Menschen mit Autismus ausgesprochen häufig, in einer Untersuchung ist von etwa drei Viertel aller erwachsenen Betroffenen die Rede (Gawronski et al. 2012). In erster Linie sind zu nennen:

- Depressionen und
- Angststörungen; diese beiden Erkrankungen sind mit Abstand am häufigsten;

außerdem treten gehäuft auf:

- Zwänge
- Hyperaktivität (auch ADHS)
- Belastungsreaktionen
- Schlafstörungen
- Essstörungen
- Suchterkrankungen.

Depressionen

In der Autismus-Ambulanz einer Universitätsklinik haben 50 % der Personen, die sich in der Sprechstunde vorgestellt hatten, Symptome einer Depression bei sich selbst beschrieben. Viele von ihnen waren auch schon wegen depressiver Störungen in fachärztlicher oder psychotherapeutischer Behandlung gewesen (Gawronski et al. 2012). Der Leidensdruck von Menschen mit Autismus äußert sich also sehr oft in Form von Depressionen. Das hat mit den Problemen zu tun, auf die sie in den unterschiedlichsten Lebensbereichen stoßen.

- Man hat herausgefunden, dass die depressive Symptomatik bei vielen Betroffenen im Zusammenhang steht mit der Schwierigkeit, Beziehungen zu ihren Mitmenschen aufzubauen. Sie werden also oft dann depressiv, wenn sie sich eine Freundschaft oder Partnerschaft wünschen, aber gleichzeitig die bestehenden Defizite im sozialen und kommunikativen Bereich erkennen.
- Depressive Episoden hängen häufig auch mit Problemen auf anderen Gebieten zusammen, beispielsweise am Arbeitsplatz oder in finanzieller Hinsicht, oder aber mit der Tatsache, dass autistische Menschen sich oft sehr fremd fühlen, anders als alle anderen, dies aber nicht einordnen können. Viele von ihnen sind sich ihrer Probleme bewusst und geben sich häufig selbst die Schuld am ständigen Versagen im sozialen oder im beruflichen Kontext.
- Depressive Phasen treten auch besonders oft auf bei der verstärkten Beschäftigung mit Zukunftsperspektiven, in Zeiten des Umbruchs und Übergangs (Pubertät, Schule-Beruf etc.) oder in Krisenzeiten. Das ist verständlich, wenn man bedenkt, dass Stress zu den häufigsten auslösenden Faktoren für das Entstehen einer Depression gehört und Menschen mit Autismus gleichzeitig ja oft stärkeren Stress empfinden als andere Menschen, besonders stark eben in Zeiten von Unsicherheit und Veränderung.

Depressionen werden bei autistischen Menschen zumindest anfangs oft nur schwer erkannt, da die Betroffenen große Schwierigkeiten haben, über ihre Gefühle zu sprechen. Es entsteht viel Leid, die betroffenen Menschen sind sehr viel Unverständnis ausgesetzt, und die meisten von ihnen erhalten keine effektive Behandlung, obwohl man durchaus einiges für sie tun kann.

Es ist daher sehr wichtig, bei einer entsprechenden Symptomatik an eine Depression zu denken und einen Facharzt aufzusuchen. Eine Depression ist eine Erkrankung, die behandelt werden kann und behandelt werden sollte. Falsch sind dagegen Empfehlungen der Umgebung, in den Urlaub zu fahren oder sich doch einfach mehr anzustrengen und zusammenzureißen. Das kann im Gegenteil die Verzweiflung eher noch verstärken, da man sich unverstanden und unfähig fühlt. Werden autistische Menschen an sich schon oft missverstanden, so trifft das für depressive autistische Menschen in noch viel stärkerem Ausmaß zu.

Anzeichen einer Depression können sein:

- die krankhaft gedrückte Stimmung, von Eugen Bleuler, einem bekannten Psychiater zu Beginn des 20. Jahrhunderts, beschrieben als »tiefe Traurigkeit« und »Freudlosigkeit«, häufig auch kombiniert mit Hoffnungslosigkeit
- die Hemmung von Denken und Antrieb, was oft fälschlicherweise als Lustlosigkeit und ein »Sich-Hängenlassen« interpretiert wird
- die verringerte Fähigkeit, sich den alltäglichen Aktivitäten zu stellen, oder eine erhöhte Ermüdbarkeit
- Schlafstörungen (klassischerweise das frühmorgendliche Erwachen mit dann bestehendem Grübeln)
- unangemessene Selbstvorwürfe oder Schuldgefühle, Gefühle von Wertlosigkeit, manchmal auch Selbstverletzungen bis hin zu Selbsttötungsgedanken, -absichten oder auch -versuchen
- veränderter Appetit und Änderungen des Körpergewichts
- Tagesschwankungen des Befindens (meist: Tiefpunkt am Morgen, Besserung gegen Nachmittag oder Abend)
- Verlust von Interessen und Initiative
- Angst
- Hemmung des Gedankenganges mit verlangsamtem Denken
- Hemmung der Entschlussfreudigkeit und des Handelns.

Und bei dieser Beschreibung wird schon deutlich, weshalb man die Depression bei Menschen mit Autismus oft so schwer erkennt, denn beispielsweise die Verlangsamung von Denken und Handeln gehört ja oft schon zum Autismus als solchem. Das macht sich in allen Lebensbereichen bemerkbar. Und auch die Entschlussfreudigkeit von Menschen mit Autismus ist meist deutlich beeinträchtigt, so bestehen große Probleme, aus einem Angebot auszuwählen und sich zu entscheiden.

Einige dieser möglichen Symptome einer Depression werden beschrieben als eine Abweichung im Vergleich zum sonstigen Befinden des jeweiligen Menschen, sodass es manchmal für die exakte Diagnose notwendig ist, den Betroffenen gut zu kennen und seine normalerweise bestehende Stimmungslage und den Antrieb beurteilen zu können. Diese häufig nur sehr feinen Unterschiede machen die Diagnose einer Depression bei Menschen mit Autismus zu einer besonderen Herausforderung. Die enge Zusammenarbeit mit Bezugspersonen ist deshalb sehr wichtig.

Eine Depression kann sich bei verschiedenen Menschen ganz unterschiedlich äußern, und auch nicht alle therapeutischen Bemühungen führen bei jedem gleichermaßen zum Erfolg.

Es stehen entweder die alleinige medikamentöse Behandlung mit Antidepressiva, die Psychotherapie oder eine Kombination aus beiden Verfahren zur Verfügung. Bei leichten depressiven Episoden ist oft eine alleinige Psychotherapie möglich, bei schweren Formen ist aber in der Regel eine Kombination aus psychotherapeutischer Behandlung und einem Antidepressivum sinnvoll. Die Auswahl der Medikation richtet sich dabei nach der Symptomatik der Depression und nach dem Nebenwirkungsprofil des Präparates. Antidepressiva haben kein Suchtpotenzial und können gut auch über einen längeren Zeitraum hinweg eingenommen werden. In der Regel setzt der stimmungsaufhellende Effekt erst nach 10 bis 14 Tagen ein, sodass ein bisschen Geduld nötig ist bei der Beurteilung der Wirksamkeit. Nicht jeder reagiert auf dasselbe Präparat gleichermaßen, manchmal muss man mehrere Wirkstoffe ausprobieren, bis man eine Linderung bemerkt.

Eine Psychotherapie ist oft hilfreich, aber sie ist für autistische Menschen vor allem anfangs meist auch schwierig, weil es ihnen schwerfällt, über Gedanken und Gefühle zu sprechen. Und gerade in einer depressiven Phase fallen das Nachdenken, das Analysieren und das Sprechen über das eigene Befinden noch schwerer, sodass es nicht immer gelingt, von einer Psychotherapie zu profitieren, wenn sie erst in der akuten Phase einsetzt. Die lange Zusammenarbeit mit einem Therapeuten, den man gut kennt, ist dagegen in einer depressiven Phase sehr hilfreich. Auch meine Therapeutin, mit der ich seit vielen Jahren arbeite, kann mich inzwischen sehr gut einschätzen und weiß genau, was wann für mich hilfreich ist. Das ist eine tolle Unterstützung und bedeutet auch eine große Entlastung für mich.

Begleitende Maßnahmen sind z. B. körperliche Aktivität, die stimmungsaufhellend wirken kann, physiotherapeutische und andere Maßnahmen, die ganz persönlich Wohlbefinden vermitteln. Ganz besonders wichtig sind gegenüber dem depressiven Menschen aber emotionale Wärme, Wertschätzung und das Eingehen auf seine ganz eigene Lebenssituation. Man sollte ihn ermutigen und ihm Hoffnung vermitteln, dass er die Krankheit überwinden kann.

Insgesamt muss man bei Menschen mit Autismus berücksichtigen, dass

- sich eine Depression oft dann entwickelt, wenn zu viel verändert wird und dadurch die persönliche Stabilität und Sicherheit bedroht sind

- viele Persönlichkeitszüge autistischer Menschen eine Depression begünstigen können, also v. a. überkorrekte, perfektionistische Eigenschaften, zwanghafte Strukturen, aber auch die oft bestehende Abhängigkeit von engen Bezugspersonen
- viele Persönlichkeitszüge autistischer Menschen aber auch die Diagnose einer Depression erschweren können, v. a. zurückhaltende, antriebsarme Wesenszüge, der zurückhaltende Gebrauch von Mimik, Gestik und Körpersprache, sozialer Rückzug etc.
- die Schwierigkeit, über das eigene Gefühlsleben zu reflektieren, die psychotherapeutische Behandlung erschwert.

Eine Depression bei Menschen mit Autismus ist also im Hinblick auf Vorbeugung, Früherkennung, Diagnostik und Therapie eine ganz besondere Herausforderung.

Es bleibt die Frage, ob man Depressionen bei autistischen Menschen verhindern kann. Sicher ist das nicht in letzter Konsequenz möglich, ich selbst habe zumindest bisher kein Patentrezept dafür gefunden. Aber depressive Phasen lassen sich meist zumindest in Häufigkeit und Schwere reduzieren.

Was wichtig ist für die Vorbeugung, kann man sich, wenn man die Ursachen genauer anschaut, daraus schon ableiten:

- Unnötige Veränderungen sollten möglichst vermieden, zumindest aber rechtzeitig angekündigt und gut begleitet werden.
- Insgesamt aber muss man auf ausreichende Routinen und Rituale achten. Abweichungen von ritualisierten Abläufen erzeugen bei autistischen Menschen oft große Irritationen.
- Klare Rahmenbedingungen schaffen Sicherheit, Unregelmäßigkeiten führen dazu, dass eine hohe Unzufriedenheit entsteht, die oft als Stress erlebt wird.
- Wichtig sind feste Ansprechpartner für Fragen und Schwierigkeiten aller Art, das können Eltern, Betreuer, Therapeuten oder andere Menschen sein, denen man vertrauen kann und die man mag.
- Außerdem ist eine enge Begleitung vor allem in Krisensituationen wichtig.

Ängste, Angststörungen

Angst ist das mit großem Abstand häufigste Gefühl, das Menschen mit Autismus bei sich erkennen, benennen und beschreiben können, und auch manifeste Angststörungen treten bei ihnen sehr viel häufiger auf als in der Allgemeinbevölkerung. Sie sind daher von außerordentlich großer Relevanz.

Unter dem Oberbegriff Angst- und Panikstörung fasst man unterschiedliche Erkrankungen zusammen, die durch massive Angstreaktionen bei gleichzeitigem Fehlen akuter extremer Gefahren und Bedrohungen charakterisiert sind und die sich durch unterschiedliche Erscheinungsformen der Angst auszeichnen. Oft steht nicht das subjektive Erleben von Angst im Vordergrund der Symptomatik, sondern körperliche Beschwerden wie Schwindel, Herzrasen, Magen-Darm-Beschwerden oder auch nur eine verringerte Belastbarkeit. Hinter solchen Symptomen kann sich nicht selten auch eine Angststörung verstecken.

Bei den Angsterkrankungen unterscheidet man zwischen Panikstörung, generalisierter Angststörung und phobischen Störungen, die bei Menschen mit Autismus besonders häufig sind. Sie haben oft eine überproportional große Angst vor bestimmten Gegenständen oder Situationen im Sinne einer spezifischen Phobie oder zeigen sozial-phobische Symptome, also Angst, Unsicherheit und Verlegenheit in sozialen Situationen. Meist spielt dabei die Angst, abgewiesen, kritisiert oder verspottet zu werden, eine große Rolle. Viele entsprechende Erfahrungen in der Vergangenheit tragen zur Aufrechterhaltung dieser Ängste bei. Oft sind die Betroffenen durch die Angstsymptomatik in der Bewältigung des Alltags erheblich beeinträchtigt, sodass es wichtig ist, die Symptome zu erkennen und dann auch sinnvolle Maßnahmen einzuleiten.

Ebenso anfällig sind Menschen mit Autismus auch für eine generalisierte Angststörung. Diese ist definiert als eine lang anhaltende Angst, die nicht auf bestimmte Situationen und Objekte begrenzt ist. Es bestehen unrealistische oder übertriebene Befürchtungen bezüglich allgemeiner oder auch besonderer Lebensumstände, also z. B. die Sorge darüber, dass dem eigenen Kind, das sich nicht in Gefahr befindet, etwas zustoßen könnte, oder grundlose Geldsorgen. Manchmal schwankt die Angst im Laufe der Zeit in ihrer Intensität.

Auch bei der Behandlung von Angsterkrankungen ist es oft sinnvoll, pharmakologische und psychotherapeutische Strategien zu kombinieren. Oft ist auch bereits ein wohlwollend-verständnisvolles stützendes Gespräch hilfreich. Es ist wichtig, die Symptome ernst zu nehmen, man muss dem betroffenen Menschen vermitteln, dass seine Beschwerden nicht als »eingebildet« abgewertet werden. Unterstützend sind auch soziotherapeutische Strategien möglich, die vor allem die soziale Isolation vermindern sollen. Das geschieht z. B. durch den Einsatz von Gruppentherapien oder evtl. durch eine berufliche Wiedereingliederung.

Zwänge, zwanghaftes Verhalten, Zwangsstörungen

Als Zwangsstörungen werden Krankheiten bezeichnet, bei denen Zwangsgedanken, Zwangsimpulse und/oder Zwangshandlungen im Vordergrund stehen. Unter der Bezeichnung Zwang werden Vorstellungen, Handlungsimpulse und Handlungen zusammengefasst, die sich stereotyp wiederholen, sich einem Menschen aufdrängen und gegen deren Auftreten er sich vergeblich wehrt. Zwangserscheinungen werden als unsinnig und manchmal auch als bedrohlich erlebt und lassen sich nicht durch Ablenkung oder ähnliche Strategien vermeiden.

Die häufigste Zwangshandlung ist der Kontrollzwang. Meistens genügt es dabei nicht, beispielsweise beim Verlassen des Hauses ein- oder zweimal zu kontrollieren, ob die Türe auch wirklich geschlossen ist, sondern dies muss bis zu dreißig Mal wiederholt werden. Der Patient ist sich dabei durchaus bewusst, dass die Türe verschlossen ist. Wenn er aber versucht, sich dem Handlungsimpuls zu widersetzen, erlebt er starke innere Anspannung oder Angst. Neben dem Kontrollzwang können Zwänge bezüglich Waschen bzw. Säubern, Nachfragen bzw. Beichten, Symmetrie und Ordnung, Zählen, Horten und Sammeln oder andere Handlungen auftreten.

Der Einsatz von Antidepressiva kann die Prognose von Zwangsstörungen deutlich verbessern; im Vergleich zu depressiven Störungen sind aber oft höhere Dosierungen nötig, und die Beurteilung von Erfolg bzw. Misserfolg sollte nicht vor Ablauf von drei Monaten erfolgen.

Auch psychotherapeutische Verfahren sind sinnvoll. Der Therapieerfolg besteht meist nicht in einem völligen Verschwinden der Zwänge, sondern in einer besseren Kontrolle, mit der auch der Patient subjektiv zufrieden ist und die es ihm ermöglicht, wieder in der gewohnten Weise am normalen Leben teilzunehmen.

Zwangssymptome treten über das gesamte autistische Spektrum hinweg auf. Neben den üblichen Ausprägungsformen können Menschen mit Autismus auch ungewöhnliches Zwangsverhalten ausbilden. Beispiele sind das Bedürfnis, den Teller stets ganz sauber auskratzen zu müssen, oder der Zwang, bei einem Fernseher dieselben Sender immer in derselben Reihenfolge einzuschalten. In der Literatur findet sich die Feststellung, dass diese Zwangshandlungen bei hochfunktionalem Autismus deutlich komplexere Formen annehmen. Bücher werden dann gleich arrangiert, der Tisch wird auf eine bestimmte Weise gedeckt, oder es müssen komplizierte Essgewohnheiten eingehalten werden. Bei Menschen mit Asperger-Syndrom ist das Zwangsverhalten oft eher geistiger Natur und findet hauptsächlich seinen Ausdruck in Spezialinteressen (Joergensen 1995, 55).

Experten vermuten, dass Zwangsmuster bei autistischen Menschen eine Kompensationsstrategie für mangelnde Fantasie, Neugier und Erfindungsgabe sein könnten. Hinweise dafür sehen sie in der großen Zufriedenheit, die die Betroffenen empfinden, wenn sie diesem ihrem Interesse nachgehen können.

Und genau das ist ein wichtiges Unterscheidungskriterium. Bei einer manifesten Zwangsstörung ist der betroffene Mensch der Handlung meist ausgeliefert, obwohl er sie als unsinnig empfindet und sie einstellen möchte (z.B. Waschzwang). Autistische Menschen dagegen genießen ihre Zwänge und Routinen, ja, sie profitieren sogar davon. Man kann hier also in der Regel nicht von Zwängen im eigentlichen Sinn sprechen, sondern man könnte sie als zwanghafte Verhaltensweisen oder zwanghafte Strukturen bezeichnen, um den Unterschied deutlich zu machen.

Psychosen, psychosenahe Zustände

Vor allem bei Menschen mit Asperger-Syndrom kann es auch gelegentlich zu Psychosen kommen, also zu Wahnwahrnehmungen oder Halluzinationen. Das findet man beim frühkindlichen Autismus eher nicht. Möglicherweise ist auch das ein Hinweis auf den großen Stress und die starke Anspannung, der vor allem hochfunktionale Betroffene ausgesetzt sind, die an den Anforderungen der Normalität gemessen werden. Eine der Ursachen für die Auslösung psychotischer Zustände ist nämlich der psychosoziale Stress, also eine übermäßige Stimulation.

Neben der sogenannten Positivsymptomatik mit Wahn und Halluzinationen kennt man bei Psychosen aber auch die Negativsymptomatik, gekennzeichnet vor allem durch starke Antriebsarmut, die insbesondere durch Unterstimulation hervorgerufen wird. Man kennt diese Bilder aus früheren Jahren von langjährig in Anstalten verwahrten Menschen. Dies muss man auch bei autistischen Menschen beachten. Menschen, die in einem erlebnisarmen Milieu ohne Chancen zur Eigeninitiative und Selbstverantwortung leben, werden zunehmend uninteressierter und antriebsärmer.

Der Wahn äußert sich bei autistischen Menschen oft als Wahnwahrnehmung, also als Verkennung oder Fehlinterpretation der Umwelt. Der betroffene Mensch ist in solchen Momenten überzeugt davon, dass die eigene Wahrnehmung stimmt.

Manchmal ist im Rahmen von Psychosen oder auch bei paranoiden Ängsten oder schweren Depressionen der Einsatz von Neuroleptika notwendig. Besonders oft kommen bei autistischen Menschen Risperidon, Aripiprazol und Quetiapin zum Einsatz. Diese Präparate wirken nicht nur bei den genannten Erkrankungen, sondern sie können auch gegen Aggressionen oder andere Verhaltensstörungen helfen (Dose 2014). In manchen Fällen sind sie notwendig, weil sie gut und schnell bei Psychosen helfen können. Manchmal werden sie aber auch zu großzügig eingesetzt, um einen Menschen einfach nur »ruhigzustellen« und ihn pflegeleichter zu machen.

Im Vergleich zu früher bevorzugt eingesetzten Präparaten haben die moderneren Neuroleptika weniger Nebenwirkungen im Sinne von Bewegungsstörungen, führen dafür aber teils zu erheblicher Gewichtszunahme; eine längerfristige Einnahme sollte deshalb auch bei ihnen auf ihre Notwendigkeit hin überprüft werden.

Essstörungen

Essstörungen sind durch eine intensive Furcht vor dem Dickwerden, ein verändertes Essverhalten und eine Störung der Körperwahrnehmung charakterisiert.

Bei der Anorexia nervosa (Magersucht) kommt es zu erheblichem Gewichtsverlust bis zu 45 % des Ausgangsgewichtes mit den typischen Symptomen wie dem Stoppen der Menstruation, weil der Körper eben die Energie für die lebenswichtigen Funktionen braucht und alles eher weniger Wichtige einstellen muss. Auch besteht oft eine gefährliche Verschiebung der Blutsalze, was bis hin zu lebensbedrohlichen Herzrhythmusstörungen führen kann.

Bei der Bulimia nervosa (Ess-Brech-Sucht) bestehen Heißhungerattacken mit danach selbst hervorgerufenem Erbrechen. Sekundäre körperliche Veränderungen insbesondere im Bereich der Speiseröhre und der Mundhöhle durch den sauren Magensaft sind häufig (Ösophagitis, Zahnschäden etc.).

Die sozialmedizinisch bedeutsamste Form der Essstörung ist die Adipositas, die für etwa 5 bis 10 % der Krankheitskosten in Deutschland verantwortlich sein soll, mit deutlich steigender Tendenz. Sie wird in der Regel nicht als primär psychische Störung betrachtet, es gibt aber deutliche Hinweise darauf, dass der Prozess, der das Entstehen von Adipositas begünstigt, dem psychischen Prozess bei der Anorexie und der Bulimie zumindest ähnlich ist.

Für die Essstörungen sind genetische Faktoren belegt, außerdem sind häufiger von der Familie überbehüteten Frauen betroffen, die Konflikte eher vermeiden und nur geringe Konfliktlösefähigkeiten haben. Auch zeigen Patienten mit Essstörungen während ihrer Entwicklung Schwierigkeiten mit der Identitätsfindung und entwickeln nur unzureichende Fähigkeiten im Hinblick auf alltägliche Anforderungen. Oft bestehen ein starkes Gefühl der eigenen Insuffizienz, Misstrauen gegenüber zwischenmenschlichen Beziehungen und eine mangelnde Fähigkeit, das eigene Befinden wahrzunehmen. Es liegt fast immer eine Störung der Körperwahrnehmung vor, die meisten magersüchtigen Patienten überschätzen ihren Körperumfang und fühlen sich deutlich zu dick. Sie kontrollieren sehr oft ihr Gewicht.

Behandelt wird die Anorexie im Akutfall meist stationär, dabei müssen oft hochkalorische Nahrung oder Elektrolytlösungen gegeben werden. Nach körperlicher Stabilisierung ist eine langfristige Psychotherapie nötig, die auch die Familie einbezieht und vor allem Kompetenzen vermitteln soll auf den Gebieten, wo das Insuffizienzgefühl übermächtig ist.

Bei der Beschreibung dieser Patienten findet man typischerweise junge autistische Menschen wieder, und es ist tatsächlich so, dass viele von ihnen unter einer Essstörung leiden, insbesondere die Magersucht spielt eine große Rolle. Umgekehrt geht man aber auch davon aus, dass etwa ein Viertel der magersüchtigen Frauen gleichzeitig an einer autistischen Störung leidet. Das ist ein Aspekt, der sehr lange nicht bekannt war. Generell ist das Thema Essstörungen bei Menschen mit Autismus außerordentlich relevant. Viele Betroffene sind deutlich untergewichtig, zahlreiche andere deutlich zu dick.

Die Ablehnung der weiblichen Entwicklung hin zur Frau spielt bei vielen autistischen Frauen eine große Rolle. Aber auch die Wahrnehmungsbesonderheiten sind im Hinblick auf die Nahrungsaufnahme wichtig. Viele Betroffene haben eine gestörte Körperwahrnehmung, manche von ihnen berichten, sie spürten sich nicht oder nicht richtig. Durch diese veränderte Innenwahrnehmung lässt sich auch ein gestörtes Empfinden von Hunger und Durst erklären. Einige autistische Menschen haben kein Hungergefühl. Sie besitzen kein Empfinden dafür, wann es Zeit ist, die Energiereserven aufzufüllen. Gunilla Gerland beschreibt ihre Probleme wie folgt: »Ich fühlte nie deutlich, ob ich hungrig war oder satt, und ich wusste nicht, was ich essen sollte. Kochen konnte ich nicht, und manchmal aß ich überhaupt nichts« (Gerland 1998, 204). So lebte sie oft tagelang nur von Kaffee und Zigaretten. Bei vielen betroffenen Menschen sind Mangelernährungen die Folge, und auch Donna Williams berichtete, dass sie häufig nahe am Zusammenbruch war. Gunilla Gerland versuchte, eine Lösung zu finden, und suchte sich andere Menschen, an deren Essverhalten sie sich orientieren konnte. Andere richten sich mit ihrer Nahrungsaufnahme nach der Uhr, was ebenfalls hilfreich sein kann. Wenn man die entsprechenden Signale des Körpers nicht wahrnehmen bzw. nicht richtig deuten kann, muss man eben andere Lösungen für sich finden.

Insgesamt ist es sehr wichtig, das Thema Nahrungsaufnahme mit autistischen Menschen zu besprechen. Dabei muss man dann eben auch vermitteln, welche Mengen an Nahrung und welche Nährstoffe man im Normalfall braucht.

Aufmerksamkeitsdefizit-Hyperaktivitätssyndrom

Schon 1845 beschrieb der Frankfurter Arzt Heinrich Hoffmann in den Figuren seines Buches »Struwwelpeter« einige typische ADHS-Verhaltensweisen (Zappelphilipp, Hans Guck-in-die-Luft). Hoffmann betrachtete ein solches Verhalten damals aber als Erziehungsproblem und nicht als psychische Störung. Diese Auffassung ist inzwischen widerlegt, aber auch heute noch wird als merkwürdig und störend empfundenes Verhalten immer wieder den Eltern angelastet. Erst in den 1970er Jahren wurde das Krankheitsbild ADHS in die Klassifikation der Erkrankungen (ICD) aufgenommen; im Erwachsenenalter ist es in Deutschland seit 2003 anerkannt.

Absolut gesicherte Zahlen gibt es nicht, aber Schätzungen ergaben, dass etwa 4 bis 8 % aller Schulkinder eine Aufmerksamkeitsstörung haben. Jungen werden sehr viel häufiger diagnostiziert als Mädchen, man vermutet, dass das damit zusammenhängt, dass Mädchen eher die Variante ohne Hyperaktivität aufweisen (ADS) und daher oft nicht erkannt werden.

Besonders die Kernsymptome einer ADHS wie motorische Unruhe und Aufmerksamkeitsdefizite sind aber auch häufig auftretende Begleitsymptome bei Menschen mit Autismus. Insbesondere im Kindes- und Jugendalter gibt es häufig Überlappungen. Merkmale und Begleitsymptome der ADHS sind Hyperaktivität, Impulsivität, geringe Ausdauer, schlechtes Schriftbild, Ängste, Depressionen, Unaufmerksamkeit und Konzentrationsschwierigkeiten. Bei erwachsenen Betroffenen sind die Auffälligkeiten oft deutlich abgeschwächt, da viele von ihnen gelernt haben, zumindest einige ihrer Schwierigkeiten zu kompensieren.

Nach Meinung vieler Experten sind in der heutigen Zeit nicht mehr Kinder und Erwachsene betroffen als früher. Ein ADHS tritt heute aber verstärkt und offensichtlicher zutage, sodass sich die Grenze zwischen nicht behandlungsbedürftigen und behandlungsbedürftigen Betroffenen in den letzten Jahrzehnten verschoben hat. Vermutete Ursachen dafür sind zum einen die fortschreitende Vernetzung der Gesellschaft und die damit einhergehende Reizüberflutung durch ein Überangebot an Information, Kommunikation und medialen Reizen wie Fernsehen, Computer und Handy, zum anderen die deutlich erhöhten Anforderungen an jeden Einzelnen im privaten und beruflichen Leben und mangelnde Struktur in Familie, Schule und Gesellschaft.

Deshalb sind die Herausforderungen auch für ADHS-Betroffene größer geworden, wenn es darum geht, das eigene Leben zu gestalten.

Ein schwer betroffener Mensch hat ein stark erhöhtes Risiko, ein Suchtverhalten zu entwickeln oder in die Kriminalität abzurutschen. Die Gabe von Stimulanzien im Rahmen der medikamentösen Behandlung galt lange als Risiko für eine spätere Suchtentwicklung, inzwischen wurde jedoch gezeigt, dass die Gabe von Methylphenidat (z. B. Ritalin) die Wahrscheinlichkeit einer Abhängigkeitsentwicklung nicht erhöht, sondern das Risiko für eine frühzeitige Nikotin-, Alkohol- bzw. Drogenabhängigkeit und auch für Kriminalität vielmehr sogar verringert. Wichtig sind außerdem psychotherapeutische und strukturierende Maßnahmen.

Sucht-/Abhängigkeitserkrankungen

Sucht bezeichnet gemäß Weltgesundheitsorganisation einen wiederholten Gebrauch einer natürlichen oder synthetischen Substanz, der für das Individuum und die Gemeinschaft schädlich ist.

Psychische Abhängigkeit ist definiert als unwiderstehliches Verlangen, eine bestimmte Substanz (Droge) erneut einzunehmen. Die körperliche Abhängigkeit ist charakterisiert durch eine Toleranzentwicklung, die eine Dosissteigerung notwendig macht, und das Auftreten von Entzugserscheinungen.

Die meisten missbräuchlich verwendeten Drogen steigern die Freisetzung von Dopamin und lösen so Euphorie und Wohlbehagen aus. Das wiederum wirkt verhaltensverstärkend. Es ist nicht sinnvoll, in diesem Rahmen sämtliche Substanzen zu besprechen. Hingewiesen werden soll aber auf Cannabis, Amphetamine und Alkohol als gar nicht seltene Beispiele für eine mögliche »Selbstmedikation« auch autistischer Menschen.

In Deutschland leben etwa 3 Millionen alkoholkranke Menschen, weitere 4 Millionen betreiben einen Alkoholmissbrauch und 6 Millionen einen riskanten Konsum jenseits von 20 g Alkohol täglich bei Frauen und 40 g bei Männern (20 g Alkohol entspricht etwa 0,5 l Bier oder 0,25 l Wein bzw. Sekt). In einigen Untersuchungen liegt unter Studenten der Anteil derjenigen, die einen riskanten Konsum betreiben, bei über 50 %. Deutlich wird also der Zusammenhang mit aktuellen Belastungen und Stress bei gleichzeitig ständiger Verfügbarkeit von Alkohol. Aber auch die Einsamkeit ist oft ein wichtiger Auslöser für einen Konsum, der Alkohol wird dann als »Problemlöser« zur Entspannung und Erleichterung eingesetzt.

Wir sehen in unserer Suchtabteilung immer wieder auch autistische Menschen, teils mit Diagnose, teils auch nicht diagnostiziert, aber mit ganz offensichtlichen Symptomen. Sie haben ohne eine längerfristige stationäre Therapie im Anschluss kaum eine Chance, weil sie immer wieder beschreiben, dass ihnen Alkohol oder auch Cannabis ein bisschen dabei helfen, sich zu entspannen, aber sie berichten auch, dass sie unter diesen Substanzen einfach geselliger und lockerer sind und leichter in Kontakt kommen können. Das ist ein großes Problem, deshalb ist es sehr wichtig, alternative therapeutische Möglichkeiten anzubieten, denn Alkohol und Drogen machen längerfristig natürlich körperlich wie psychosozial deutlich mehr Probleme, als dass sie nutzen, deshalb sind sie zur Selbstmedikation nicht geeignet. Sie können Einstiegsdrogen darstellen für »härtere« Substanzen, zusätzlich kann es durch Amphetamine oder Cannabiskonsum auch zur Auslösung einer Psychose kommen.

Zusätzliche körperliche Erkrankungen

Schwere Erkrankungen sind für alle Menschen eine Herausforderung, die medizinische Versorgung speziell von Menschen mit Autismus ist aber in vielen Fällen noch immer ungenügend. Wenn sie zusätzlich zu ihrem Grundproblem medizinische Hilfe brauchen, gibt es zahlreiche Schwierigkeiten, sodass viele Betroffene oft über Jahre hinweg gar keinen Zugang zum Gesundheitssystem haben. Das betrifft die ambulante ärztliche Versorgung im akuten Krankheitsfall genauso wie Vorsorgemaßnahmen, Klinikbehandlungen sowie Unterstützung in Krisensituationen (vgl. Preißmann 2017).

Probleme aufgrund der autistischen Besonderheiten

- Aufgrund ihrer besonderen Schwierigkeiten können autistische Menschen oft nicht gut beschreiben, was genau ihnen fehlt. Auch Schmerzen oder andere Befindlichkeitsstörungen können dann beispielsweise als aggressives Verhalten imponieren. Oft wäre es hier mit einfachen Mitteln möglich, Abhilfe zu schaffen, aber dazu muss man die körperliche Problematik erst einmal erkennen.
- Die Betroffenen brauchen oft ein bisschen länger als andere Menschen, um sich ausdrücken zu können, auch deswegen, weil der Arztbesuch ebenso wie jeder Kontakt mit fremden Menschen meist ein großes Problem darstellt, Aufregung und Angst bedeutet.
- Nicht selten besteht eine andere Schmerz- und Körperwahrnehmung als bei anderen Menschen. Viele Menschen mit Autismus sind weniger empfindlich gegenüber Schmerzen, bei anderen aber kann durchaus auch

eine höhere Empfindlichkeit vorliegen. Auch können die Schmerzen manchmal nicht gut an die eigentliche Stelle lokalisiert werden.
- Es fällt den Betroffenen schwer, sich anfassen zu lassen. Körperliche Untersuchungen stellen daher oft große Hürden für sie dar.
- Informationen, die nicht ganz eindeutig formuliert sind, können oft nicht verstanden werden. Gleichzeitig aber besteht das besonders große Bedürfnis nach Vorhersehbarkeit und Informationen, was gerade im medizinischen Bereich häufig nicht in diesem Ausmaß befriedigt werden kann.
- Und schließlich wissen manche betroffene Menschen gar nicht, wie sie die erforderlichen Schritte bewältigen sollen. Sie brauchen Unterstützung dabei, die »Entscheidungs- und Handlungskette Arztbesuch« in Angriff zu nehmen (Beispiel Zahnschmerzen: Wo muss ich anrufen? Was muss ich dort sagen? Wie kann ich mein drängendes Anliegen schildern, sodass ich nicht erst einen Kontrolltermin in acht Wochen erhalte? Welche Unterlagen muss ich mitnehmen? Wie komme ich zur Praxis? Wie viel Zeit muss ich für den Weg einplanen? Wie lange werden Wartezeit und Behandlung dauern? Was erwartet mich dort? Wie kann ich vorab deutlich machen, dass das Wissen über den Ablauf für mich wichtig ist? Wie kann ich mir wichtige Informationen merken, wenn ich aufgeregt bin ...?).

Neben den Schwierigkeiten, die bei Menschen mit Autismus selbst bestehen, gibt es aber auch Probleme, die eher auf Seiten der Mitarbeiter des Gesundheitssystems liegen.

- So können Verhaltensauffälligkeiten autistischer Menschen, die man nicht einordnen kann, nicht selten Angst machen. Die Erfahrung zeigt, dass vielen aggressiven Ausbrüchen beispielsweise unbeachtete Versuche vorausgehen, sich mitzuteilen. Diese Versuche sind aber oft so unscheinbar oder uneindeutig, dass sie im Alltag leicht übersehen werden. Es kommt dann immer wieder zu einer Fehleinschätzung des betroffenen Menschen, der als böse erscheint, obwohl er sich einfach nur verständlich machen möchte, oder der auf den ersten Blick vielleicht auch »geistig behindert« wirkt, was dann oft auch die Art und Weise beeinflusst, wie man ihm gegenübertritt und ihn behandelt.
- Es gibt meist zu wenig Personal für eine gute Betreuung, und die vorhandenen Kräfte haben zu wenig Zeit, um sich mit jedem einzelnen Menschen ausreichend lange zu beschäftigen. In vielen Kliniken etwa, wo es überwiegend um Routineuntersuchungen und Routineeingriffe

geht, ist die Zeit so eng »getaktet«, dass nicht einmal mehr Zeit bleibt für zusätzliche Zuwendung gegenüber Patienten, die etwa »Angst vor der Untersuchung« äußern. Dann hat man oft schon gar nicht die Möglichkeit, auf Menschen zu reagieren, die noch viel mehr Zeit beanspruchen.

- In ihrer Ausbildung erfahren Mitarbeiter des Gesundheitssystems noch immer nur wenig über die vielfältigen Erscheinungsformen des Autismus, meist gibt es höchstens Kenntnisse über die Extremformen, man kennt also allenfalls das Bild des schaukelnden Kindes in der Ecke, das gar keinen Kontakt aufnimmt, oder den Menschen mit den rätselhaften Spezialbegabungen.
- Die fehlenden Kenntnisse kann man dem medizinischen Personal nicht vorwerfen, wohl aber das oft mangelnde Interesse, sich mit diesem Bereich zu beschäftigen und sich zu informieren, und vor allem die fehlende Bereitschaft zu einer guten Zusammenarbeit mit den Bezugspersonen (Eltern, Therapeuten, Betreuer etc.), die gerade bei autistischen Menschen so wichtig ist, da oft nur die engsten Angehörigen die Verhaltensauffälligkeiten richtig einschätzen können und wissen, wie man am besten helfen kann. Aus meiner eigenen Kindheit fällt mir dazu die Situation am Ende der Kindergartenzeit ein, als ich mir bei einem Sturz vom Klettergerüst den Oberschenkel brach. Ich weinte und schrie auf dem gesamten Weg mit dem Krankenwagen in die Klinik, aber nicht etwa deshalb, weil ich Schmerzen gehabt hätte. Im Gegenteil, ich war und bin auch heute noch nur wenig schmerzempfindlich. Aber man hat mir schon auf dem Weg in den Krankenwagen die Hose zerschnitten, die ich trug und die meine Lieblingshose war. Ich konnte mich kaum beruhigen, und natürlich halfen deshalb auch die Schmerzmedikamente nicht gegen meinen Kummer. Als meine Mutter mich im Krankenhaus sah, wusste sie sofort, was los war, und ihr gelang es dann auch, mich allmählich zu beruhigen.

Ambulante ärztliche Versorgung

Arztbesuche sind für die Betroffenen oft schwierig, weil hier viele für sie problematische Faktoren zusammenkommen (enger Kontakt mit anderen Menschen, volles Wartezimmer, lange Wartezeiten, fehlende Sicherheit, wie der Kontakt ablaufen wird, Unbehagen vor der körperlichen Untersuchung, insgesamt große Aufregung und Angst etc.). Oft besteht aber auf beiden Seiten Unsicherheit, viele Ärzte wissen nicht, wie sie Menschen mit

Autismus begegnen sollen, obwohl sie häufig durchaus zu einer Zusammenarbeit bereit sind. Hilfreich sind daher Vorschläge und Anregungen sowohl für Patienten als auch für Ärzte, wie mit nur geringen Bemühungen auf beiden Seiten eine Zusammenarbeit gelingen kann (Preißmann 2017 bzw. 2018b, 143–145).

Für Ärzte ist zu empfehlen,

- den Patienten ausreden zu lassen, auch wenn er ein bisschen länger braucht als andere Patienten, um nachzudenken und sein Anliegen auszudrücken
- schon im Vorfeld so viele Informationen zu geben wie möglich über die bestehende Erkrankung und ggf. die vorgesehenen (Untersuchungs-)Maßnahmen
- sensibel, aber gleichzeitig ehrlich über den Gesundheitszustand Auskunft zu geben; auf wohlwollend-rücksichtsvoll gemeinte Unehrlichkeit reagieren Menschen mit Autismus oft sehr empfindlich
- konkrete und unmissverständliche Worte zu wählen, Redewendungen und unklare Formulierungen nach Möglichkeit zu vermeiden; gezielt nachzufragen, ob alles verstanden worden ist
- autistische Besonderheiten auch bei der Diagnosestellung zu berücksichtigen (veränderte Schmerzwahrnehmung, gestörte Körperwahrnehmung etc., manche Symptome können daher nicht richtig eingeordnet werden und werden so leicht über- oder unterschätzt).

Auch Menschen mit Autismus selbst können sehr viel zum Gelingen des Arztbesuches beitragen, indem sie

- bei Routineterminen, für die es eine gewisse Vorlaufzeit gibt, schon im Vorfeld den Arzt über den Autismus und über die ganz persönlichen Schwierigkeiten und Auffälligkeiten informieren, z. B. per E-Mail oder Brief
- ggf. »Randtermine« bevorzugen (zu Beginn oder am Ende der Sprechstunde), wenn das Wartezimmer noch nicht oder nicht mehr so voll ist
- schon zu Hause wichtige Informationen für den Arzt (aktuelle Beschwerden, Fragen, Anliegen etc.) aufschreiben, damit in der Eile und Aufregung nichts in Vergessenheit gerät
- bei problematischen Terminen (z. B. beim Frauenarzt oder Zahnarzt) Begleitung durch Familie, Bekannte oder ggf. Therapeuten in Anspruch nehmen.

Sehr wichtig ist es, für autistische Frauen auch den Zugang zum Bereich der Frauengesundheit zu ermöglichen. Dazu gehören gynäkologische Untersuchungen und Hygienemaßnahmen. Viele Betroffene haben erhebliche Schwierigkeiten mit dem Gebrauch von Binden und Tampons. Oft muss man ihnen die Benutzung genau erklären (Preißmann 2020b, 76ff). »Vorbeugend«, also als hinführende Maßnahme vor dem Einsetzen der Menstruation, kann z. B. das probeweise Tragen von Binden empfohlen werden, das sich oft ungewohnt und fremd anfühlt. Wenn man dies alles in ruhiger Atmosphäre und ohne den Stress der akuten Situation ausprobieren und erfahren kann, ist es oft viel einfacher, sich daran zu gewöhnen, diese Maßnahmen dann auch im »Ernstfall« zuzulassen und nicht als zusätzlichen Stressfaktor zu erleben.

Es wird also deutlich, dass man mit recht wenig Aufwand doch eine Menge für den autistischen Menschen erreichen kann, dass man ihn andererseits aber auch mit eigentlich ganz banal und selbstverständlich erscheinenden Fragen nicht allein lassen darf, auch dann nicht, wenn er auf vielen anderen Gebieten sehr kompetent wirkt. Diese ungleichen Fähigkeiten und Schwierigkeiten in den unterschiedlichen Lebensbereichen sorgen immer wieder für Missverständnisse und stellen oft eine große Herausforderung dar.

Wichtig wäre für den autistischen Menschen ein kompetenter Ansprechpartner in Fragen der Gesundheit, also ein Hausarzt oder ein sonstiger »Gesundheitslotse«, jemand, der ihn gut kennt und der seine Beschwerden durch gemeinsame Erfahrungen einschätzen kann. Ein Fachmann, der erkennen kann, wann weiterführende Maßnahmen nötig sind und wann man dem Betroffenen eine Klinikeinweisung ersparen kann.

Klinikbehandlung

Eine Krankenhausbehandlung stellt meist ein großes Problem dar. In aller Regel ist man auch hier nicht auf autistische Menschen eingestellt, hat keine Kenntnisse über die Auffälligkeiten und die möglichen Hilfen, die in jedem Einzelfall ein bisschen anders sind, und ängstigt sich vielleicht auch vor dem Betroffenen. Problematisch für autistische Menschen sind der enge Kontakt mit den anderen Patienten, womöglich auch noch im gleichen Zimmer, die Angst und die Unkenntnis, was einen erwarten wird, und viele andere Faktoren. Eine große Rolle spielt zudem die geforderte Flexibilität, so kann der gewohnte Tagesablauf nicht durchgezogen werden, was oft schon allein ausreicht, um eine Krise auszulösen. Wohneinrichtungen haben in der Regel nicht die Möglichkeit, eine Begleitung zu stellen, sodass meist ganz selbstverständlich erwartet wird, dass ein Elternteil mit in der Klinik verbleibt, um die Versorgung zu gewährleisten. Ist das nicht möglich, wird die Aufnahme des betroffenen Menschen nicht selten abgelehnt, oder er wird mit Medikamenten ruhiggestellt, um ihn »pflegeleichter« zu machen. Fähigkeiten und Kompetenzen werden den betroffenen Menschen abgesprochen, man spricht und verhandelt nicht mit ihnen, sondern ausschließlich mit den Bezugspersonen.

Ja, das alles ist schlimme Realität, so war es früher, und so ist es noch immer. Aber wir leben nun in einer Zeit, in der man die Häufigkeit autistischer Störungen mit etwa einem Prozent angibt, überall und in jedem Bereich trifft man also auch auf Menschen mit Autismus. Daher ist es dringend notwendig, auch abseits der Psychiatrie medizinische Fachleute zu informieren und zu qualifizieren. Auf sehbehinderte oder gehörlose Menschen stellt man sich ganz selbstverständlich ein, und genauso selbstverständlich sollte das auch beim Autismus geschehen. Die Betroffenen sind keine gemeingefährlichen Monster, die man ruhigstellen muss, um sich mit ihnen beschäftigen zu können.

Dennoch wäre es sinnvoll zu überlegen, ob es nicht, ähnlich wie bei Menschen mit geistiger Behinderung (z. B. Elstner et al. 2015), über das Land verteilt vielleicht vier oder fünf Kliniken geben sollte, in denen auch disziplinübergreifend die betroffenen Menschen gut behandelt werden könnten. Das wäre für viele Menschen mit Autismus und für ihre Angehörigen eine große Hilfe.

Gesundheitspolitische Aspekte

Und schließlich sind auch die Politik und der Gesetzgeber gefordert. Aufgrund eines sehr hohen ökonomischen Drucks im Gesundheitswesen ist die Bereitschaft, sich mit besonderen, zeitaufwändigen und herausfordernden Patienten zu beschäftigen, oft nur gering ausgeprägt. Es ist notwendig, für diese Personen spezielle Regelungen zu schaffen auch hinsichtlich der Abrechnungssysteme im ambulanten wie im stationären Bereich, um den Mehraufwand, den die Arbeit mit dieser Patientengruppe mit sich bringt, auch gerecht zu entlohnen und so Anreize zu schaffen für eine Zusammenarbeit mit autistischen Menschen.

Außerdem müssen Kenntnisse und Fähigkeiten über den Autismus und über sinnvolle Möglichkeiten, die betroffenen Menschen zu unterstützen, bei allen beteiligten Berufsgruppen bereits in der Ausbildung, aber auch in

Weiterbildungen vermittelt werden. Man muss dabei auf Probleme hinweisen, Anregungen geben, Möglichkeiten aufzeigen und vor allem Berührungsängste abbauen. Das Wichtigste für autistische Menschen sind in allen Lebensbereichen geeignete Rahmenbedingungen – das gilt auch für den Gesundheitsbereich.

Unterstützung im Hinblick auf die eigene Identität

Der wohl wichtigste Punkt für autistische Menschen betrifft die Unterstützung im Hinblick auf die eigene Identität, also die Akzeptanz des Individuums und die Hilfe bei der Entwicklung der eigenen Persönlichkeit, hin zu den ganz eigenen Wünschen, Bedürfnissen und Zielen.

Das schreibt sich leicht und liest sich schön, aber genau diese Punkte sind oft das größte Problem vor allem im Erwachsenenalter. In unserem Land sind die Bedingungen für Menschen mit Behinderungen vergleichsweise günstig, viele Dinge sind sinnvoll geregelt. Aber zahlreiche Hilfeleistungen sind starr und unflexibel und kaum an die individuellen Bedürfnisse anzupassen, manche Vorschriften lassen gar überhaupt keinen Raum für auch nur die Äußerung der eigenen Wünsche, man denke etwa an eine gesetzliche Betreuung. Das läuft manchmal gut und manchmal schlecht und ist alles in allem in der Regel Glücksache. Und auch das erklärt wohl die Tatsache, dass Menschen mit Behinderungen in unserem Land in den letzten Jahren keine wesentlichen Verbesserungen sehen, obwohl doch vermeintlich so viel für sie getan wird. Vermutlich ist es eben nicht immer die richtige Art von Hilfe, nicht in jedem Fall die Unterstützung, die sie selbst für wesentlich halten.

Möglichkeiten schaffen, sich mitzuteilen

Es ist daher unerlässlich, die betroffenen Menschen einzuladen, sich selbst an der Planung von Maßnahmen zu beteiligen. »Unterstützung im Hinblick auf die eigene Identität« bedeutet nämlich ganz und gar nicht, dass man den betroffenen Menschen sich selbst überlässt, um den Tag ausschließlich nach seinen Wünschen zu gestalten. Auch und gerade Menschen mit Autismus brauchen Anregungen und Anleitungen, um Neues zu erkunden und Interessen zu entdecken. Aber es müssen ihre Interessen sein, sie müssen danach befragt und dabei begleitet werden. Und das geschieht vor allem bei stärker beeinträchtigten Menschen noch viel zu selten. Dafür ist ein bisschen Zeit und Geduld nötig, dafür braucht es konstante Bezugspersonen und die enge Zusammenarbeit mit der Familie. Aber das sind ja keine utopischen Forderungen.

Insgesamt zeigt die Erfahrung, dass autistische Menschen sich wohler fühlen und weniger Stereotypien oder selbstverletzendes Verhalten zeigen (vgl. auch Rickert-Bolg 2014),

- wenn sie Möglichkeiten zur Kommunikation erhalten, die ihnen entsprechen. Auch Menschen mit einer höhergradigen Ausprägung der autistischen Symptomatik können dann oft sehr differenziert ihre Gedanken mitteilen;
- wenn man sie dabei unterstützt, ihre Bedürfnisse zu befriedigen. Es mangelt oft sowohl an der Fähigkeit, die Bedürfnisse zu benennen, als auch an Möglichkeiten, diese umzusetzen; beide Bereiche müssen begleitet und unterstützt werden;
- wenn sie die Erfahrung machen dürfen, selbst etwas zu leisten. Dies unterstützt die Forderung, die Betroffenen nicht unüberlegt in Werkstätten zu »verwahren«, sondern auch schwerer Betroffenen die Möglichkeit anzubieten, im Rahmen ihrer Voraussetzungen produktiv zu sein (wenngleich die Arbeit in einer Werkstatt hier nicht als minderwertig dargestellt werden soll, aber in vielen Fällen stellt sie eben keine angemessene und oft auch keine glückliche Lösung dar);
- wenn sie Wertschätzung durch andere erfahren dürfen und man ihnen mit Respekt begegnet. Häufig machen sie die Erfahrung, dass sie auf andere weit weniger kompetent wirken, als sie es in Wirklichkeit sind; es wäre hilfreich, ihnen Fähigkeiten zu vermitteln, die es ihnen ermöglichen, ihre Kompetenzen besser deutlich zu machen; gleichzeitig aber ist es eine wichtige Aufgabe von Therapeuten oder Betreuern autistischer Menschen, durch geschicktes Begleiten der Betroffenen die wahren Fähigkeiten zu erkennen, zu benennen, zu fördern und sinnvoll in die individuelle Lebensplanung einzubeziehen.

Diagnose als Voraussetzung zum Glücklichsein?

Eine wichtige Voraussetzung für Hilfe und Unterstützung besteht in einer Diagnose. Aber gleichzeitig empfinden viele Menschen mit Autismus ihre Diagnose auch als einen ganz wesentlichen Punkt im Hinblick auf ihre Lebenszufriedenheit, weil sie das »Anderssein« erklärt. Es wird als außerordentlich hilfreich sowohl für die eigene Person als auch für das soziale Umfeld beschrieben, wenn alle Beteiligten wissen, woran sie sind und was die Gründe für die Auffälligkeiten sind. Dass es eben keine »Erziehungsfehler« (auf Seiten der Eltern) waren, die das Kind so werden ließen, und dass ihnen kein fehlender Wille und keine Boshaftigkeit (auf Seiten der selbst betroffenen Menschen) zugrunde liegen. Das bedeutet eine Erleichterung und eine Befreiung.

Viele Menschen, die eine autistische Störung bei sich vermuten, suchen deshalb auch noch im Erwachsenenalter oft verzweifelt nach einer Möglichkeit zur Diagnostik. Angesichts der nur spärlich vorhandenen Anlaufstellen kapitulieren sie oft, und bei einem »negativen« Ausfall (wenn also die vermutete Diagnose nicht gestellt wird) fühlen sie sich oft wie vor den Kopf gestoßen und jeder Möglichkeit beraubt, eine Erklärung für sich zu finden. Das stürzt viele in eine schwere Krise.

Vor diesem Hintergrund ist es also wichtig, künftig deutlich mehr interessierte Fachleute zu finden, die eine Diagnostik auf dem Gebiet des Autismus insbesondere im Erwachsenenalter anbieten, die über die ganz unterschiedlichen Ausprägungen (auch im Hinblick auf die beiden Geschlechter) informiert sind und die vor allem um die Bedeutung einer solchen Diagnose für die Ratsuchenden wissen. Das bedeutet dann auch, alternative Erklärungen und Möglichkeiten anzubieten, falls die Autismusdiagnose nicht gestellt wird, und die betroffenen Menschen dann in diesem Fall nicht einfach sich selbst zu überlassen.

Individuelle Wünsche und Erwartungen

Ein Mensch ist umso glücklicher, je mehr die Realität seinen eigenen Vorstellungen von einem gelungenen Leben entspricht. Und umgekehrt fühlt sich unglücklich, wer erkennt, dass Wunschleben und Lebenswirklichkeit nur wenige Gemeinsamkeiten aufweisen. Oft ist dies dann der Fall, wenn man bemerkt, dass es andere scheinbar besser haben, dass sie genau das Leben führen können, das man sich auch selbst erträumt hat und das einem versagt bleibt.

Viele autistische Menschen beschreiben dies. Im Prinzip sind sie nicht einsam, wenn sie alleine sind, aber schwer wird es dann, wenn sie andere Menschen unbeschwert in Gruppen zusammen sehen. Eigentlich ist man zufrieden damit, noch bei den Eltern zu leben; wenn man aber sieht, wie sehr die Gleichaltrigen ihre Freiheit in der eigenen Wohnung genießen, wünscht man sich das auch. Urlaub in Österreich ist toll, aber wenn andere von ihren Fernreisen erzählen, beneidet man sie um diese Erfahrungen. Möglicherweise ist das einer der Gründe dafür, dass Menschen mit Autismus dann, wenn man sie nach ihrer Lebenszufriedenheit befragt, nur niedrige Zufriedenheitswerte angeben (Gomolla 2002).

Dieses Vergleichen wird in der Glücksforschung auch ganz allgemein als ein wichtiges Hindernis auf dem Weg zum Glück beschrieben. Um glücklich zu sein, dürfen wir durchaus Ziele haben und versuchen, unsere Lage zu verbessern, aber insgesamt müssen wir doch auch versuchen, das zu genießen, was wir haben, und nicht permanent dem nachtrauern, was wir nicht bekommen können. In erster Linie glücklich sind nicht die Menschen, die alles haben, sondern die Art des Umgangs mit unseren (oft begrenzten) Möglichkeiten ist entscheidend. Dazu gehört auch die Dankbarkeit. Nicht unbedingt die erfolgreichen und scheinbar glücklichen Menschen sind dankbar – es sind vielmehr die dankbaren Menschen, die glücklich sind (vgl. Bormans 2012). Dankbarkeit beendet das Jammern und bringt uns ins Handeln, und genau deshalb sind dankbare Menschen auch erfolgreicher als andere (Metzger 2015).

In einem Therapiekonzept zur Förderung des Wohlbefindens wird die Notwendigkeit beschrieben, Patienten beizubringen, auf ihr bisheriges Leben wohlwollend, mit Dankbarkeit und – soweit erforderlich – auch vergebend zurückzublicken. Vielen Menschen mit Autismus fällt genau das aber sehr schwer. Sie grübeln meist lange über Vergangenes nach, vor allem über Situationen vermeintlichen Scheiterns oder solche, in denen sie sich ungerecht behandelt fühlten. Es ist wichtig, ihnen dabei zu helfen, gezielt die positiven Momente ihres Lebens zu erkennen, glücklich und dankbar zu sein dafür und ihrem Umfeld wie auch sich selbst mit Wohlwollen zu begegnen. Auch die Förderung der Selbstakzeptanz muss nämlich ein wichtiges Ziel bei der Arbeit mit autistischen Menschen sein:

»Mein Weg und der Weg vieler anderer autistischer Menschen ist außergewöhnlich und daher nicht immer leicht. Es ist stets einfacher, sich vom Strom mittreiben zu lassen, als ab und an dagegen anzuschwimmen. Menschen mit Autismus, die schon von ihrem Wesen her aus der Masse ihrer Mitmenschen herausstechen, sind permanent zu dieser Anstrengung gezwungen. Und doch erscheint es wichtig, dass es solche Menschen gibt, Menschen, die Tag für Tag den Mut aufbringen, gegen äußere und innere Widerstände ›ja‹ zu sich zu sagen« (Schuster 2007, 327).

Iris Köppel beschreibt am Ende ihres Beitrags sehr schön, wie wichtig für das Glücklichsein ein guter Kompromiss ist: »Ich möchte gerne unabhängiger sein, mehr Situationen in meinem Leben alleine bewältigen, unbelastet am gesellschaftlichen Leben teilnehmen können, mir nicht vorher überlegen müssen, wie ich eine bestimmte Situation werde bewältigen können, spontaner sein. Trotzdem weiß ich, dass ich auch mit Autismus glücklich sein kann (...). Da es Dinge gibt, die ich voraussichtlich niemals haben werde, liegt das Glück auch darin, die Ansprüche nicht zu hoch anzusetzen und mit dem zufrieden zu sein, was ich habe.«

Lebensziele realisieren

Zum Glücklichsein ist es wichtig, selbst das eigene Leben unter Kontrolle zu haben und dafür Verantwortung zu übernehmen. Wissen, was ich selbst will, meine Ziele kennen und verfolgen – all dies lässt sich erlernen, und das muss auch ein Ansatz bei der Arbeit mit autistischen Menschen sein.

Dafür ist es notwendig, über die bestehenden Möglichkeiten ebenso Bescheid zu wissen wie über die eigenen Stärken wie Schwierigkeiten, um realistisch aus der Fülle an Lebensentwürfen auswählen zu können und auf ganz eigene Weise, mit den eigenen Bedürfnissen und Voraussetzungen, glücklich werden zu können. Dabei kann auch eine therapeutische Unterstützung enorm hilfreich sein. Ich selbst arbeite nun schon seit über zwanzig Jahren mit meiner Psychotherapeutin und seit mehr als zehn Jahren mit meiner Ergotherapeutin, habe vieles von ihnen gelernt und konnte mit ihnen gemeinsam meine Wünsche definieren sowie mein Leben danach ausrichten. Gerade in den letzten Jahren habe ich sehr große Fortschritte gemacht und inzwischen das Gefühl, mit guter Unterstützung ein schönes und erfülltes Leben führen zu können. Dafür bin ich unendlich dankbar.

Heute weiß ich, dass ich früher vieles verpasst habe. Während meine Klassenkameraden auf Partys waren, im Kino oder in der Disco, saß ich zu Hause. Ich hatte es dort vordergründig schöner, denn die Aktivitäten, die die anderen unternahmen, hätten mich deutlich überfordert. Aber ich habe eben auch viele schöne Erfahrungen verpasst. Durch meine lieben, geduldigen und engagierten Therapeutinnen habe ich die Möglichkeit, manches davon im geschützten Rahmen nachzuholen. Sie lassen mich immer wieder an ihren eigenen Erlebnissen und Erfahrungen teilhaben, was für mich sehr wichtig ist. Auf diese Weise lerne ich viel über das Leben anderer Leute und über all die unzähligen Möglichkeiten, die es für jeden einzelnen Menschen gibt.

Aus diesen verschiedenen Lebensrealitäten dann genau das für die eigene Person Passende herauszufinden und zu verfolgen, bedarf Übung und Anleitung. Es ist wichtig, die betroffenen Menschen bei diesem Schritt zu begleiten, denn die Diskrepanz zwischen Möglichkeiten und Wirklichkeit ist vermutlich ein ganz wesentlicher Grund dafür, dass Menschen mit Autismus sich unglücklich fühlen. Manchmal scheinen sie recht genau zu wissen und können gut und differenziert beschreiben, was für sie günstig wäre, aber es fehlt die Unterstützung dabei, die erforderlichen Schritte zu tun. Die Therapie autistischer Menschen sollte sich künftig stärker auf genau diesen Aspekt konzentrieren.

Individualität versus Anpassung

Das Ziel dabei ist dann insbesondere im Erwachsenenalter eben nicht die Normalisierung, also die Fähigkeit, nicht aufzufallen, sondern es geht darum, ein für die eigene Person passendes Leben zu führen. Dafür ist es notwendig, sich »entsprechend der eigenen Bedürfnisse flexibel an äußere Erfordernisse anpassen oder sich gegebenenfalls auch abgrenzen zu können« (Rickert-Bolg 2014, 274).

Möglicherweise aber muss man dieses Ziel künftig differenzierter betrachten. In der Schulzeit, insbesondere im Jugendalter, besteht nämlich auch bei Menschen mit Autismus in der Regel der Wunsch, normal zu sein, also so zu sein wie die anderen. In diesem Lebensabschnitt möchten sich alle Menschen nicht wesentlich von den Gleichaltrigen unterscheiden. Die Diskrepanz zwischen den eigenen Wünschen und der Wirklichkeit ist gerade dann besonders groß, wenn die anderen in Gruppen zusammen sind und man selbst merkt, wie »anders« und allein man ist. In diesem Lebensabschnitt liegt also das Glück eher im »Dabeisein«, daher sollte der Fokus dann eher auf einer Eingliederung in die Klassengemeinschaft liegen und darauf, dem Betroffenen die Fähigkeiten beizubringen, die man in diesem Lebensalter mitbringen muss, um dazugehören zu können, und die die anderen meist einfach nebenher durch das Miteinander lernen.

Im Erwachsenenalter dagegen haben die meisten Menschen mit Autismus den starken Wunsch, sich nicht mehr länger anpassen zu müssen, sondern so sein zu dürfen, wie sie sind, weil sie merken, dass es dauerhaft zu viel Stress bedeutet, sich stets verstellen zu müssen, und weil sie ihr Lebensglück in diesem Lebensabschnitt eher über eine größtmögliche Individualität definieren. Viele Betroffene beschreiben auch in den vorliegenden Texten, dass der Druck, sich altersgemäß zu verhalten, mit der Zeit geringer und das eigene Verhalten authentischer wurde. Dies wird von zahlreichen erwachsenen Menschen mit Autismus als das größte Glück ihres Lebens beschrieben.

Für alle Menschen ist Authentizität ja ein erstrebenswertes Ziel, das ihnen Lebenszufriedenheit beschert. Die australische Autorin und Palliativkrankenschwester Bronnie Ware etwa hat Menschen am Lebensende nach ihren unerfüllten Wünschen befragt. In ihrem Bestseller »5 Dinge, die Sterbende am meisten bereuen« (Ware 2013) zitiert sie eine alte Dame, die sie begleitet hatte: »Ich wünschte, ich hätte den Mut gehabt, mir selbst treu zu bleiben, statt so zu leben, wie andere es von mir erwarteten.« Es gibt ja nicht nur einen Weg des Seins, sondern viele, daher ist es für jeden Menschen wichtig, die ganz persönliche »Nische« zu finden, in die sich die eigene Persönlichkeit mit all ihren Ecken und Kanten einfügt. Dabei müssen Menschen mit Autismus gezielt unterstützt werden.

Meine eigenen Therapeutinnen helfen mir neben all der sonstigen Unterstützung vor allem auch dabei, ganz allein für mich zu entscheiden, was in meinem Leben wichtig ist. Früher, als ich noch nicht wusste, was mein Leben ausmacht, habe ich immer versucht, mich anderen anzupassen, aber ich war damals nicht glücklich.

Gerade erst in den letzten Jahren habe ich gelernt, dass ich mein »wahres« Leben vor anderen nicht verstecken muss. Seither muss ich mich nicht mehr in Lügen verstricken, wenn ich nach Wochenendaktivitäten gefragt werde. Früher erzählte ich das, was auch andere Leute erzählten, ich berichtete also von Kinobesuchen oder davon, dass ich ein gutes Buch gelesen hatte. Aber beides gibt mir nichts, denn ich kann Filme oder Romane nicht im Zusammenhang verstehen. Die folgenden detaillierteren Fragen der Umgebung (»welcher Film?« oder »welches Buch?«) machten es mir dann immer schwerer, ich kam oft durcheinander. Heute erzähle ich auch im Sommer glücklich davon, dass ich eine schöne Weihnachtszeitschrift durchgeblättert, über Stunden hinweg am Flussufer gesessen oder Flugzeugen beim Landeanflug zugesehen habe. Im Gegensatz zu früheren Zeiten habe ich nun das Gefühl, echt und authentisch leben zu können, was ich als sehr entspannend und als großes Glück empfinde. Und ich weiß heute, dass es egal ist, ob auch andere Menschen meine ganz eigenen Lebensziele wichtig finden oder ob sie andere Prioritäten für ihr Leben haben.

Auch die aktuelle Glücksforschung bestätigt: Der Mensch fühlt sich immer dann gut, wenn er für seine eigenen Werte kämpft und sich selbst treu bleibt. Erst das gibt dem Leben einen Sinn. »Eure Zeit ist begrenzt. Vergeudet sie nicht damit, das Leben eines anderen zu leben«, das waren die Worte des Apple-Gründers Steve Jobs in der letzten großen Rede vor seinem Krebstod im Jahr 2011. Glückliche Menschen sind spontan, natürlich und echt, sie sorgen sich nicht darum, was andere von ihnen denken könnten.

Es ist also wichtig, Menschen mit Autismus dabei zu helfen, ganz individuelle Lebensentwürfe auszubilden, auch solche, die von den Zielen anderer Menschen abweichen. Gern setze ich mich in ein nettes Café, das auf meinem Nachhauseweg liegt, denn dort wird das bunte Miteinander unterschiedlicher Menschen gelebt und als schön und bereichernd empfunden.

Notwendig ist also auch ein Umfeld, das ein authentisches Leben ermöglicht. Der betroffene Mensch braucht das Gefühl, so akzeptiert und wertgeschätzt zu werden, wie er ist. Es liegt an uns allen gemeinsam, die Rahmenbedingungen so zu gestalten, dass sie für jeden einzelnen Menschen in jeder Phase seines Lebens möglichst gut passen. Die Gesellschaft braucht sie schließlich alle – »die mutigen Entdecker genauso wie die kreativen Denker oder die schüchternen Besonnenen mit der Liebe zum Detail« (Einzmann 2015, 27).

Lässt sich das Glück messen? – und der Versuch einer Zusammenfassung

Wir leben in einer Zeit, in der Hilfeleistungen längerfristig nur dann übernommen werden, wenn sie messbaren Erfolg zeigen. Die »Evidenzbasierte Medizin« mag in vielen Bereichen der Somatik sinnvoll und wichtig sein, wenn es darum geht, für bestimmte Krankheitsbilder klare Behandlungskonzepte festzulegen. Bei Herzinfarkt, Schlaganfall oder Knochenbrüchen mag sich die Vorgehensweise durchaus bis zu einem gewissen Grad standardisieren lassen. In dem Moment aber, wo sie auch in die Bereiche Psychiatrie und Psychologie einzudringen versucht, halte ich die Evidenzbasierung für problematisch. Sind die Behandlungsziele bei Krankheitsbildern wie Angststörungen, Depressionen oder Zwängen immer dieselben? Gewiss, sie bestehen in der Symptomreduktion, aber: Was bedeutet das konkret? Welche »Reduktion« ist noch als Erfolg zu werten, welche nicht mehr? Kann man unterschiedliche Ursachen (traumatische Erlebnisse, schwierige Lebenssituationen, genetische Mitverursachung) und die verschiedensten Persönlichkeitsfaktoren, die ganz wesentlich zum Umgang mit der Erkrankung beitragen, wirklich »über einen Kamm scheren«?

Schon die Frage nach der Pathologie ist doch sehr subjektiv: Ist es wirklich krankhaft (wie definitionsgemäß vom amerikanischen Klassifikationssystem psychischer Erkrankungen in der aktuellen Fassung festgelegt), wenn jemand länger als zwei Wochen nach dem Tod eines nahestehenden Menschen noch immer trauert? Ist es nicht viel eher bedenklich, wenn die Trauer schon nach zwei Wochen endet?

Ich denke, diese Beispiele demonstrieren, dass gerade im Bereich der Psychiatrie und Psychotherapie Individualität und viele subjektive Faktoren eine ganz wesentliche Rolle spielen – spielen müssen. Ganz besonders trifft das beim Autismus zu, wo wir es mit einer sehr großen Heterogenität zu tun haben, was die Voraussetzungen und Möglichkeiten, aber auch die Wünsche und Lebensziele betrifft. Nach der Bitte, Texte für dieses Buch beizusteuern, kamen in nur wenigen Tagen viele Beiträge betroffener Menschen zusammen, die doch sehr differenziert und reflektiert berichten. Die Frage allerdings, wie sich das Glücklichsein denn ganz konkret anfühlt oder wodurch wohl ihre Angehörigen erkennen können, dass sie glücklich sind, rief Stillschweigen hervor. Und ich muss gestehen, auch ich könnte sie nicht wirklich beantworten. Gefühle oder Stimmungen sind für uns einfach brutal schwer einzuordnen.

Wenn aber schon Menschen mit Asperger-Syndrom nicht wirklich beschreiben können, wie sich Glück für sie anfühlt oder wie andere ihnen das Glück anmerken können, wie viel schwieriger scheint es zu sein, Glück und Lebensfreude bei den Betroffenen zu erkennen, die sich nicht verbal oder schriftlich äußern können! Rickert-Bolg hat beschrieben, sie litten unter weniger Stereotypien, wenn sie glücklich seien (Rickert-Bolg 2014, s. o.). Das ist sicher richtig, aber das kann nicht alles sein, denn das würde ja bedeuten, dass man ihr Glück eben doch als Abwesenheit von Unglück definierte – und das greift mir zu kurz. An anderer Stelle wird das »positive Funktionieren« als ein Maßstab genannt (Frank 2007, s. o.), also z. B. die Fähigkeit, unseren Alltag so zu gestalten, wie wir das üblicherweise tun. Aber hat das »übliche Verhalten« wirklich unbedingt immer etwas mit Glück zu tun? Oder nicht ebenfalls viel eher mit der Abwesenheit von extremer Belastung und extremem Unglück? Erschreckenderweise bezeichnen manche Betroffene genau dies ja auch als »Glück«. Und viele autistische Menschen beschreiben außerdem, dass sie auch in sehr schweren Situationen, etwa beim Tod eines nahen Angehörigen, nach außen hin unbeteiligt und scheinbar »normal« ihren Alltag lebten (z. B. Höhlriegel N., in: Preißmann 2018a). Sie funktionierten also wie üblich – aber waren sie deshalb glücklich? Ganz sicher nicht!

Lässt sich das Glück messen? – und der Versuch einer Zusammenfassung

Das Glück alleine über die Bereiche zu definieren, die man üblicherweise ansieht, also Arbeit und Beruf, Freundschaft und Partnerschaft, eigene Kinder, eine schöne Wohnung und ein angemessener Lebensstandard, erscheint bei Menschen mit Autismus ebenfalls nicht sinnvoll, da sie doch einige andere Kriterien benennen, die für sie wichtig sind. Aber auch dabei wirken sie manchmal bestenfalls eher gleichgültig oder aber gelangweilt, lethargisch und antriebsarm – aber vielleicht ist dieser ruhige und gleichförmige Ausdruck dann doch gerade ein Zeichen von Zufriedenheit?

Es ist und bleibt also schwer. Menschen mit Autismus, die nur wenige Gefühle zeigen, sind eben auch im Hinblick auf Glück und Lebensfreude oft extrem schwer einzuschätzen. Weitere Forschung ist nötig, und immer wichtiger wird das direkte Nachfragen bei den Betroffenen, bei denen das möglich ist, was noch immer viel zu selten geschieht. Gerade im Hinblick auf therapeutische Maßnahmen muss es selbstverständlich werden, das Gegenüber als Partner wahrzunehmen, nach den Wünschen, Bedürfnissen und Zielen zu befragen und danach, was ihm guttut. Zahlreiche gut gemeinte Maßnahmen, die an den persönlichen Erfordernissen vorbeigehen, ließen sich so – neben den Kosten, die sie verursachen – vermeiden.

Ein Mensch ist kein Durchschnitt. Was andere (auch andere autistische) Menschen glücklich macht, muss nicht unbedingt jedem gefallen. »Spargel mag für viele Leute eine Delikatesse sein, aber das beweist nicht, dass Sie ihn mögen – das Gleiche gilt für das Glück« (Bormans 2012, 330). Erfahrungen und Tendenzen sind wichtig, aber noch wesentlicher ist die Individualität. Versuchen Sie nicht ausschließlich, bei jedem Menschen das anzuwenden, was Sie durch Erfahrungen und Literatur gelernt haben. Ein Mensch ist kein Durchschnitt.

Autistische Menschen, deren Eltern und Therapeuten und alle, die mit ihnen leben oder arbeiten, in einem Arbeitsbündnis zu vereinen, das Subjektives erfragt, statt vermeintlich Objektives vorzugeben – so wird die zukünftige Arbeit aussehen müssen, um auf die immer größere Anzahl der Betroffenen bei gleichzeitig beschränkten Ressourcen zu reagieren. Das erscheint möglich – und es erscheint richtig.

Die allgemeinen Ergebnisse der Glücksforschung sollten bei der Arbeit mit autistischen Menschen ebenso Beachtung finden wie all das, was die Betroffenen selbst (auch in diesem Buch) als für sich wesentlich beschreiben. Hilfen für Schule und Beruf sind wichtig, noch entscheidender für das Wohlergehen aber sind erfüllte realistische Erwartungen, gute zwischenmenschliche Beziehungen, Ziele für das eigene Leben, ein positives Selbstwertgefühl, vermittelt durch die Wertschätzung der Umgebung, und die Fähigkeit, die eigene Persönlichkeit bestmöglich bei der Planung individueller Lebensentwürfe zu berücksichtigen. Es ist notwendig, sich weiter intensiv um Interventionen zu bemühen, Fördermaßnahmen zu entwickeln und Strukturen zu schaffen, die es Menschen mit Autismus ermöglichen, Teilhabe an der Gesellschaft zu erleben. Umfang und Art der Maßnahmen müssen jedoch vor dem Hintergrund der Wahrung der Persönlichkeit reflektiert werden.

Wer mit den ganz persönlichen Lebensumständen umgehen kann, der kann auch glücklich werden, auch dann, wenn die Bedingungen ganz objektiv betrachtet nicht die besten sind. Mit der richtigen Unterstützung ist für jeden Betroffenen eine Menge möglich, aber es lässt sich nicht immer alles erreichen, was man sich für diesen Menschen vielleicht erhofft hat. Dann gilt es, sich der Herausforderung zu stellen, die individuellen Möglichkeiten so zu begleiten und zu gestalten, dass jeder einzelne Lebensentwurf ein Erfolg wird. Elsbeth Stern, eine bekannte Lernforscherin, illustriert dies mit einem Gleichnis: Aus einem Gänseblümchensamen entwickelt sich auch bei bester Pflege keine Rose. Aber mit genügend Sonne und Wasser blüht und gedeiht ein Gänseblümchen besser als eine Rose, die vergessen worden ist (zit. aus »Die Zeit«, Ausgabe 22 vom 28.5.2015, 33). Und: Nicht nur Rosen, auch Gänseblümchen sind schön!

Seien Sie nicht enttäuscht über die Möglichkeiten, die Ihnen verwehrt bleiben. Suchen Sie nach der für Sie geeigneten Hilfe und Unterstützung, damit Sie mit Ihren Voraussetzungen ein schönes und erfülltes Leben gestalten können, so, wie es zu Ihnen passt und Ihnen gefällt! Und machen Sie sich bewusst, dass Sie trotz Ihrer Schwächen und Schwierigkeiten ein wertvoller und ein liebenswerter Mensch sind.

Glück und Lebenszufriedenheit für Menschen mit Autismus, das ist keine Utopie, das ist der Anspruch, den wir ebenso wie alle anderen Menschen auch an unser Dasein stellen sollten. Ich wünsche mir den Mut, neue Wege in der Arbeit mit autistischen Menschen zu beschreiten, insbesondere aber die Bereitschaft, jeden einzelnen Betroffenen als den wahren Experten anzusehen, wenn es um die Frage geht, wie sein ganz persönliches Leben glücklich und erfüllt verlaufen kann.

Literatur

Baumgartner, F., Dalferth, M. & Vogel, H. (2009). *Berufliche Teilhabe für Menschen aus dem autistischen Spektrum (ASD)*. Heidelberg: Universitätsverlag Winter.

Bhattacharjee, A. & Mogilner, C. (2014). Happiness from Ordinary and Extraordinary Experiences. *Journal of Consumer Research* 41, 1-17.

Bormans, L. (2012). *Glück - The World Book of Happiness*. Köln: Dumont.

Bundschuh, K. & Dworschak, W. (2003). *Leben in stationären Wohnformen für Menschen mit geistiger Behinderung*. München: LMU, Lehrstuhl für Geistigbehinderten- und Verhaltensgestörtenpädagogik.

Carstensen, K. (2009). *Das Asperger-Syndrom - Sexualität, Partnerschaft und Elternsein*. Norderstedt: Books on Demand.

Dalferth, M. (2014). Eine Frage der Einstellung. In Autismus Deutschland (Hrsg.), *Autismus in Forschung und Gesellschaft* (S. 223-240). Karlsruhe: von Loeper.

Demmer, U. (2015). Frau Merkel sucht das Glück. *Focus,* 18/2015, 34-37.

Dietrich, A.: Functional neuroanatomy of altered states of consciousness: the transient hypofrontality hypothesis. *Consciousness and Cognition*, 12/2003, 231-256.

Dose, M. (2014). (Wie) Können Medikamente helfen? In Autismus Deutschland (Hrsg.), *Autismus in Forschung und Gesellschaft* (S. 163-176). Karlsruhe: von Loeper.

Eckert, A. (2014). Gelingende schulische Förderung. In Autismus Deutschland (Hrsg.), *Autismus in Forschung und Gesellschaft* (S. 179-188). Karlsruhe: von Loeper.

Einzmann, S. (2015). Wer bin ich? Und wer könnte ich sein? *Focus Gesundheit*, März/April 2015, 22-27.

Elstner, S., Feiner, C., Felchner, A., Grimmer, A., Jungnickel, H., Kramer, F., Martin, P., Mau, V., Poppele, G. & Stockmann, J. (2015). Bundesarbeitsgemeinschaft »Ärzte für Menschen mit geistiger oder mehrfacher Behinderung« e. V. zur medizinischen Versorgung in medizinischen Zentren für Erwachsene mit Behinderung. *Nervenheilkunde*, 7, 555-559.

Fahrenberg, J., Myrtek, M., Schumacher, J. & Brähler, E. (2000). *Fragebogen zur Lebenszufriedenheit (FLZ), Handanweisung*. Göttingen.

Fava, G. A., Rafanelli, C., Cazzaro, M., Conti, S. & Grandi, S. (1998). Well-being therapy. A novel psychotherapeutic approach for residual symptoms of affective disorders. *Psychological Medicine*, 28, 475-480.

Fedders, L. E. (2014). Was macht Menschen glücklich? *Technologist*, 03/14, 34-35.

Frank, R. (2013). Die psychotherapeutische Arbeit mit Ressourcen. Ein handlungsleitendes Modell für mehr Wohlbefinden. *Psychotherapie im Dialog*, 1/13, 22-29.

Frank, R. (2007). *Therapieziel Wohlbefinden. Ressourcen aktivieren in der Psychotherapie*. Heidelberg: Springer.

Gawronski, A., Pfeiffer, K. & Vogeley, K. (2012). *Hochfunktionaler Autismus im Erwachsenenalter. Verhaltenstherapeutisches Gruppenmanual*. Weinheim: Beltz.

Gerland, G. (1998). *Ein richtiger Mensch sein*. Stuttgart: Freies Geistesleben.

Literatur

Gödtel, R. (2002). *Wege zum Glück. Lebenskunst in einer veränderten Welt*. München: Universitas.

Gomolla, A. (2002). *Der Lebensverlauf von Menschen mit Asperger-Syndrom bzw. High-Functioning Autismus*. Konstanz: Univ., Diplomarbeit.

Hartmann-Wolff, E. & Reinhard, J. (2015). Die große Freiheit. *Focus*, 25, 94–106.

Hattie, J. & Zierer, K. (2014): *Lernen sichtbar machen*: Überarbeitete deutschsprachige Ausgabe von Visible Learning. Baltmannsweiler: Schneider Hohengehren.

Heidl, C., Landenberger, M. & Jahn, P. (2012). *Lebenszufriedenheit in Westdeutschland – eine Querschnittsanalyse mit den Daten des Sozio-ökonomischen Panels*. Berlin: DIW.

Hendricks, D. R. & Wehman, P. (2009). Transition from school to adulthood for youth with autism spectrum disorders: Review and recommendations. *Focus Autism Other Dev Disabl*, 24(2), 77–88.

Huber, M. (2009). Interaktions- und Spezialinteressen-fokussierte Beratung. In S. Bölte (Hrsg.), *Autismus* (S. 345–356). Bern: Hans Huber.

Hurlbutt, K. & Chalmers, L. (2004). Employment and Adults With Asperger Syndrome. *Focus Autism Other Dev Disabl*, 19(4), 215–222.

Joergensen, O. S. (2002). *Asperger: Syndrom zwischen Autismus und Normalität*. Weinheim, Basel: Beltz.

Kirchner, J. C. & Dziobek, I. (2014). Toward the Successful Employment of Adults with Autism: A First Analysis of Special Interests and Factors Deemed Important for Vocational Performance. *Scandinavian Journal of Child and Adolescent Psychiatry and Psychology*, 2(2), 77–85.

Kraak, B. & Nord-Rüdiger, D. (1989). *FLL, Fragebogen zu Lebenszielen und zur Lebenszufriedenheit*. Göttingen: Hogrefe.

Lang, M. (2015). *MAASarbeit. Barrierefreiheit auf dem Weg in die Arbeitswelt für Menschen aus dem Autismusspektrum*. Berlin: Weidler.

Lechner, W. (2012). *Was mein Leben reicher macht. Glücksmomente aus dem Alltag*. München: Knaur.

Mayring, P. (1991). *Psychologie des Glücks*. Stuttgart: Kohlhammer.

Metzger, J. (2015). Die Kraft der Dankbarkeit. *Für Sie*, 02/2015, 60–63.

Miller, M. (2020a). *Ergotherapie bei Autismus*. Stuttgart: W. Kohlhammer.

Miller, M. (2020b). Ergotherapie bei Frauen mit Autismus. In C. Preißmann (Hrsg.), *Überraschend anders: Mädchen und Frauen mit Asperger* (S. 171–182). Stuttgart: Trias.

Osterrieder, M. (2010). *Wie geht es dir? Zur Lebensqualität von Jugendlichen mit Asperger-Syndrom und High-functioning Autismus*. Inaugural-Dissertation zur Erlangung des Doktorgrades der Philosophie an der Ludwig-Maximilians-Universität München.

Pörtner, M. (2008). *Ernstnehmen, zutrauen, verstehen*. Stuttgart: Klett-Cotta.

Pörtner, M. (2005). *Alt sein ist anders*. Stuttgart: Klett-Cotta.

Preißmann, C. (2020a). *Mit Autismus leben. Eine Ermutigung*. Stuttgart: Klett-Cotta.

Preißmann, C. (2020b). *Überraschend anders: Mädchen & Frauen mit Asperger* (2. Auflage). Stuttgart: Trias.

Preißmann, C. (2019). *Gut leben mit einem autistischen Kind – Das Resilienzbuch für Mütter* (2. Auflage). Stuttgart: Klett-Cotta.

Preißmann, C. (2018a). *Asperger – Leben in zwei Welten* (3. Auflage). Stuttgart: Trias.

Preißmann, C. (2018b). *Psychotherapie und Beratung bei Menschen mit Asperger-Syndrom* (4. Auflage). Stuttgart: W. Kohlhammer.

Preißmann, C. (2017). *Autismus und Gesundheit.* Stuttgart: W. Kohlhammer.
Preißmann, C. (2007). *Psychosoziale Versorgung erwachsener Menschen mit Asperger-Syndrom und High-functioning Autismus.* Posterpräsentation. Frankfurt: Internationales Autismus-Symposium.
Pütz, U. (2015). Höher, weiter, schneller.*Wagen Eins, Magazin der Deutschen Bahn für Geschäftsreisende,* 1/15, 12–14.
Raffelhüschen, B. & Güllner, M (2014). *Deutsche Post Glücksatlas 2014.* München: Knaus
Rickert-Bolg, W. (2014). Lebenszufriedenheit und Autismus: Was können wir tun? In Autismus Deutschland (Hrsg.), *Autismus in Forschung und Gesellschaft* (S. 267–278). Karlsruhe: von Loeper.
Riedel, A., Hauke, L., Ebert, D. & Tebatz van Elst, L. (2015). *Der Blick auf die Lebensspanne – die Wahrnehmung von Zeit, Lebenszeit und zeitlicher Entfernung bei Menschen mit Autismus-Spektrum-Störungen im Vergleich zu Kontrollpersonen.* Vortrag 8. Wissenschaftliche Tagung Autismus-Spektrum, Augsburg, 26.–27.3.2015.
Rödler, P. (2014). Umbrüche gemeinsam gestalten – Autismus heute. In Autismus Deutschland (Hrsg.), *Autismus in Forschung und Gesellschaft* (S. 376–394). Karlsruhe: von Loeper.
Romberg, J. (2011). Wie das Leben glückt. *GEO,* 06/2011, 109–132.
Ruini, C. & Fava, G. A. (2012). Role of Well-Being Therapy in Achieving a Balanced and Individualized Path to Optimal Functioning. *Clinical Psychology and Psychotherapy,* 19, 291–304.
Schirmer, B. (2010). *Schulratgeber Autismus-Spektrum-Störungen.* München: Reinhardt.
Schmidt, M. (2009). Mein Mann ist etwas Besonderes. In S. Bölte (Hrsg.), *Autismus. Spektrum, Ursachen, Diagnostik, Intervention, Perspektiven* (S. 567–573). Bern: Hans Huber.
Schuster, N. (2007). *Ein guter Tag ist ein Tag mit Wirsing.* Berlin: Weidler.
Seligman, M. E., Stehen, T. A. Park, N. & Peterson, C. (2005). Positive psychology progress: empirical validation oft interventions. *American Psychologist,* 60.
Seng, H. (2014). Zu Höchstleistungen motiviert. Asperger-Betroffene auf dem Arbeitsmarkt. In Autismus Deutschland (Hrsg.), *Autismus in Forschung und Gesellschaft* (S. 241–254). Karlsruhe: von Loeper.
Shattuck, P. T., Narendorf, S. C., Cooper, B., Sterzing, P. R., Wagner, M. & Taylor, J. L. (2012). Postsecondary education and employment among youth with an autism spectrum disorder. *Pediatrics* 129(6), 1042–1049.
Slater-Walker, M. & Slater-Walker, J. (2002). *An Asperger Marriage.* London: Jessica Kingsley.
Spek, A. (2012). *Achtsamkeit für Menschen mit Autismus: Ein Ratgeber für Erwachsene mit ASS und deren Betreuer.* Bern: Hans Huber.
Stosberg, M. (1994). Lebensqualität als Ziel und Problem moderner Medizin. In A. Bellebaum & K. Barheier (Hrsg.), *Lebensqualität. Ein Konzept für Praxis und Forschung* (S. 101–119). Opladen: Westdeutscher Verlag.
Strunz, S. & Dziobek, I. (2015). *Psychotherapie bei Erwachsenen im Autismus-Spektrum.* Workshop 8. Wissenschaftliche Tagung Autismus-Spektrum, Augsburg, 26.–27.3.2015.
Sullings, N. (2014). Arbeiten mit Autismus funktioniert. *Autismus,* 77, 58–61.
Terinde, R. & Schweigstill, K. (2014). Wie können Menschen mit Autismus-Spektrum-Störung mit ambulanter Unterstützung selbstbestimmt leben? In Autismus Deutschland (Hrsg.), *Autismus in Forschung und Gesellschaft* (295–299). Karlsruhe: von Loeper.
Thivissen, P. (2013). Was Autisten besser machen. *Psychologie heute,* 12/13, 44–49.

Literatur

Thomashoff, H.-O. (2014). *Ich suchte das Glück und fand die Zufriedenheit*. München: Ariston

Vogel, J. (2012). Autismus. Erschwernisse und Bewältigungsstrategien: Rezension zum Buch »Sterne, Äpfel und rundes Glas« von Susanne Schäfer. München. Verfügbar unter: http://www.grin.com/de/e-book/213148/autismus-erschwernisse-und-bewaeltigungsstrategien-rezension-zum-buch (17.08.2015).

Walter, H. (2014). Psychologie des Positiven. Eine Ressource der Psychotherapie. *Nervenheilkunde*, 4, 286–294.

Ware, B. (2013). *5 Dinge, die Sterbende am meisten bereuen*. München: Arkana.

Werner, E. (1992). The Children of Kauai: Resiliency and recovery in adolescence and adulthood. *Journal of Adolescent Health*, 13.

Zimpel, A. F. (2014). *Einander helfen: Der Weg zur inklusiven Lernkultur*. Göttingen: Vandenhoeck & Ruprecht.

Stichwortverzeichnis

A

Achtsamkeit   19, 131
Akzeptanz   39, 72, 77–79, 84, 110, 132, 167
Anforderungen des Alltags   17, 104
Angst   10, 32, 44, 52 f., 94, 104, 138, 146, 153–155, 161 f., 165
Angststörung   149, 154, 175
Anpassung   77, 83, 102, 172
Applied Behavior Analysis   82
Arbeit   15, 17, 20 f., 67, 75, 104–106, 109, 116–118, 177
Arbeitslosigkeit   21, 116
Aufmerksamkeitsstörung   159
Authentizität   85, 173
Autismusspezifische Einzelförderung   65

B

Berufsbildungswerk   92
Berufsvorbereitende Bildungsmaßnahme   53, 93, 97
Bewältigungsstrategie   144
Beziehung   10, 17 f., 138
Bildung   17, 20, 106

D

Depression   16, 25, 33, 75, 88, 98, 104, 135, 149–153, 175
Diagnostik   102, 120, 168

E

Emotion   104, 140
Entspannung   104, 110, 128
Ergotherapie   64, 92, 108, 120
Essstörung   157
Externe Hilfe   147

F

Familie   18, 42, 80, 132, 137
Flow   26, 50
Freiheit   18, 38, 104, 106
Freizeit   15, 17, 67 f., 143, 148
Freundschaft   10, 17 f., 40, 84, 93, 104, 132, 137 f., 177

G

Gesundheit   17 f., 23, 25, 106, 143, 161 f., 165 f.
Glücksdefinition   13
Glücksfaktoren   20
Glücksforschung   13, 15 f., 177
Glückshormone   16, 25

H

Hirnforschung   16
Hobby   26, 77, 130

I

Identität   104, 146 f., 167
Individualität   23, 116, 172, 176 f.
Inklusion   7, 23 f., 114–116, 121
Integrationshelfer   111

K

Kontaktschwierigkeit   135
Körperliche Veränderung   145
Krankheit   10, 42, 149, 161, 165

L

Lebensgestaltung   17
Lebensqualität   7, 13 f., 24, 102 f., 124
Lebenssinn   24
Lebensziel   28, 123, 171, 176
Logopädie   64

M

Mobbing 112 f.
Musiktherapie 92

P

Partnerschaft 15, 69, 75, 104, 106, 109, 132, 137–139, 177
Perfektionismus 127
Problemorientierung 126
Psychische Begleiterkrankung 104, 149
Psychoedukation 122, 142
Psychosen 156

R

Reizüberflutung 37, 107–109, 159
Rituale, Routinen 11, 39, 55, 107, 109–111, 130, 146
Rückzug 49, 68, 75, 77, 82

S

Schule 32, 52, 56, 61, 64, 74 f., 99, 102, 105, 110–112, 115, 118, 177
Selbstbestimmung 38, 105 f.
Selbstständigkeit 104, 115, 124, 129, 148
Sicherheit 11, 18, 21, 55, 64, 105 f., 139, 141, 146, 152 f.
Sinneswahrnehmung 107
Soziale Interaktion 104, 121, 133
Sozialkontakte 18, 40, 69, 75, 88 f., 94, 132, 134–137, 145, 147
Spezialinteresse 49, 83 f., 98, 110 f., 130, 155
Sport 25, 32 f., 53, 66, 92, 112
Stabilität 11, 21, 106 f., 146, 152
Stress 30, 43, 45, 61, 69, 104, 106 f., 109, 111, 116, 118–120, 125, 139, 142, 150, 153, 156, 160, 165, 172
Stressauslöser 105, 150
Struktur 55, 89, 97, 100, 104 f., 109, 111, 117, 119, 139, 146, 153, 178
Suchterkrankung 160

T

Therapie 25, 54, 62, 64, 72, 82, 89, 120–124, 131, 142, 147, 152 f., 158, 161, 170, 172, 176

U

Unterstützung 10, 64, 72, 103 f., 106, 110 f., 118, 120, 124 f., 132, 138 f., 142–144, 147–149, 152, 161 f., 167 f., 171, 173, 178

V

Verhaltensweisen 82 f., 104, 108, 114, 146
Visualisierungshilfe 111
Vorhersehbarkeit 111, 120, 136, 162

W

Wohlbefinden 16, 18, 26, 36, 39, 76, 99, 103, 106, 110, 124, 129, 137, 170
Wohnsituation 15, 67, 104, 106, 148

Z

Zugehörigkeit 40, 132
Zwänge, Zwangsstörungen 55, 155, 175